共感覚の魔女

カラフルな万華鏡を生きる

蜜猫コノミ

現代書館

共感覚の魔女

カラフルな万華鏡を生きる

蜜猫コノミ

現代書館

——あなたには、どんな色が見えていますか？

もしそう尋ねられたら、あなたはなんと答えるだろうか。

空は空色、葉は緑色、土は茶色、海は青色、向日葵は黄色、桜はピンク色？


しかしわたしに見えている色はそうではなかった。

生き物も、山も街も、音も香りも、言葉や文字も、肌に感じる感触や料理の味も、すべてが様々な色になって、くるくるとダンスを踊り出す。

色の洪水に溺れそうになりながら、それでもわたしは万華鏡を回転させる。


美しい色にまた出会いたくて。

美しい色を組み合わせて、綺麗に並べたくて。

†

はじめましての方も、そうでない方もこんにちは、蜜猫《みつねこ》です。

わたしは十数年前から、魔女を生業とした暮らしをしている。インターネットで「黒猫魔術店」「フクロウのかまど」と検索するとわたしのウェブサイトを見つけることができるだろう。

黒猫魔術店では主に魔術や魔女術の研究やその方法を発信している。また、各種ハーブやマジカルオイルなど魔術に必要な道具を調合・販売しながら、魔女になるための知識を教えるセミナーを店頭やオンラインで開催している。

フクロウのかまどでは魔女の暮らしをテーマにした体験型ワークショップ（サバト会、編み会や糸紡ぎ会など）や魔女畑での収穫体験、深層心理系のセミナー、「深層アート」、「深音《しんおん》アート」など共感覚を用いた絵の販売などを行っている。店はレンタルスペースとして貸し出すこともあり、「深層心理」に関するイベントやセミナーを開くことができる。畑の収穫物次第では、魔法のカフェがオープンすることもある。

この二店舗は、山形県鶴岡市にある土蔵を改装したアトリエ＆カフェ「Green Witch フクロウのかまど」に実店舗を構えている。わたしはそこで「色の表現者」として絵を描き、小説を書き、畑でハーブを育て、編み物や染め物をしながら魔法のパンやお菓子を焼き、季節を感じて生きている。

本書は発達障害（ＡＳＤ、ＡＤＨＤ）と診断され、共感覚をもつとわかったわたしが、常識《ルール》に縛られた不自由で退屈な社会の生きづらさに葛藤しながらも、自分なりに楽に生きられる方法を模索して、魔女という生き方に辿り着くまでの日々を記したものである。同じように現代社会で生きづらさを感じて過ごしている人々に、少しでも無理なく、楽に生きてほしい、そして目に見えるものだけがすべてではなく、目に見えないものを感じることで、心に少しの余裕と、豊かさを感じてほしいと願っている。

本書を製作するにあたって重きを置いたのが、「感じる」ことである（これはわたしが営む二店舗にも共通する理念である）。決して、知識や経験だけを詰め込んだコンテンツにはしたくなかった。各々が思い思いに「感じとる」ことで心を豊かにすること、それを叶えるコンテンツを生み出すことがわたしの使命だ。そのひとつの手段として、今回は「文字」という方法を選んだ。どうぞ文字のひとつひとつ、言葉のひとひらから、あなただけのなにかを、感じとってほしい。

この本の構成はいたってシンプルである。章立ては共感覚のわたしが見る世界について、そして魔女という生き方についてのふたつ。どなたでも読みやすいように単話形式で、わたしの日常が追体験できるように書かれている。どこから読んでもいいし、ピンとくる部分だけ読んでもいい。

おすすめの読み方として提案したいのが、「ビブリオマンシー」である。ビブリオマンシーとは、書物を用いて行う占いだ。

本書のページをパラパラとめくりながら「ここだ」と感じたときにストップする。そのページを開いてじっくり読む。偶然引かれたそのページにあなたが「今、感じること」のヒントが書かれているはずだ。もし一度のヒントでしっくりこなければ、何度も繰り返し行ってもよいだろう。

ここは、不思議な世界の入り口。

常識《ルール》はなんの役にも立ちません。方位磁石も狂っています。

上下左右、可視不可視が交錯する。

わたしの世界は、まるで万華鏡のなかに迷い込んだような色の洪水――これはフィクションではなく、共感覚をもつわたしの日常《ノンフィクション》なのです。

もくじ

レシピ

登場人物紹介

ルル……娘
渉……夫
ナオ……弟
あっちゃん……小さいころよく遊んでもらった近所の優しいおばあちゃん
修平さん……カフェを営み、心理学や脳科学を教えてくれたわたしのメンター
ワビタン……わたしの経営コンサルタントであり、美術の先生
竜さん……居酒屋レベルを超えた素敵な料理をつくるシェフ
ユミさん……わたしの身体と霊体のメンテナンスをしてくれるエステティシャン
ゆりさん……慈しみに溢れる、保険代理店の代表
さちこさん……住宅、建築、投資のプロで、仲よしな友人
むっちゃん……わたしのよき理解者であり、かのけんの母
かのけん……生まれつき耳が聞こえないダンサー、むっちゃんの次男
長南さん……同郷のオカルト友達で、不思議案内人

編集部注❖本書における色彩の表現方法、会話文における句点の有無など、すべての表記には著者の五感をありのままに書き表す趣向が凝らされています。めくるめく万華鏡の世界をお楽しみください。

第一章

共感覚の世界

I

イントロダクション

わたしの共感覚

そもそも「共感覚」とはなにか。

共感覚とは、ある情報を頭のなかで処理しているときに、その情報が一般的なかたちで処理されることに加えて、一般的にはそれと無関係と考えられるような種類の感覚や認知処理まで引き起こされる現象を指す。

また、共感覚は、世界の人口の数パーセント程度の人しかもたないと考えられている認知特性（情報処理の特性）である。詩人のボードレールやランボー、画家のゴッホやムンクも共感覚者であったという。

共感覚には多くの種類があり、文字や数字に色を感じる「色字」、音を聞くと色を感じる「色聴」など、今日までに百五十種類以上の共感覚が確認されている。

わたしの場合は、視覚や聴覚、味覚など、五感のうちの特定の感覚だけに共感覚が生じるのではない。たとえば、味覚の情報が視覚や嗅覚の情報になったり、聴覚の情報が触覚になったり、様々である。それぞれの五感で得た情報は、その感覚器官でのみの情報処理に留まらず、複数の感覚がリンクして処理される。わかりやすく換言すれば、ひとつの情報が入力されたとき、それが様々なかたちで混ざり合って出力されるのだ。

また、感覚は一方通行というわけではない。たとえばわたしは「ラ」の音は藍色だと感じるが、藍色を見たときにも「ラ」の音を感じる。藍色のゴッホの絵を見て、「ラ」の音から始まるメロディーが脳内で再生される。この話をすると、「視覚から聴覚へ変化したのね」と言われるのだが、わたしの感覚では、ゴッホの絵を見ることと絵の音楽が流れることが同時であるため、どちらが先かというのはよくわからない。

さらに五感は、最終的に視覚を通した色・光・形で表現される。音楽も、香りも、味わいも質感も、すべて色や光の記号のように見えるのだ。たとえるなら、わたしが見ている色や光は、五感のすべての要素を含む地図のようなものだ。地図には、地図記号や等高線、地名、道路や路線など、様々な情報が載っている。おそらく皆さんは、そこから必要な情報だけを無意識にピックアップして認識しているだろう。たとえば路線や、国道名、市町村名、山や川の名前などだ。しかしわたしの場合は、地図に載っている情報をすべて混ざり合った状態で認識する。いや、認識というより「感じる」というべきか。それも鳥瞰図的に上から広い視野で眺めた地図を、だ。つまりわたしの五感はそれぞれ独立した感覚ではなく、たくさんある感覚情報がひとつに複合された地図のようなものなのだ。

さらにわたしは鳥瞰図的な地図を広げたまま、ある一点を拡大して見ることができる。すると地図に記載された情報以上のものがわかる。地図に向かってダーツの矢を投げたとして、刺さった箇所をどんどん拡大していくと、その土地がどんな土地か、住人の性格や、ご先祖のことまでわかるのだ。もちろんこんなことは実際の視覚ではできないことであるから、わたしは地図そのものを物理的に拡大して見ているのではなく、「感じて」いるのだと思う。

まずは皆さんにもわかりやすくイメージしていただくために、以下にわたしの共感覚を細分化してみた。なお、共感覚の定義には諸説あるが、本書では一貫して「共感覚」の表現を用いる。

色字共感覚

文字や数字に色を感じたり、それが動いたりする。日本語の五十音（平仮名・片仮名）、漢字だけではなく、アルファベットや英単語にもそれぞれの色を感じ、独自に動く。

わたしの場合は「あ」「A」は赤、「1」は眩いばかりの黄色など。それらが伸びたり縮んだり、ダンスを踊ったり、走り去ったりする。

色聴共感覚

音楽や話し声、雑音、環境音に色を感じる。「ドレミファソラシド」はもちろん、鳥のさえずり、車のエンジン音などもすべて音階を伴って色に見える。たとえば、テレビからラジオ体操の音楽が聞こえてくれば、すべてドレミなどの音階に聞こえ、色になる。「ド（C）」は赤、「レ（D）」は黄色というように。

また、わたしは生き物と接するとき、そこから音楽も聴こえてくる。はっきりと旋律が奏でられる人もいれば、メロディーがなく、効果音的な音・鈴などの楽器の音色だけの人もいる。その「音」は最終的にすべて「色」になって見える。

これはわたしが絶対音感をもっていることにも深く関係していそうだ。ただし絶対音感でその音がなんであるかはわかっても、その音を正確に発声したり、楽器を弾いたりすることはまたべつの技術が必要であり、わたしには感知した音を再現して吐き出すことができず、常に身体の内側に音が溜まってもどかしかった。

また、複数人が会話しているとき、その言葉はちょうど漫画の吹き出しのように、色になって見える。吹き出しの色には、その人が言葉を発しているときの心情や、微妙なアクセントやビブラートが如実に現れる。

生き物の色

生き物には各々のベースの色が見える。

まず大前提として、わたしにとっての「生き物」とは、人間を含むすべての生きとし生けるものを指す。ミミズもオケラもアメンボも、動植物も微生物も、はたまた山や川や空や街、果ては宇宙までも、「生命の流れ」を享受するものはすべて「生き物」ということで定義させてほしい。山や川や街は動かないから生き物と呼ぶには違和感があるかもしれないが、色として見たとき、「生き物が住む場所としての色」すなわち「全体の色」「集団の色」は、そこに住まう者たちによって色が変化するのだ。その地域やその街ごとに異なる「空気感」がある、といえば、皆さんにも思い当たる感覚はないだろうか。緑色に見える山も、灰色に見えるビルも、実は日によって微妙に色が異なるので、「生き物」という括りのなかに含めることにする。

さらに目に見えるものだけではなく、目に見えないもののなかにも「生き物」がいる。それらは一般的に目に見えないが、わたしには見えているものであり、たしかにそこに存在する。たとえば点々や、流線型や雫型をしたものが、宙に浮いたり、流れたりして動いている。発光したり、点滅したりもする。まったく正体不明であるが明らかに動きがあるので、わたしはこれも「生き物」だと考えている。

こうしたすべての生き物には流れがある。流れの源泉を辿れば、現在の対人関係や社会との交わり、さらには親や先祖といったすでに亡くなった人々との関係性までを探ることができる。

生き物の色は、ある向日葵は赤、あるツバメはオレンジ色、ある人間は黄色、といった具合に見える。この色は表面に見えるものだけではなく、その外側や内側にさらに繭のように何層にも重なっている。ここからはわかりやすいように人間を例として話を進める。簡潔に部位ごとにまとめるとこうだ。

① そのもの（物体）を形成している輪郭まで
視覚で見えている肉体や物体に色が重なるようにして見える。

② 表面に覆われていて、見えるはずのない内側（内面）
身体のなかのようす（健康状態）や、メンタルのようすが見える。

③ 輪郭から物体の外側の空間
いわゆる「オーラ」といわれるもの。色が見えない人にとっても「雰囲気」として感じることができるもの。

④ ③よりさらに外側のなにか
背景や映像として見ることができる。深層心理、過去、未来、過去世、未来世、魂、死者、先祖、水子など。

また、それぞれの層で見える色は、一色というわけではない。色数が多い人もいれば少ない人もいるし、トーンが整っていて綺麗な人もいれば、ぐちゃぐちゃでまとまりがない人もいる。稀に、実際の身体の輪郭の概念を無視して色が見える人がいる。たとえば、背中が盛り上がって羽に見えたり、頭が膨らんで大きくなったりしているのだ。逆に下半身が上半身よりも小さい、あるいは足がない（見えない）場合もある。

わたしはその人の色のなかで、いちばん強く印象に残る色、または大部分を占める色を「ベースの色」と呼んでいる。多くの場合は①や②にある色になるだろう。ベースの色は、なにか大きな出来事がない限りはほぼ変わらない。ちなみに、わたしの経験から導き出した、各「ベースの色」の傾向は以下の通りである。

茶色……………冷静沈着、論理的
ワインレッド色……思慮深い、包容力がある
赤色……………エネルギッシュ、挑戦、外向的
オレンジ色………創造、クリエイティブ
レモン色…………斬新、進歩的
黄色……………感情的、面白い
黄緑色……………分析、バランスをとる
緑色……………献身的、調和、共感力がある

青緑色……………平和、内向的
水色………………爽やかで好印象、コミュニケーション力がある
ターコイズ色………知的、冒険心
青色………………冷静、情緒的
藍色………………優しさ、思いやり
群青色……………悟り、孤独
ピンク色…………場を和ませる力、柔和
マゼンタ色………信念、独立心
紫色………………哲学的、ミステリアス
ラベンダー色………想像、夢想
白、または彩度が薄い色…………病気の回復中
灰色、または影のある色…………病気や不調
黒色………………死人、忌みもの、あの世の色

一方、ベースの色に対して、人間の「顔色」はよく変わる。もちろん、これは単純な肌色のことではない。どうやら、その人が抱く感情によって顔色は変化して見えるようだ。たとえば、「怒りは赤」、「不信感は紫」というように。嘘も色でわかる。後述するが、わたしは感情や自分

の気持ちがよくわからないという特性があるため、顔色を見ることによって相手がどんな気持ちかという情報を得ていた。

もちろん犬や猫のような動物にも色は見えるが、とりたてて生活のなかでそれらに注目することはない。わたしの身近にある生き物のなかでは、畑で育てている野菜やハーブの色はよく観察する。鉱物や宝石の原石、岩石が好きなので、それらの色は好んで眺める。

生き物の質感

また、それぞれの生き物の色は、霧状、液状、スライム状、砂状というような「質感」を伴って感じられる。わかりやすくいうと「もくもく」「さらさら」「とろとろ」「ざらざら」といった感触を、触れていないのに感じるのだ。たとえば猫を実際に触ったら「ふわふわ」の感触があるが、わたしが感じているのはあくまでも色からの情報であるため、その質感は「ふわふわ」とは限らない。

質感は、個性である。どれがいいとか、悪いといったことではない。

また質感は、もって生まれたものらしく簡単には変化しない。生活環境の変化や、病気治療のため投薬をしているなどの食生活の変化によって質感が変わることはある。一時的に変化するのはしかたがないにしろ、質感は個性であるから、できれば生まれもった質感のまま生活するほうがいい。

映像として見える

わたしが見えている色や光などは、静止画ではない。映像のように動きがある。色はそこに留まっているのではなく少しずつ動く、ちょうど静かな川の流れのように見えている。点や線、光はすべて流動したり、点滅したりする。これは触手が光る海月の動きに似ている。

さらにわたしは、「生き物の色」④にあるような、その人の背景を見ることができる。これも静止画ではなく、まるで映画が再生されるような感覚だ。わたしはこれを「フィルム」と呼んでいる。フィルムが再生されるとき、わたしはその時点ではそれがなにを示唆する映像なのかわからない。ジャングルだったり、動物がいたりすることはわかる、だがそれが意味するところはわからないのだ。

フィルムが映し出すものはその人の現在の深層心理下にあるものや、過去や未来にあることかもしれない。はたまた現世の自分ではない過去世・未来世のときの話かもしれない。あるいは魂や、死者、先祖、水子などのスピリチュアルな事象なのかもしれない。

フィルムは直接的なものを映し出さない。それはいつもまるで夢のように暗示めいている。そのため現実でフィルムの謎解きをする必要がある。不思議なことに、本人と一緒に謎解きをすると腑に落ちる点が幾つも発見される。

謎解きによって導き出された答えについて、なにが正しいのかは誰にもわからないし、証明もできない。だがひとついえるのは、わたしがフィルムを見せられるとき、その映像はとても綺麗で、観客がわたしだけというのは勿体ない、だから絵に描きたい、そう思うのだ。

生き物の香りと体調

生き物が発する香りが色に変わって、心身の不調を知ることができる。たとえば、「甘い香りは黄色でストレスあり」、「魚の腐ったような悪臭は黒や茶色で臓器の病気」など。心身が健康な場合には、香りの色の背後に田園や森林など、のどかな風景が見えたりもする。

光っているものはおいしそう

食べごろのものはまるで雪の結晶のようにキラキラと光って見える。畑の野菜も、スーパーに並ぶ生鮮食品も、光っているものは間違いなくおいしい。

また、雪の結晶のようにキラキラと輝く色を見かけることがある。たとえば、空や、鉱物、毛糸玉、小鳥などだ。それらもおいしそうに見える。もちろんそれらを食べることはしないが、口のなかいっぱいに唾液が広がる。


上記はわたしが自覚している共感覚の一例であって、この他にもまだ自覚していないものがあるかもしれない。

注意点として、わたしが感じる共感覚は、あくまでもわたしの場合であって、他の共感覚者の感じ方とは異なる。たとえばわたしは「あ」は赤色と感じるが、同じ「あ」を黄色と感じる共感覚者もいる。感じ方は人それぞれなのだ。

しかしわたしのなかでの感じ方には、いつも一貫性がある。黄色に見える「1」はこれから先もずっと変わらず黄色であり、突然ピンク色に変化したりはしない。もしもピンク色の「1」があったら、わたしはきっと少し気持ち悪いなと感じ、脳内で無意識に黄色へ変色するだろう。実際、小説や教科書の活字は黒色一色だが、わたしにはそれぞれの文字の色でカラフルに見えている。

また、共感覚は自分でコントロールできるものではない。日常生活のなかで常に無意識に行われている。おそらくわたしの頭のなかでは、二十四時間三百六十五日、感覚の処理に多くのリソースが割かれていることだろう。

当然ながら、頭はとてつもなく疲れる。多くを感じ過ぎて情報が処理しきれなくなると、頭が熱くなり、眩暈を起こす。こうなるともう、横になって頭を休めるしかない。酷いときには回復に三日ほど要する。動けない状態では仕事はおろか日常生活もままならず、危険が伴う。そのためなるべく疲労を起こさないように、刺激が少なくて済むように、視界を壁で遮り、眩し過ぎず、静かで、ごく自然な香りのある場所で生活するようにしている。

こうした共感覚を物心付いた幼いときから感じており、最初は皆がそう見えていると思っていた。しかし絵を描いたり、何気ない会話を重ねていくうちに「ああ、自分は周りの子たちと違うものが見えるんだ」と気が付いた。しかも、その違いは「普通ではない」のだと責められた。最初こそショックを受けたが、だんだんそれにも慣れてきて、いつしか「わたしが普通じゃないのはいい。でも、こんなに綺麗に輝く美しいものを見ることができず、否定するなんて、可哀想」と思うようになった。自分自身が否定されることよりも、美しいそれらの世界を否定されることのほうが悲しかった。それからは、違うものが見えるということを周囲に告げることすら面倒になった。

ときは一九八〇〜九〇年代。わたしが幼少期のころは「共感覚」という言葉や意味が一般的ではなく、わたしはそれを知らなかった。だから長いあいだ、わたしが見えている共感覚は、霊感の類だと思っていた。ちょうど祖母が霊感がある人で、わたしと同じような感覚を有していた。色や光、空気の匂いや音など、感覚が過敏だったのだ。幼いころから幽霊やお化けの話も多く聞かされたが、ほんとうに霊がいるかいないかはさておき、「あの色には近付いてはいけない」とか、「この空気の臭いはだめ」、「あっちからよくない足音が聞こえるね」といった、ありとあらゆる「感じ」を教えてくれたのは祖母だ。悪い感じに対しては、知らないふりをしてやり過ごしたり、物理的に離れたりするという対処法も教わった。

わたしにとっては、共感覚であろうが霊感であろうが、どちらでも構わない。もしかしたらわたしはその両方をもっているのかもしれないが、それはわたし自身にはどうでもいいことで、わたしが感じていることに対して、名前をつけて呼びたい人が勝手に呼べばいいとさえ思う。だいじなのは、わたしが感じていることが、わたしのなかですべてだということ。感じ方は人それぞれ、わたしは誰にもそれを押しつけない。だから誰もそれを否定することはできないし、わたし自身も、わたしを否定したくない。この美しい世界を、否定したくない。それどころか、わたしにしか見えないわたしが見ているこの世界を知ってほしい、だからわたしが表現しなければならないと思っている。

さて、どうしてわたしが共感覚者であると自覚できたのか。それは「発達障害」の診断を受けたことがきっかけだった。

発達障害

わたしが「発達障害」と診断されたのは、三十五歳を過ぎてからだった。

そのころ原因不明の腹痛が頻発し、深夜も痛みで目が覚めるほどの状態が続いていた。いよいよ堪えきれなくなって病院へ駆け込んだら即入院。そんなことを二度三度と繰り返した。病名はいつも胃腸炎だったが、ＣＴ検査やレントゲン検査を受けるも、臓器に異常はない。

内科医のことは信頼していた。だから医師の見立てに異を唱えるわけではないが、これは単に

「胃腸が弱い」だけではない、もしかしたら自分でも気付かない、なにか大きなストレスを抱えていることが原因で、身体に不調が現れているのではないかと思った。

　このころのわたしは、特に疲れやすく、いつも眠く、怠さを感じており、「頭痛い」が口癖になっていた。しかし個人事業主だから、会社勤めの人よりは自由に仕事ができているはずだと思っていた。自分にはストレスなどない。ただ、身体が思うように動かない。自律神経や女性ホルモンのバランスの乱れも考えられたが、わたしは主治医に「発達障害の検査を受けたい」と申し出た。医師も同席していた母も驚いていた。なぜこのような申し出を行うに至ったのか。

　長年、自由に仕事をしてきたといえ、わたしは結局「ワンマン」だった。人の気持ちよりも、人がどう考え動くかのほうに興味があったし、「わたしはわたし、よそはよそ」と自分と他人を切り離して考える傾向にあった。そのため、チームワークどころか、そもそも人と話をすること自体が非常に疲れる作業なのである。会話のなかでは、笑顔をつくって、相手を肯定して、共感して、自分を貶めなければいけない。つまり、「普通の人」と同じように振る舞う「普通のわたし」を演じなければならない。

　二十代までは、若さと体力のおかげか、それがうまくいっていた。決して完璧とまではいかないが、その場をうまくやり過ごすことはできていたように思う。しかし三十五歳を過ぎて、もう、疲れてしまったのだ。自覚はある。なぜなら、表情をつくっていないあいだ、わたしの脳味噌は他のことに集中することができ、それが快感を伴ったやりがいに繋がることがわかってしまったのだから。

「普通のわたし」を演じる弊害は他にもあった。誰かと会話をするとき、わたしの頭のなかはタスク処理でいっぱいなのだ。相手が発する顔色から気持ちを推理して、会話を繫げて、「悲しみや怒り」が出てきたら、よくわからないままに共感しなければならない。言葉にも色が見えるし、音楽も聴こえてくる。これが処理できなくなると、突然頭と身体がフリーズして、ワーッと叫んでしまう。頭のなかのおもちゃ箱がいっぱいになったら、いったん箱をひっくり返して中身をすべて出さないと、再起動ができないポンコツになる。

そういうことを経験していたので、わたしは薄々自分が「発達障害かもしれない」と思っていた。インターネット上などでできる発達障害簡易検査のチェック項目にも幾つか該当していた。とはいえ発達障害であろうとなかろうと、自分自身が変わるわけではないからと、それまでは検査を受けようとは思わなかった。しかしこうも無意識にストレスを抱え身体に影響が出てしまった以上、さすがにはっきりさせておく必要があると考えた。原因をつきとめて、できるだけ無理のない生活をすべきだと思ったのだ。主治医は、発達障害の検査ができる病院宛に紹介状を書いてくれた。

発達障害の検査は、始めに心療内科の医師の問診があり、後日カウンセラー同席のもとでテスト形式の検査が実施された。問診当日、わたしは体調が悪くひとりで車の運転をすることも危険な状態だったので、母が付き添ってくれた（わたしの場合はたまたまその日母が付き添ってくれたが、あとになって発達障害の診断においては家族へのヒアリングが重要であることを知った）。

問診で医師は、わたしと母に対して次々と質問をした。わたしの子供のころの成績や、好きな遊び、出産時の異常の有無など。それに対して友達が少なく、よく勘違いで周囲を怒らせ、高校を中途退学して定時制高校に入るも留年したことや、そもそも不登校気味であったことなども話した。わたしの個性的なファッションについても尋ねられた。

日をおいて実施されたカウンセラーとの検査はもっと簡単だった。テストは五十問ほどの簡単な問いに対して「そう思う」「そう思わない」と答えるだけだった。そのあと会話をしながら質問も受けた。会話のなかでは、日常的な困りごとの話をした。たとえば、数字が動くので計算が苦手であることや、五感が非常に過敏であること、じっと待っていられないこと、すぐに忘れてしまうことなどである。

二か月後、ＡＳＤ（自閉スペクトラム症）、ＡＤＨＤ（注意欠如・多動症）との診断結果が出た。

ここで少しばかり発達障害について一般的な情報を補足しておきたい。「発達障害」といっても、実際には幾つかの症状に大別される。代表的なものとしてはＡＳＤ、ＡＤＨＤ、ＬＤ（学習障害）などである。

わたしの場合はASDとADHD、より厳密にはASDのうち「アスペルガー症候群」であると診断された。

ASDの主な特性としては、社会性の困難や対人関係・コミュニケーションの困難、また、特定の物事や習慣に強く執着するこだわりの強さなどが挙げられる。ちなみに、アスペルガー症候群もASDの特性のひとつである。アスペルガー症候群はASDのうち知的障害や言語障害を含まない障害で、人との関わりやコミュニケーションをとることが苦手だったり、興味や行動が偏っているといった特徴がある。

また、ADHDの特性は、注意力に欠けるためにミスを頻発するなどの「不注意」と、落ち着きがなく一方的に話してしまうなどの「多動・衝動性」に大分される。アルコール・薬物・ギャンブル・セックスなどへの依存症や過食症も併発症としてみられる。

とはいえ、ASDやADHDの特性は似ている点が多く、併存する事例も多いといわれている。診療の場でも、ひとつの事例に対してASD・ADHDどちらからの見立ても可能な場合があるという。特性の程度や困難の現れ方は人それぞれ。これはわたしの場合だが、下記のような特性の傾向がある。

感情がよくわからない

自分自身や他人の感情の変化に疎い。今、自分がどんな気持ちなのか自分でもわからない。特に怒りや悲しみはその場ではわからず、あとになってから「あれは怒るべき場面だった」「あれは悲しかったんだ」などと自覚する。自覚しても「どうして怒っていたのか」「どうして悲しかったのか」がよくわからない。わからな過ぎて、自分ごとが他人ごとのように感じることさえある。表情に感情が出ず、「なにを考えているかわからない」とか「真面目にやっているの?」「ちゃんと聞いているの?」などと言われることも多い。

また仮に誰かに好意を寄せられたり、嫌味を言われたり、いじめられてもまったく気付かない。世の中には気付かないほうがいいこともあるので得といえば得なのだが、これでは人間関係で困ることも多い。だから先述の通り、わたしはいつも人の顔色から相手の気持ちを推測していた。

コミュニケーションが遅れる

人間とコミュニケーションをとるのが億劫である。着地点が見えないふわふわとした会話は特に苦手で、相手には失礼かもしれないが、ほんとうになにを言っているのかわからないときがある。また、自分がその場でなにを話して、どうリアクションしていいのかわからない。

わたしの言いたいことが正確に伝わらない、ということはよくある。往々にしてわたしの話は小難しいとか、感覚が「普通」とかけ離れているとか、哲学的だと敬遠されがちである。わたしも説明を飛び石状に飛ばしたり、無意識に斜め上へ変化球を投げてしまう癖があると自覚しており、極力注意している。しかし、なるべく簡易な言葉で会話しよう、と思っても、正確なニュアンスまで伝えようとすると、この言葉しかない！　とつい難しい言葉や造語を連ねてしまう。

あとから、「ああ、またやってしまった」と思うのだが、失敗をいちいち考えていると非常に疲れてしまうので、結果的にひとりが楽で孤立する。

こだわりが強過ぎる

「なんでも綺麗に順番通りに並べたい。美しくなかったり、間違っていると気が済まない」という絶妙なこだわりをもっている。それは単行本を巻数通りに並べる、見やすいようにジャンルごとに整理整頓するといったことではなく、自分なりに美しいか美しくないかという基準だ。わたしのなかでは赤色の隣は黄色、その次はオレンジ色、と決まっている。もしもそれが乱れてしまうと、頭が混乱して叫んでしまう。

また、自分で決めたルール・ルーティーンもこだわりのひとつ。それを崩すことはとても気持ち悪い。たとえば朝は七時に起床して、珈琲を飲みながら執筆活動をするなどだ。ルーティーンが実行できなかったり、計画や予定が狂ったりするとやはり叫んでしまう。

この叫びは悲痛や怒りの叫びではなく、頭のなかのゴミ屑を外へ出しているだけなのだ。いったん頭のなかから出してクリーンアップしなければ、やっぱり再起動できないポンコツである。

しかし計画通りにいかないときもある。そういうときは、いったん叫んだあとに臨機応変に対応することにしている。

集中し過ぎる

興味があることはとことん研究し、寝食も忘れて熱中する。これを「過集中」という。わたしのなかでは「夢中になっている」と表現するほうがしっくりくる。集中しているあいだは夢のなかにいるように、心地よく、キラキラとして、あっという間に時間が経ってしまう。実際の時間で六時間経過していたとしても、体感ではたったの一時間〜一時間半ほどであることが多い。

ただし集中すると反動で、しばらく疲れて動けなくなる。だいたい集中した実際時間の三倍は動けず、仕事も家事も休む羽目になる。そのため大人になってからは「ほどほど」を心掛けている。精一杯やるなんて、非効率的。二十パーセントの力で十分生きていられる。

感覚過敏

五感覚が鋭い。遠くの色や音に反応したり、匂いに敏感。気に入った質感の服でないと着ることができないし、自分で作った料理の味でないといくら食べても満足しない。五感の受信器が非常に繊細で鋭敏であるため、すぐに疲れ、眩暈を起こす。また、入ってきた感覚情報を、文章や絵、楽器演奏、ダンスなど、とにかくなんでもいいので常に外へ吐き出さなければ、頭がいっぱいになってこれまた叫ぶ。

視覚……光が眩しい。色に敏感。対象がどんな色で構成されているのか、その色をピンチズームしてドット絵のように分解して把握することができる。

聴覚……カフェなどは雑音がうるさく長居ができない。突然の大きな音に吃驚する。そのため無音の空間や、自然音だけの静かな場所を好む。

嗅覚……きつく強い合成香料や、授業参観日の教室のような複数種が混ざった香りが苦手。自然の香りだけの場所を好む。

味覚……食感や味の好き嫌いが激しい。香りが強くない、薄味のものを好む。

触覚……肌触りや空気感、風、湿度に敏感。衣服は動物繊維と化学繊維が半々ぐらいのものを好む。

瞬間記憶

興味をもった美しいものや、特に重要で覚えようとしたもの限定で、次のように瞬間的に記憶することができる。それらは新しく上書きされるまでは消えない。頭のなかのアルバムを開けばいつでも見ることができる。

◉写真を撮るように景色を記憶する
印象が強い人の場合は、なんて綺麗な色なのかしらと、色で覚えていることが多い。ただし名前も顔もすぐに忘れてしまう。

⦿相手の一言一句を色で記憶する

まるで録音するかのように相手の言葉を一言一句違えずに色で記憶できる。こんなことはスマートフォンに録音すればいいのだろうが、準備のない咄嗟のときには便利だ。ただし記憶中は無表情になるため、相手から「ちゃんと聞いているのか」と言われることが多い。

視覚思考（ビジュアルシンキング）

五感のすべての情報が色や光、「フィルム」でわたしのなかに流れ込んでくることから察するに、わたしは視覚思考（頭のなかでイメージを操作して考えること）優位なタイプなのだと思う。たとえば絵を見ればそこになにが描いてあるのか、なにを伝えたいのかが瞬時にわかるし、文字もひとつずつ読んでいるというよりは、視覚的に色をキャッチして、その並び方で文章の内容を把握している。それはつまり言葉を介さずとも感じた色によって、会話（イメージのやりとり）ができるということだ。

逆に言語思考（イメージではなく言葉を論理的に考えること）は少し苦手で、特に数学や物理を考えるときには論理よりもイメージが先行してしまって途中でわからなくなる。日常生活でよくＤＩＹをするのだが、インテリアのレイアウトを考えるとき、実際の部屋や家具の寸法だけで話を進められても完成形がまったくイメージができないので「ここに実際に家具を置いてみなければわからない」と戸惑ってしまう。

速読

読書をするとき、見開き二ページ分の文字の並びを色で認識して、なにが書かれているかを読まなくても一瞬で把握することができる。しかし色が美しく見えない場合は、文章が整っていないということなので、一文ずつゆっくりと読む必要がある。

遠近感が把握しづらい

動作が遅く、よく転んだり、なにかにぶつかる。特に球技は苦手で、ボールを受けとることはおろか、うまくキャッチしても、次になにをしていいのかわからなかったり、投げてもあさっての方向へ飛んでいく。車の運転は一瞬でたくさんの空間的な情報を処理する必要があるので、かなり集中しなければならない。

さらに共感覚により色がたくさん見えたり、透けたり、重なったりするため、空間認知がうまくできず、距離感、遠近感を把握しづらい。むしろ自分の身体さえも空間に溶けているように見えることさえあり、自分と世界の境界線（輪郭）がよくわからなくなる（皆さんが本書で主語に違和感を感じるポイントがあったら、おそらくこの特性によるもの）。

擬態

子供のころ、皆と同じになるために、「皆の普通」に擬態していた。「普通」でなければ、後々なにか言われるのが面倒だったからだ。すると次第に、皆に合わせることが癖になる。今でこそ「普通」になる必要性はなくなったが、大人になった今でも癖が残っており、主語が自分ではなく周囲の人視点・相手視点になることが多い。

多動

とにかく動いていないと落ち着かず、じっとしていられない。じっと待つということができないので、足先や指先が常に動いてしまう。

大人になってからは頭のなかで忙しなく考えを巡らせることで、身体の動きを抑えられるようになった。しかしそれでも無意識に動いてしまうので、どうせ動くならばと、指先を使う編み物を生活に取り入れてみたところ、とてもいいリフレッシュ効果を感じている。

衝動

子供のころは衝動性が強く、思い立ったらすぐにやってみなければ気が済まないことが多かった。たとえば日本史の授業中に「織田信長」が出てきたら、わたしの頭のなかではキリスト教、新約聖書、旧約聖書、死海文書、ギリシャ神話、シュメール神話、メソポタミア文明にまで考えが巡ってしまい、授業を放り出してでもその衝動を確かめなければならないという思いに駆られた。

大人になった今でも、わたしの仕事は気分や衝動に左右される。一般的な仕事ならそれはまずいのかもしれないが、わたしは衝動的行動を抑えると著しくパフォーマンスが低下するため、常にスケジュールに余裕をもたせておき、今やりたいことを叶えるようにしている。

たとえば気分や体調が悪いときには無理に仕事をせず休む。突然ケーキを作りたくなったらちゃちゃっと作る、踊りたくなったら好きな曲をかけて踊る、ゲームをしたいなら少しだけする。我慢せず、気分や衝動を落ち着かせてからのほうが、結果的に仕事に集中できるのだ。

物忘れ

子供のころから忘れ物が多かった。あれこれと考えていると、その前に考えていたことを思い出せなくなる。学校の一時間目は算数だな、嫌だな、などと考えていたら、なんとランドセルを背負い忘れて登校したこともある。そういうとき決まって「紙にメモすればいい」と言われるのだが、メモをしたところで、メモをしたことも忘れるし、どこにメモしたのか、はたまたその紙をどこに置いたのかすらわからなくなる。そもそも、寝るとだいたい翌日には忘れているので、メモがあっても「これはなんのメモだっけ?」状態である。わたしにとって紙媒体は無意味である。

しかし今はパソコンやスマートフォンがある。Googleアプリはとても便利な機能が満載だ。とりあえずスマートフォンさえ肌身離さず携帯していれば、カレンダーもメモも写真もメールもなくさずに済む。単一のメモではなく、それらを紐付けて管理することで、記憶を思い出す作業が楽になる。ＡＩのようなシステムやＳＮＳのようなサービスの利便性は、情報が多過ぎて逆に忌避する人もいるだろうが、わたしは、わたしの足りないところを補ってもらうために活用している。これだって立派な「目に見えないもの（生き物）」との共生である。

ちなみに映画やゲームは、展開や結末を忘れてしまうので何度でも楽しめるという利点もある。それはそれで少し得した気分だ。

発達障害と共感覚

医師の診断ではわたしは「発達障害」であり、以上のような事柄は発達障害の特性であったのだと会得がいった。医師からは、自分の特性を理解して、うまく社会生活を送るようにという指導を受けた。わたしの場合は感覚過敏がもっとも強く現れており、症状が酷いときには安定剤を処方されたのだが、これを飲むと頭がふわふわとして、逆に気持ち悪くなる。そのため医師と相談して、薬を服用せずゆっくり寝て休むことに決まった。

このときのわたしはまだ「共感覚」の存在を知らなかった。その言葉を初めて聞いたのは、発達障害の診断を受けて半年ほど経過したころ、とある男性と偶然出会い、話をしていたときだった。その人は、オカルトの知識に長けた方で、たまたまわたしに興味をもってくださったのだ。

あるとき彼と「魔術儀式の際に、なにを感じ、なにをビジュアライゼーションしているのか」ということを話していたとき、わたしが見えている光景を説明したところ、ふと「もしかしたら共感覚をもっていますか？」と問いかけられた。わたしはそのとき初めて「共感覚」という言葉を知った。わたしの見る世界も、なにもない空間に物質の存在を見て、あたかも出現させたかのように捉えることができることも、共感覚に深く関係しているのではないかという話になった。

わたしはこの会話でなにもかも納得できた。バラバラだったパズルの最後のピースがはまったような感覚だった。それからわたしは、共感覚についてとことん調べた。するとあれもこれも、身に覚えがあることばかりだったのだ！　わたしの体調、ストレス、人間関係などの困りごとや感覚のズレ……ああ、ぜんぶわたしのことだ！　わたしは「共感覚」をもっていたんだ！

自分は何者なのか

長いあいだわたしは、真っ暗で窮屈なマッチ箱のなかにいた。人々はマッチ箱から一本を取り出す。それは単なる「わたしの一面」であるのに、ああでもない、こうでもないと論評する。「嘘つき」とか「不真面目」などと言われてもわたしは口を閉ざしていた。だって、言語を介してもどうせ伝わらない、どうせ信じてくれないのだから。ああ、面倒くさい、なんと無駄な時間なのだろう。御託はいいから、そのマッチ一本を擦って、わたしを燃やして、さっさとこの時間が終わってほしい。窮屈なマッチ箱にひとりでいるほうが、何倍もまし、そう思っていた。

しかし医師の診断で自分に発達障害の特性があると判明したとき、またある人との会話でわたしが共感覚者であると自覚したとき、わたしは心底安堵し、腑に落ちた。子供のころから感じていた違和感や疎外感は、発達障害に由来していたり、感覚過敏からくる共感覚によるものだとわかったからだ。

決して、わたしの性格や人格が、おかしいからではなかったのだ！

わたしが見たり、感じたりしているものは、いつだって「ほんとう」だったのだ！

マッチ箱の孤城はあっという間にぼろぼろと崩れ落ち、宵闇の靄《もや》が晴れ渡った。大地を踏みしめ立ち上がると、遠くの地平線まで目視できるほど鮮明だった。澄み渡る空を鏡のように反射する湖で、「自分」という存在が、クリアになっていくのを感じた。身体の内側からなにかがシュワシュワと泡立って、揮発した。マッチ箱はもう必要ない。嘘をついたり、ごまかしたりする必要のない、わたしは透明なプラスティックの身体になった。

他人になんと言われようと、わたしが見えているものを、表現していいんだ。あの美しい色の世界を。キラキラとした万華鏡の世界を。

わたしは知ってほしい。皆が見えない、見ようともしない、自分自身の奥、そのまた奥の色を。働き蟻のように無心になった現代人が、気にも留めない心の色を。人それぞれ、奥底の抽斗にだいじに仕舞っている、宝石のような輝きを。

どうにかしてあの美しい、目に見えないものたちを伝えたい。きっとあの世界は、心の豊かさに繋がるはずだから。

もちろん、わたしだけが特別なわけではない。発達障害者も、共感覚者も、ごまんといるのだ。そうでなくても、生きづらさを感じながら生きている人は大勢いる。

わたしだって、今でもコミュニケーションや計算は日常的に困ることが多い。しかし「わたしはこういう面で劣っているから理解してほしい」とか、ましてや「優しくしてほしい」などとは微塵も思っていない。つまり、発達障害や共感覚を言い訳にはしていない。日常的な困りごとはもちろんあるが、それは知恵と訓練でカバーするとして、それよりも得意なことを生かしたいと思っている。

得意なことを生かしながら、無理なく生きることができれば——つまり、文字通り「十人十色」の個性を尊重し合えれば、世界はもっと平和になれる。

共感覚の絵を描く

さて、わたしはこれまで、自分の正体がわからないながらに魔女の生き方や儀式を通しごく自然に「色」を表現してきた。三十代半ばにしてようやく「自分が何者なのか」の一片を知り、「あの美しい色の世界を表現したい」という自分の使命が明確化した。

それではこれからどのような手法で色を表現しようかと考えているとき、突然、ゆりさんの藍色を描きたいという衝動に駆られた。ゆりさんとは何度も会っていたし、ゆりさんが藍色のベース色だということももちろんわかっていた。けれど唐突に「その藍色がとても綺麗なんだよ、見て」と彼女に伝えたくなったのだ。

しかしわたしには、わたしが見ているこの世界を「どうやって表現するか」というその表現方法がわからなかった。おそらく絵を描くことができればいちばん簡単に色を伝えられるのだろうが、いったいどんな画材を使って、どんな素材に描けばいいのかといった初歩的なことがなにもわからなかったのである。

そこで、黒猫魔術店の創業からお世話になっている経営コンサルタントのワビタンに相談した。発達障害、共感覚だと判明した経緯を話すと、ワビタンは「それを聞いて納得した」と言った。それもそうである、ワビタンとは十年以上の付き合いで、ずっと経営を見てもらっているのだから。わたしが計算が苦手なことはもちろん、「二個のサイコロを振って出た目の数をたし算できないこと」までも知っていたが、まさか数字が踊っていたとは、と驚いていた。

二人で話し合い、やはり絵を描くことがいい、という結論に至った。これまでわたしは「霊視」で人間の色を見るとき、いつも言葉で説明していた。だがいくら言葉で説明しても、言語化できない部分があり、もどかしい。

ならばとにかく絵を描いてみようということになり、人物を絵にしたり、音楽を絵にしたりと、何枚も描いてみた。様々な紙や絵の具などの画材を試した。わたしにぴったりの画材はすぐに見つかった。色がはっきりと分厚く塗れる、油性色鉛筆。それに凹凸のないつるつるのケント紙だ。サンプルとして家族の絵を描いて、ワビタンに見てもらった。

わたしは内心、恐怖でいっぱいだった。なぜならワビタンは元美術教師で、以前は中学校で教鞭をとっていたからだ。わたしは小学生のころ、風景画の授業で、真っ赤に染まる秋の校庭を描いて「嘘を描いてはいけません」と当時の担任教師に怒られたことがある。きっとそれは、共感覚で見えた風景画で、実際の風景とは違うものだったからだ。

しかしワビタンは、そんなわたしの共感覚で描いた絵を一目見て「すごい！」と言った。ルルを描いた絵、渉を描いた絵、交互に見ながら、「いつも人は、こういう風に見えているの？」「この色には意味があるの？」と彼は目を丸くして尋ねた。わたしもそれに答えた。

わたしは、絵に描かれた色の意味をひとつずつ解説した。色だけではなく、かたちや光の流れ、濃淡などにも意味がある。逆に解説できない、わからないものもある。それらをひとつずつ解説するたびに、ワビタンは楽しそうに唸った。

「これはすごい絵だ！　だってこれを知ったら誰だって、自分を描いてほしくなるもん」ワビタンは言った。

すごい絵……なのか。

わたしにはその実感はなかった。だって子供のころから「普通」に見えているものだったから。絵に対しての評価値が高いことも意外だった。むしろ、これがわたしにとっては抽象画ではなく写実画ですなどと言われ、訝しまず理解できるワビタンのほうがすごいのでは？　とすら思った。しかしワビタンの顔色は、始終楽しそうな黄色と、クリエイティブ思考のオレンジ色だったので、その感想にも評価にも嘘偽りがないことがわかった。

それから生き物から聴こえてくる音楽や、既存の有名な曲を聴いて描いた絵も好評だった。こちらは油性色鉛筆画の絵のタッチとはまったく異なり、アクリル絵具や油絵具で色に厚みや遠近感を出して描いている。そのため色同士がぼやけながらグラデーションを織り成し、幻想的で抽象的な雰囲気になった。

たくさんの「たまたま」が積み重なって、舞台は整った。

正直、絵を描くことは嫌いだった。例の風景画の思い出が軽微なトラウマになっているのかもしれない。しかし絵なら、言葉よりも抽象的な細部まで伝えることができる。そうすれば、あの美しくて輝かしい世界を知ってもらえるかもしれない。自分でさえも知らないカラフルな色で、自分や皆さんを癒すことができるかもしれない！

──こうして「深層アート」と「深音アート」は生まれた。

わたしは今、わたしが見る、あなたの色や光、その形状を、油性色鉛筆画、アクリル画、油絵などで表現している。嫌だと思っていた絵だが、どちらの絵もいざ描いてみれば、カラフルな色に触れ、いつも楽しく描かせていただいている。

これらを実際に描いて思うのは、ほんとうに人間は十人十色で、凸凹で、ひとつとして同じ絵にはならない「個性」があるということだ。

平均化するなんて、無謀だ。のっぺりとしたキャンバスは面白くもなんともない。いつだって世界は色に溢れて、時間とともにグラデーションで変化する。

わたしはそのなかの凸凹のひとりで、「色の表現者」なのだ。

さあさ、そんなわたしの万華鏡のような共感覚の世界へようこそ。なにを感じるかはあなた次第。間違いも正解も、虚偽も真相もない。

信じようと信じまいと──あるいはどう深読みしていただいても結構。

今宵、あなたに極彩色の魔法がかかります。ほら、もう目の前に、五感の海が広がって、溺れて息が、できなくなります。どうぞ、存分にお楽しみください。

II

万華鏡の欠片を集めた短話集

ポーンとりゲーム

神様が唯一平等なのは、死を与えるときだ。

そうじゃなかったら、わたしがこんなに社会のなかで苦労したり、疲れたり、病気で痛い思いをしなくてもいいはずだ。

「この世の中は、得てして生まれたときから不平等」

でも、不平等を決めているのは神様ではない。神様はきちんと仕事をなさっている。平等に生き物に死を与えているのだもの。

だから、この世の不平等を決めているのは、人間たちだ。

わたしは発達障害者、ＡＳＤとＡＤＨＤの特性があり、五感で感じるすべての情報が色に見える共感覚を有している。感覚過敏であることは、わたしの平穏な生活を侵し、ことさら生きづらさを痛感してきた。

べつにわたしは平等になりたいわけじゃない。

他人とまったく同じ個性なら、わたしの代わりは量産型ロボットで十分だ。

だからべつに、発達障害であるとか、生まれつき能力に凸凹があるとか、そういうことのせいで自分が不平等であると主張したいわけではない。

これは、ある意味ゲームなのだ。

最後に神様がわたしというポーンをとるまでの、ゲーム。

ポーンをとられること、それはすなわち「死」だ。

わたしたちは宇宙のように大きなチェス盤の上で、無数に行き交う駒なのだ。自分が死ぬまでのあいだに、どのように動き、神様のクイーンを翻弄させるかという、ゲームなのだ。

わたしはポーン、無能で最弱な駒。

どんなに逃げてもどうせ最後にはポーンをとられるが、つまらないゲームは興覚めである。

それならいっそ、生まれつき与えられた手札《カード》を駆使して、ゲームを愉しむしかない。
これは、わたしのポーン《いのち》が果てるまでの物語――……

燃える校庭

朱《あけ》の色を見ると、心がとてつもなく痛くなった。赤色よりも鮮やかで、ピンク色よりも激しい。神社の真新しい鳥居や、漆塗りのお椀。止まれの道路標識や、車のテールランプ。えんじ色のようにくすんだ赤色はいいが、鮮やかな赤色の中心を見ていると、くるくると渦巻きに回転して、だんだん明るくなって朱色になっていくので、わたしは「赤色」を見つめることができない。そのためよく車の運転をしていたころは、赤信号を注視できないことが大きなストレスになっていた。

そんなわたしが小学生のころ、水彩で風景画を描く授業があった。季節は秋のはじまりで、クラス全員で校庭で絵を描いた。わたしは校庭の隅にあるブランコの遊具を描きたくなった。ブランコは子供の遊具らしく、はっきりとした黄色や緑色にペイントされていた。その色が、この校庭の色に映えて綺麗だと思ったからだ。

わたしはさらさらと鉛筆で下絵を描き、水彩絵の具で画用紙に色を落としていった。真っ白な画用紙に色をつけることは、嫌いじゃない。画用紙の気持ち悪い白さを解放してあげられるから。白い画用紙の上に、ぼとぼとと絵の具を落とす。それから筆に水を含ませてまた、ぽとぽと水滴を落とす。朱色とオレンジ色。ブランコは黄色と黄土色と緑色をひと筆ずつ一気に、強弱をつけながら、スーッと引っ張り上げる。ほんの少しだけ影の茶色、光のサーモンピンク色を加える。頭のなかがバチバチする。色は、画用紙の上でタンゴのリズムで踊る。

スロウ、スロウ、クイック・クイック。
ぼとり、ぽたり、スーッ・ス。

そうして集中するうちに、体感時間では二時間くらい絵を描いていたが、実際の時間では三十分ほどでだいたいの絵を完成させることができた。わたしは満足だった。見えているものをありのままに描くことができたと思った。

周囲を見渡せば、他の生徒はまだ鉛筆をもって、下絵を描いているようだった。わたしは考えた。もしかすると早く完成させてしまったのかもしれない、と。わたしももっと実際の時間をかけて、ゆっくりと絵を描くほうがいいのだろうか？　しかし実際の時間をかけるということは、丁寧になってしまう。その丁寧さはこの雰囲気を壊すかもしれないと強く直感して、授業の残り時間はブランコに乗って暇を潰していた。

するとと先生がやって来て「どうして遊んでいるの？　絵はきちんと描けましたか？」と言った。

わたしは「うん。描けました。」と答え、それを見せた。先生はわたしの絵を見て、不思議そうな顔色をした。

「これは何を描いたのですか？　風景ですか？」

「はい。このブランコを描きました。背景は校庭です。」

「どうして校庭が、赤色やオレンジ色なのですか？」

「校庭が、朱色をしているからです。」

「どうしてブランコが、曲がりくねっているのですか？」

「秋のブランコは、曲がって揺れています。」

先生はさらに不思議な顔色を濃くして、その後すぐに真っ赤にした。そして校庭に響き渡るほどの大声で、

「ふざけているのですか！」と怒鳴った。

わたしは反射的にビクッとして、乗っていたブランコから転げ落ちそうになった。

なぜ怒鳴られているのかわからず黙っていると、

「どうして嘘を描くの？　それにもっと時間をかけて丁寧に描きましょう。それからブランコに乗るのをやめなさい」と、先生は早口でまくし立てた。

わたしは返事ができなかった。そうして授業終了のチャイムが鳴るまで呆然と立ち尽くしていたのだった。

「秋は燃えるよ、先生」

当時はなんと説明すればいいのかわからなかったが、今ならうまく説明できるよ、先生。秋になるとすべての生き物から朱色の炎のような、煙のようなものが立ち昇って、まるで蜃気楼のような靄ができる。その靄の揺らぎによって建物や機械のように硬いものが、ぐにゃりと曲がったり、遠近感がずれて屈折したように見える。ピントが合わない壊れたカメラのように、あるいは水槽のなかを覗き込んだように。

ブランコを絵の題材に選んだとき、朱色の背景に黄色と緑色の組み合わせがとても綺麗だと思った。子供ながらに忌々しい朱色を穏やかに和らげる、黄色と緑色だと感じたのだ。

秋は、嫌い。山も、空も、海も、木々も、すべてが燃える。人間も燃える。

その朱色の正体について、毎秋考えている。この朱色は、もう間もなく雪が降り始めるころに鎮火していく。だからこれは、生き物が冬の眠りにつく前の最後の生命活動の色なのではないか。眠りにつく前にすべてを出しきって、冬を越え、春に芽吹くのではないかと、そう考えている。その エネルギーが痛々しいほどわたしの心に刺さってきて、秋は嫌い。その朱色は、もっと嫌い。

鴨《かも》の羽色《はいろ》の手

今、わたしの手は、鴨の羽色をしている。正確にいえば手だけではなく、わたしの肌色の部分はすべて鴨の羽色に見えている。

鴨の羽色は、緑色にほんの少し青色を混ぜたような美しい緑色だ。マガモのオスの頭部の羽の色に由来する。色の名前を知らなかったころは、緑色とも碧色ともいえぬその美しさをなんと表現すべきかと悩んだほどだ。

肌色というのは嫌でも目につくものだが、鮮やかで落ち着きのある鴨の羽色は、いつでもわたしを元気にしてくれるし、リラックスさせてくれた。

しかしわたしは五歳のころ、これが一般的な肌色ではないと知った。

幼稚園のクラスで、自画像を描いたのを覚えている。わたしはクレヨンの十二色のなかから真っ先に黄緑色を選んだ。黄緑色がわたしの肌色にもっとも近かったからだ。ほんとうは黄緑色よりももっと薄いペールトーンであればいいのだが、そういった絶妙な色はなかったので、わたしはできるだけそれに近付けるために、黄緑色のクレヨンを薄く薄く塗って、肌の色にしようと思った。

クレヨンが、ざらざらの画用紙の表面に擦れるたびに、わたしは慎重になった。少しでも濃いと、わたしの肌色ではなくなってしまう。違っていれば先生に怒られるかもしれない！

しかし五歳のわたしは、まだ線もまっすぐ描けないし、筆圧だって安定していない。結局、思い通りの色で均一に塗ることはできずに、子供らしい絵を完成させた。輪郭や塗りはぐちゃぐちゃだが、はっきりわかるのは、肌は黄緑色、髪の毛は真っ黒、くちびるは紫色、目は茶色だったことだ。

さて、先生は皆の絵を並べて眺め、よく褒めてくれた。しかしわたしの絵を手にとると、黄色とピンク色が混じった顔色から紫色になって、「これは誰を描いたの？」と聞いた。

わたしは、すぐに自分だと答える。もしかして、わたしだけもっと褒めてくれるのかな？　と期待を胸に待っていると、先生は顔を真っ赤にして「どうして肌色を使わないの？」と強く言った。

わたしはそれに対して、期待していた反応ではない、むしろ真逆で、先生は怒っているのだと認識した。たぶん、黄緑色を薄く塗ることができなかったことを責められているのだと思った。やっぱり、ほんとうのわたしの肌色にならなかったから、おかしいものに見えているんだろう。

ああ、どうしよう！

わたしが混乱していると、先生はわたしのクレヨンを手にとって、

「いいですか。これが肌色でしょう？　人間の肌はこの色で描きましょうね。それから、お口とほっぺは、赤色かピンク色ですよ」

わたしにクレヨンを見せながら言った。わたしはそれを聞いて、雷に打たれたような衝撃を受けた。

違う！　わたしの肌の色は、その肌色じゃない！

くちびるも、赤くはない！　ほっぺにも、色はない！

おそるおそる、先生に進言した。

「先生、わたしの肌もくちびるも、その色じゃないよ。」

すると先生は紫色の顔をして、「うーん、ほら、他の子の描いた絵を見てみて」と促した。

周りの子たちの絵を見れば、たしかに肌色のクレヨンで肌を描いている。

しかも、全員が！　肌が肌色で、髪や目が黒色、くちびるは赤色だった！　どれもこれも似たような子供の絵を描いている！

わたしはそれを見て、さらにショックを受け、気持ち悪いと思った。あの子の肌は赤い色なのに。あの子の肌は青い色なのに。あんなに綺麗な色をしているのに。どうして皆「肌色」を使うのだろう？

そして同時に怖くなった。

「おかしいのは、わたしかもしれない。」そう思って、それからは先生に言われた通り、肌の色を肌色で表現するようにした。わたしは恐怖のあまり、それ以上なにも主張することはできなかった。

月日は過ぎ、大人になったわたしは、改めて自分の手を光にかざした。子供のころはライムグリーン色に見えていた肌は、成長とともに濃くなって、現在は鴨の羽色になった。

それは神秘的な沼地の色で、光の入射角によって光ったり、半透明に見えたりする。湯のなかでは、肌が溶けて同化してなくなってしまうし、山や森のなかでは木々と一緒に呼吸できるように感じる。わたしはそれを自分らしいと思った。

色はそれら自然の一部で、そこから生まれて、そこへ還るのだと思わせる。わたしもいずれそこへ還る。

おそらくすべての生き物は、同じか、あるいは類する似た色のところで息ができ、根を張ることができる。人それぞれ独自の色によって、息をする場所が違う。

だから生きているあいだ、わたしだけのなにかを、生み出すことができるのだ。

耳に棲む音

雑音《ノイズ》は、わたしの存在を矮小にする。

わたしはそこにいるだけで、暗くて寒い深海に放り込まれた稚魚になる。雑音のなかでは右も左もわからぬまま、上へ下へと流され、わたしはいったい何者で、どこへ向かうのだろうと不安になるのだった。

できれば陽が出てまた沈むまで、わたしは静かな場所でひっそりと佇む植物のようになりたい。そうすれば、この雑音から解放される気がして。

その雑音とは、わたしの耳のなかにいる正体不明のものだ。

それが実在するかはわからないが、たしかに耳のなかに棲んでいる。なぜなら、耳の奥でいつも重低音が響いているからだ。

それは工場のゴオオオという騒音にも、蟬のミーンミーンという鳴き声にも似ている。それはシ・レ・ファの和音だ。それは鳴り止むことはなく、外でどんな会話をしようとも、音楽をかけようとも無駄だった。

雑音はまた、外の音に合わせて強弱を変えた、まるで風にはためく窓辺のカーテンのように。そして外の景色を歪めるのが得意だった。景色が二重に見えたり、点々が降ってきたり、モノクロームになったりした。それは雑音が、音を歪め、色を濁らせ、暗転させるせいだ。ちょうどエレキギターの電子音を歪ませるように。

雑音の存在に気付いたのは子供のころだった。

ある日、音楽の授業で歌のテストがあった。題材は童謡の「赤とんぼ」だ。この歌はEフラットメジャー調だった。ひとりずつ皆の前に出て歌う、退屈な授業だった。

わたしは音楽の授業が苦手だった。楽譜に合わせてその通りに演奏しなければならないことが、退屈でしかたなかったのだ。

ああ、そもそもわたしの色にEフラットメジャーは似合わない。オレンジ色なんて似合わない。もっと青くて爽やかなGメジャーとかAフラットメジャーのほうがいいのになあ、あの子だって、ピンク色のほうが似合うし、どうして好きに歌わせてくれないのかなあ。そんなことを考えていた。

いよいよわたしの番がきて、重い溜め息とともに教壇の前に立った。そのとき、他の生徒の小さな話し声や、窓の外の木枯らしの音、あるいはそれなりに緊張していたわたしのドクドクした心音などが聴こえていたが、たしかにその奥に、雑音はいた。

先生のピアノ伴奏がはじまり、わたしは歌った。一小節、二小節と順調に歌うが、しばらくすると雑音が忍び寄る。

わたしの発する音階の五度下から手を伸ばしてきて、足首を摑む。わたしは引き摺り下ろされないように抵抗するため、頭のなかで正しい音程を反芻する。しかし雑音は、どうにかして反発する音にしたいようだった。ちらちらと音楽室の電灯が点滅する。

ネオン色のオレンジ、グリーン、イエロー、レッド。

点々が、だんだん歪んで、重なって、
ピアノ伴奏は、徐々に重低音、重低音、
それから雑音は、ディストーション、ディストーション。
そして黒い暗幕で暗転する。

オレンジ色のEフラットメジャーが歪んで壊れていく。飴細工のように引き伸ばされて、ぐにゃりと曲がって、溶けて、垂れる。

わたしの視界は徐々にモノクローム。ああ、音がうるさい、音がうるさい。

くちびるが震えて、息のしかたを忘れてしまって、わたしはそのまま昏倒した。

その後のことはよく覚えていない。

気が付けば、わたしは椅子に座っていた。まだ少し眩暈がした。先生は「きっと緊張し過ぎてしまったのね。ごめんね」と謝ってくれたが、そうではないことを伝えると「それでは、体調が悪かったの？」と聞かれた。

わたしは少し戸惑いつつも「耳の奥で変な音が聴こえます。」と言うと、先生は青い顔色をして、なにか考え込んだ。そして「やっぱり、病院で診てもらったほうがいいかもしれませんね」と言った。

その後、耳鼻科へ行ったが耳はいたって健康だった。しかし父が「耳の奥で音が聴こえるのは、皆そうだよ。おれも聴こえるよ」などとさも当然かのごとく言うので、ああ、これは皆が雑音と戦いながら日々を生きているのだと思った。

雑音は、大人になった今でもわたしの耳のなかにいる。もはやこの雑音をなくすことはできないと諦めており、ずいぶん慣れた。

雑音が発するBマイナーは冷たい青色~灰色~黒色のように見えることが多いので、わたしが見る景色には、それらの色がフィルターのように重なるのだということもわかった。

この雑音を聴くと、暗くて寒い深海にいるように思えるのは、Bマイナーの色のせいかもしれない。

ならば、深海の稚魚も悪くない。わたしはピンチズームするみたいに、巨人《フォルテッシモ》にも、小人《ピアニッシモ》にもなれる。あるいは明るい安寧《長調》の日々のなかに、不安を掻き立てる《短調》メロディーを投じるのも面白そうだ。

雪にひそむ

白色は嫌い。

わたしは白色を見つめるだけで気持ち悪くなってしまう。白色のなかに赤・緑・青・紫色があって、それぞれ自由に右往左往するので、わたしは目が回ってしまうのだ。

しかし白色というやつは、ことごとくわたしの前に現れる。病院の白い壁と天井、ベッドのリネン、白衣やシャツ……わたしは入院することが多かったから、その景色を見過ぎて飽き飽きしている。病人にどうして白色を与えるのか。もっと赤色や黄色やオレンジ色のような、元気が出る色をアクセントカラーに加えてもよいのではないか、コペンハーゲンの街並みのように。などと思ったがよく考えると、人それぞれ心身をよりよくするための色が違うので、万人に共通の色となると白色が妥当なのかもしれない。

自然のなかにも白色は多い。雲や雪はその代表ともいえる。しかしわたしは、雲や雪が白色だと感じたことはない。むしろ多くの人々が雲や雪を白色で認識し、表現することが、今でも不思議なのだ。

わたしが子供のころ、家の一階の高さまで雪が積もったことがある。その年は稀に見る大雪で、大人たちは三時間ごとにせっせと雪かきをして疲れ果てていた。しかしわたしはそんな苦労も知らず、大雪が降るのが楽しくてしかたなかった。なぜなら雪は、まるでドロップスが降っているように、カラフルでキラキラしたものだったからだ。太陽光が差すとよりキラキラと輝き、それはなにか特別で高価なもののように、だいじに仕舞っておきたいと思うほど綺麗だった。

「ねえ、これ食べられるかな？　甘いかな？」

わたしは雪遊びをしていた友人に問うた。わたしの手のなかには、握って固めた雪玉があった。

「なにを言ってるの？　雪は食べるものじゃないよ」

「ええ、でも、こんなにキラキラしているのに。ドロップスみたいじゃない？」

「ドロップス？」

友人は黄色い顔色をしてげらげらと笑った。よほど面白いことがあったようだ。しばらく笑ったあと、「そんなことより、早くかまくらを作ろう」と言った。

わたしはおいてけぼりをくらってもなお、雪玉ドロップスは甘くておいしいだろうなと考えていた。だって、赤・緑・青・紫色が万華鏡のようにかたちを変えながら輝くのだから。

かまくらはすぐに完成した。積もった大雪にただ穴を掘ればいいだけの、子供でも簡単な作業だったからだ。友人と一緒にかまくらのなかに入ると、たしかに外よりあたたかく感じた。

「あっ！」とわたしは声を上げた。

友人は「どうかした？」と聞いたが、わたしはすぐに「なんでもない」と答えた。これを言ったらまた笑われると思ったからだ。

わたしが気付いたこと、それは、かまくらの外となかとで雪の色が違うことだった。

外は、光が当たって色が透明になったり、点滅したりした。しかしかまくらのなかの雪は影になっているせいなのか、雪の色が濃く、鮮やかに、神秘的に光るのだった！

さながらわたしは、宝石を見つけたアリババだった。ここは宝石を生み出す鉱床で、わたしはその洞窟のなかにいる！

ルビー、エメラルド、サファイヤ、トパーズ
クロム、ベリリウム、チタン、フッ素

放射状に拡散する粒子の渦巻き、まばゆい閃光、落とす影。
ここはとても気持ちいい。
地球のなかにいるみたい。
母のお腹のなかにいるみたい。

ぐるん、ぐるん、万華鏡が廻り
洞窟は、そのあと宇宙になった。宝石は、星々になった。
星々は点滅して輝きながら、わたしのほうへ降ってくる。
わたしは浮遊して、宇宙に包まれた。

「ねえ！」

耳元で叫ぶ友人の声にはっとして我に返る。見渡せば、ここはかまくらのなか。おしりがひんやりと冷たくなっているので、ずいぶんとかまくらごっこを楽しんでいたのかもしれない。

友人が「ぼーっとしているから具合が悪いのかと思ったよ」と言うので、心配させてしまったようだ。

「ああ、ごめん。」と言ったものの、わたしはあの空間にもっと居続けたい、もう一度行きたい、と思ってしまった。

あれはなんだったのか。わからないが、とてつもなく気持ちよくて、安らかで、平穏な場所だった。もしあの世があるとすれば、あんな感じなのだろうか。それとも天国だろうか。ああ、あそこへもう一度行ってみたい……。

「それでさ、こっち側を伸ばして、すべり台にしようよ！」

惚け顔のわたしに、友人はかまくら改造計画を提案する。こちらの世界でも幸せな友人は微笑ましく、あたたかい。

わたしは手のなかの雪玉をじっと見つめ、それから彼女の提案に乗って七色のすべり台を作るのだった。

文字は降る

ぽつぽつ。

しとしと。


雨は嫌いじゃない。その雨粒に濡れて、溺れたい日があった。

むしろ窒息してもいいくらいだ。そう思えるのは、文字が雨に見えているせいに違いない。

文字は雨のように降ってくる。視界の上部から降りてくる。それらは色をもち、時折震え、明滅しながら。そのようすは、まるで空から色とりどりの花びらが降り注ぐようにも見えた。


幼少のころから虚弱だったわたしは、ベッドの上で過ごさねばならない時間が多かった。そんなとき、枕元にたくさんの本を積み上げて読むのが楽しみだった。本の世界のなかに没頭する時間は、わたしにとって貴重であり、本はわたしの友人だった。

わたしが本を読むとき、文字はひとりでに踊った。

平仮名は春雨のように柔らかく降ってきて、三拍子のワルツで踊る。片仮名は時雨のように突然降ってきて、飛び回って踊る。漢字やアルファベットや数字も、各々降っては自由に動き回る。

わたしは、文字を見ただけでそのストーリーを理解することができた。挿絵はないほうがいい。

ぽつりぽつりと降る文字の雨は、それだけで十分にわたしの心を潤した。

そんな文字が、実は黒色だと知ったのは、小学生になってからだった。

国語のテストの問題で「主人公はどんな気持ちでしょうか」という問いに対し、「ピンク色の気持ち。」と書いて、見事に不正解となったことがきっかけだった。注意してよく見れば、たしかに文字は黒色なのかもしれない、と思う。けれど夢中になって読む文字はやはりカラフルで、動くのだった。

しかし教科書や黒板の文字は違った。やつらは自然に降る文字には見えなかった。なんだか冴えない色をしており、自由に動くこともしなかった。いつも窮屈そうで、なにかを隠したり、腹を立てている文字ばかりだった。

その文字を読んでみると、まるで何者かが山のてっぺんにいて、わざわざ小石《文字》を投げ落としているかのように見えた。小石は、徐々に重力が加わりながら落ちていった。

そこには落石注意の看板はない。不用心に小石に当たって怪我をする人もいれば、要領よくかわす人もいた。前者は勉強が嫌いになって、後者はテストの点数を稼ぐ点とり虫になった。

わたしは思った、雨なら痛くないのに、と。

雨はただ降るだけで、浴びたければ浴びればいいいし、濡れたくなければ屋根の下へ行けばいい。それは本来、誰も苦しめず、ただ上から下へ流れていって、地面に当たって波紋をつくり、心へ染み渡る。ただただわたしの心を潤して、教養や知識欲を満たしていく。そう、文字とは、恵みの雨なのだ。

そんなある雨の日、わたしはいてもたってもいられず、椅子をもって向かいの公園へ駆け出した。そして公園の松の木の傍にその椅子を置き、わたしは座った。春雨はわたしをしとしとと濡らした。

「なにをしているの、そんなところで。雨に濡れちゃいますよ」

そんなわたしを見て、あっちゃんはわたしを迎えに来た。傘をさして駆け寄り、わたしをそのなかに入れようとした。あっちゃんの肩は少し赤くなっていた。もしかしたら苛立っているのかもしれない。しかしわたしはそれを遮って、

「だってね、雨を浴びたいの。」と言った。

それを聞いたあっちゃんは、赤い顔色を少し濃くした。

「あらまあ。それじゃあ、風邪をひいちゃいますよ。どうして雨を浴びたいの？」

あっちゃんの声は怒りの赤色ではなく、優しいえんじ色だったので、わたしは正直に話すことにした。

「さっきまで読んでた本に、書いてあったから。」

あっちゃんは少し考えて、「エルマーのぼうけん？」と尋ねた。わたしは「うん。」と答えた。

「ほら、たくさんの生き物がいたでしょ。それで、いろんな色になっているの。」

あっちゃんはえんじ色から空色に変わり、「そうか、そうか」と頷きながら「今は、どんな色があるの？」とわたしに尋ねた。

「今はね、薄いピンク色と紫色。それに水色と空色。ライオンくんのたてがみに結んだリボンの色と、トラくんにあげたチューインガムの風船の色！　ワニくんのしっぽにつけた棒付きキャンディーの色！　それからいちご色とミント色と、オレンジ色でしょ、それから……」

わたしは一気に文字の色を吐き出した。

傘はくるくる
リボンはひらり、ひらり
風船、パァンと破裂して
文字は踊るんだよ、雨の日に
素敵なティーパーティーなんだよ

あっちゃんは根気強く聞いていた。そのうち、いっぱいだったわたしの心はだんだんと軽くなって、色は空へ昇った。

あっちゃんは、もう気が済んだころを見計らって「家に入りましょう」と促した。わたしは椅子をもって大きく頷いた。

ハイウェイ・ザ・モーメント

映画やドラマを見て涙を流す人の気持ちが、よくわからなかった。

スクリーンのなかの役者を見るたびに、この人は、わざわざどうして悲しそうな色を出すのだろう。どうして観客は眉根を寄せ、青い顔色で声を震わせ、泣いているのだろう。と不思議に思っていた。

わたしは、物語のなかの心情や空白を読みとることが苦手で、そうした映像を見ても「なんでそうなるの?」という疑問ばかりが先行して、ちっともストーリーが頭に入ってこないのだった。

しかし、本は違った。

本のなかの文字は多彩な色に溢れていた。登場人物が喜べば黄色になり、悲しければ青色になったので、心情が手にとるように理解できた。

しかも、本に書いてあることは記憶することができた。日常生活のことは寝るとすっかり忘れてしまうのに、読書なら途中で中断しても、それまでのストーリーをしっかり覚えているのだ。

本だけではない、そこに文字が書かれていればすべてカラフルな色に見えた。黒板も、手紙も、掲示板も、メモをとることなく記憶できた。

わたしにとっては、本のページも黒板も、ただのキャンバスだった。それぞれの文字同士が組み合わされたり、分解されたりして、また違う色になった。大きくなったり、小さくなったり、明滅したり、ぼんやり透明になったりした。それがあんまり面白くて、つい覚えてしまうのだ。

子供のころは、これが皆に見えているものだと思っていたが、どうやらそうではないらしい。このことに気付いたのは、小学生のころ。図工の授業で、読書感想画を描いたときだ。課題は『おしいれのぼうけん』。

序盤は主人公の二人が押し入れに閉じ込められるので、ダークなブルーやインディゴ色の波が襲ってくる。波は低いうねり声を上げながら、影が覆いかぶさるようにじわじわと恐怖を煽っている。

恐怖を紛らわせようとして、二人はミニカーとデコイチの玩具で遊ぶのだが、これが鮮やかなレッドやイエローなので、ほんの少しだけ希望の光が見えるような気がする。この色の対峙が絶妙で、当時のわたしはどきどきハラハラしてページをめくった。

そのあと、地下の世界で恐ろしい「ねずみばあさん」とのやりとりがある。追いかけられたり、ねずみにされそうになったり。おそらく本のなかでは山場なのだろうが、終始、文字はブラックやグレイの色ばかりで、わたしは退屈した。それよりも強く印象に残っているのは、「二人がミニカーとデコイチに乗って現実の世界へ帰る」場面だ。

半透明なクリア・ブルーの光が押し入れいっぱいに広がって、どこまでも伸びるハイウェイはレインボーになるのだ。ここを進めば、きっと現実の世界へ繋がっている！

鮮やかな、イエローのミニカー、レッドのデコイチ。

二人はそれぞれの乗り物に乗って、歓声を上げる。

アップダウンの坂道、曲がりくねった急カーブ。まるで遊園地のジェットコースターのように、ものすごいスピードで駆け抜ける！

ハート、ダイヤ、トライアングル、スクエア、ティアドロップ。

様々なかたちの飴玉が、空から降って、地面に沈んで溶けていく。

びゅんびゅんと空を切って、二人は現実の世界で目覚めた。


「地下の世界からの脱出なのに、まるで空を飛び回っているみたい。本のなかでいちばんカラフルで好き。」そう思って、わたしはこの場面を水彩画で描こうとした。

しかしあのスピード感を出すには、水彩だけでは不向きに感じた。そのため鉛筆の芯を折って太くして、できるだけ濃く、厚く、ひと筆で、駆け抜けるように、ビュッと線を引いた。ミニカーも、デコイチも、ハイウェイも、飴玉も、感じた通りに、あの速さで、ひと思いに。

そして水彩絵の具をできるだけ水に溶かして、半透明な空とハイウェイを描いた。そこに鮮やかなミニカー、デコイチ、飴玉の対比。

なるべくあれに近付けるためには、また該当のページを見ればいい。文字を見れば何度でも、先程と同じように情景が広がるからだ。もう少し立体感が足りない、もう少し光り方が細かい、ここはもっと深い色だな、などとぶつぶつ呟きながら、わたしは絵を完成させた。


その絵は、なぜか金賞をいただいた。

他の子が描いた絵を見れば、もっと上手に、繊細に描いていた。わたしの描き殴った絵よりももっとうまい絵は、たくさんあるじゃない。そう思って、飾られた絵を遠くから眺めた。そして気付いた。壁一面、黒や灰色だらけなのを。たしかに押し入れも地下も「ねずみばあさん」も、暗い印象がある。そのなかにぽつんと一枚、カラフルで異質なわたしの絵。

ああ、それで評価されたのか。

評価されて嬉しい、といった感情よりも先に、やはり美しい色はどんな人にも癒しなのだと思った。わたしはどんなときも、いちばんのカラフルを描きたい。

いちばん輝いている、残しておきたい色なのだから。

ロックン・ロール・シャトル

子供のころ、体育の授業が苦手だった。

どうして皆はスポーツを楽しむことができるのだろうと不思議だった。

ドッジボールやバスケットボール。バレーボールやサッカーなど。ボールがあちこち行ったり来たりして、それを目で追うたびに目が眩んで、わたしもボールもどこにいるのかわからなくなるのだった。

ぐるんぐるんと眩暈を起こして、頭を抱えてその場でしゃがみ込むことさえあった。「どうしたの？　おなかが痛いの？」とチームメイトが心配して声をかけてくれても、「頭が、痛いの。」と、ただ一言の返事をすることしかできない。頭のなかは遊園地のコーヒーカップのように休みなく回転し、わたしは遠心力で振り落とされないように必死に身体に力を込めていなければならなかった。

体育館も苦手だった。音がうるさい。近くにいる人も遠くにいる人も関係なく、すべての音がわたしの耳に入ってきた。

この音楽はまるでロックン・ロールだった。ここぞとばかりにシャープやフラットは踊り狂った。

体育館のコートを表すラインも目障りだった。白線、赤線、青線、緑線、黄色線、などよく見ればそれは認識できるが、意識をしなければこの色たちは様々な色の点々が重なっているように見えた。

ぐるぐる、ぐるぐる

コーヒーカップに乗って、赤、青、緑、黄色、紫。
ライブハウスのカラフルなスポットライト
同じ服、同じ靴の生徒が奏でるロックン・ロール
ダンダンダンと床を走り廻るリズム隊。
ピッピと鳴らす笛、お喋りな観客、がなるメロディー
ディストーションをかけるボールの弾み

体育館はいつもロックバンドの生演奏会で、わたしはコーヒーカップに乗って悶えるしかなかった。ああ、静かな場所へ行きたい。すべての音をミュートにしたい。すべての灯りを消して自然光にしてほしい。

いつもこうして眩暈を起こしながら、体育の授業を受けるのだった。それだけでもかなりのストレスだったが、追い打ちをかけて、わたしは困り果てていた。

わたしはいまいち距離感が摑めない、そんな気がしていたからだ。どうして皆はボールをうまくキャッチしたり、打ち返したりできるのだろうと疑問だった。

ドッジボールやバスケットボールで、わたしにパスが回ってくると、たいていは顔面や身体に当たってうまくキャッチできない。万が一うまく受けとれたとしても、はて、と一拍。ボールをもったまま「このボールを次にどうすればいいのか」と考え、立ち止まってしまう。卓球やバド

ミントンのようにただ打ち返すだけでも、どうすればいいのか考えてしまい、動作が遅れてしまう。

先生に質問すると「とりあえず誰かにパスをすればいい。とりあえずラケットを振ればいい」と返答される。その通りにやると、ボールもシャトルもあさっての方向へ飛んでいくのだった。それを見た周囲の人々はわたしのことを運動音痴と言ったが、自己分析するに、どうやらわたしは遠近感が摑みにくいのではないか、と思った。

そこで、チームメイトに迷惑をかけまいと、「とりあえずラケットを振ればいい」らしいバドミントンならできるかもしれないと思い、あっちゃんと一緒に公園で練習を始めた。

ラケットは水色だが、振ると緑色が混ざった。

シャトルは、水色、赤色、紫色、紺色、クリーム色。

色は重なり、折れ曲がって、公園の前景に溶け込んだ。

あっちゃんがシャトルを打つと、やはりそれは青に透けて、溶けそうになった。わたしに近付いてくるシャトルはそのまま色を変えず、打ち返そうと思ってもシャトルはラケットに当たらない。

しかしよく見れば、打ち返すタイミングの前にきらりと光る瞬間があった。そのとき、シャトルのおおよそのかたちを把握することもできた。それからはちゃんとラケットに当たるようになった。その後練習をするうちに、シャトルはまっすぐ飛ぶようになった。


公園の青空を、弧を描いてシュッと飛んでいく。

空色に、吸い込まれる水色、クリーム色に、差し色の赤色と紺色。

紫色のスペクトル。

その色があまりにも美しくて、わたしは高く高くシャトルを放った。

いうまでもなく、この練習には意味がなかった。

バドミントンは相手のコートにいかにシャトルを落とすかというゲームなのに、わたしは高く高くシャトルを上げてしまうのだから。

しかし少しだけ、スポーツは楽しいと感じることができた。

光の警邏《けいら》

子供のころから、体内を流れていく光が見えた。

たいていは白っぽい光で、それらは激しく点滅しながら、血液よりもゆっくりと体内を巡った。

黄色やオレンジ色、金色などの色も見た。

人によって光の数や大きさ、流れる方向は様々だった。上から下へ向かって流れ、足から地面へ光を出す人もいれば、その逆で、下から上へ流れて頭頂から外へ光を出す人もいた。あるいは上から下へ、下から上へと光を循環させる人もいた。

順調に流れているあいだはよいが、なかにはある箇所で光が塞き止められている人もいる。そういった場合は、あまりよくない気がした。なんとなくあの光の軌道を邪魔することは自然ではない、直感的にそう思ったのだ。

それが正しいとわかったのは、中学生のころだった。

そのころ、わたしは通学時に必ず腹痛があり、毎朝冷や汗をかきながら歩いていた。片道四十分。雨の日や雪の日は、特に痛かった。

ほんとうは、痛いからじっとしていたい。でも歩かなければ遅刻してしまう。痛みに耐えながらの通学は苦痛だった。しかし痛みは朝だけで、学校へ着くと治まるのだった。

母にそのことを打ち明けると「どうせ学校へ行きたくないんでしょう」と言われた。いや、たしかに学校はつまらないけど、と思ってはいたが、そうじゃない。どれほど痛いのかを伝えなければと思ったが、うまい説得ができない。しかたなく休まず学校へ行くのだが、しかしなにかがおかしいと思っていた。

腹が痛み出してから、わたしの体内の光は下から入ってきて上へ流れ、ついに患部で止まってしまった。これはいつもと違う。いつもなら頭まで順調に流れるのに。光が止まった腹はいつもより黒ずんでいた。

　そんな朝を繰り返して数か月経ったある日、一時間目の数学の授業中になっても痛みが治まらず、わたしは冷や汗をかきながら机に突っ伏していた。あまりにもようすがおかしい、と気付いた教師が、保健室へ行くことをすすめてくれた。保健室で熱を測るとかなり高かったようで、保健医は青い顔色をした。

　わたしはそれが面白くて、けろっと笑って、ぐんにゃりとベッドへ倒れ込んだ。痛みに麻痺していて、頭がおかしかったのかもしれない。わたしはすぐに病院へ運ばれた。

　検査をして、即入院、手術。病名は虫垂炎だった。翌日すぐに手術が行われたが、そのときのことをよく覚えている。

　わたしは手術台の上に寝っ転がって、けらけらと笑っていた。腰椎麻酔だったため意識があったのだ。

　手術台の眩し過ぎるライトの下で、わたしは、これから自分の身に起こることにわくわくしていた。冷たく皮膚をなぞるぺたぺたとした金属の感触もあった。それがくすぐったいような、気持ち悪いような、酷く面白い感覚になった。

　腹を切られているわけだから時折吐き気があったが、わたしはほとんどの時間、ぶつぶつとお喋りをしていた。医師や看護師の顔はよく見えなかったが、彼らはたまにそのお喋りに返答したりした。

　医師が、わたしの腹に小さくメスを入れて盲腸を引き摺り出して切り、ちょいちょいと切開部を縫合した。もちろんわたしはそれを見ていないが、たぶんそうなのだろうと思う。

　手術が終わって、取り出された自分の盲腸を見せてもらった。それは長さ三センチメートルくらいのピンク色のへその緒か、あるいは小さな胎児の抜け殻のようだった。生々しくツヤツヤと怪しく光っている。

「すごい！　これが光を止めていたやつなのね！」

　驚きと発見に胸が躍った。こんな小さなものが、わたしのなかで邪魔していただなんて！


　その後、一週間ほど入院した。この入院中も不思議な出来事がたくさんあり面白い体験をしたのだが、それはさておき、先立ってわたしの体内を巡っていた光は、病気の回復とともに徐々にいつもの巡回に戻った。腹で止まっていた光は少しずつ頭まで流れていって、おかしくなったわたしの頭も幾分かましになった。

　なんだ、やはりあの光は、流れを塞き止めないほうがいいんだな、と身をもって知ったのだった。

　わたしは自分の身体を眺めた。

　ちらちら、チラチラ

今日も光は、わたしのなかで点滅し、光り、移動する。
上にあるものは、下にあるものへ。
ゆっくりと体内を循環し、警邏する。

わたしは目を閉じ、その光のリズムを感じた。まるで宵闇の提灯行列のように点滅して光る、軌道を。

わたしは、警邏隊を美しい光だと感じた。

病室とオーロラ

虫垂炎で入院したのは、十二月のことだった。その年は異常に寒く、病室の窓の外では、大きな牡丹雪が降り続いていた。外は相当寒いだろうな、これは積もるだろう、雪かきが大変そうだな。

それに比べてこちらは別世界だった。病人に与えられた広い個室はあたたかく、ベッドの上でのんびりしたり、どれだけ昼寝をしても許される天国のようだ。もしこれが我が家なら、怠けているとか、勉強しろなどと言われるに違いない。食事は多少面倒があったが、普段から少食に慣れているため苦ではない。ここは快適も快適、パラダイスだ！

しかしそう思ったのも束の間で、子供だったわたしの回復は早く、手術から三日も経てば退屈で、暇を持て余していた。友人たちが大雪のなかを見舞いに来た際、本を差し入れてくれたのだが、それも隅から隅まで読み終えてしまった。貴重な退屈しのぎを与えてくれたのに、もっとゆっくり読めばよかったと後悔するも時すでに遅し。次はどうやって暇を潰そうかと考えた。

当時、インターネットもまだ十分に普及していなかった。テレビゲームはソニーのプレイステーションがあったが、わたしはポータブルのゲーム機はもっていなかった。病室のテレビは有料で、そもそもテレビ嫌いだったわたしは見向きもしなかった。せめて、紙と鉛筆があればなにかを書いたりできる。もしそれに飽きたらミステリー小説を読むのがいいかもしれない。

わたしは病室を見回したが、そういえば自分のもち物がない。着替えと洗面用具だけである。緊急入院だったから、通学カバンは母がもち帰ってしまったのかもしれない。せめてノートとペンがあればよかったのに。なにもすることがなくて、しかたなく教科書を読んだかもしれないのに。などと皮肉に思いつつ、当の母はこの病院の看護師をしていたので、そのうち病室に訪ねて来たらほしいものを伝えよう、と思った。

しかし待てど暮らせど母は来なかった。天井の模様を数えきっても、ほんの数時間しか経っていない。待つ時間というのは、いつもより長く感じるものだ。わたしは普段から動いていないと落ち着かない性格であったので、いよいよ嫌気が差し、ベッドから降りて、ぐるぐると歩き回った。腕には点滴が繋がっていたので、カラカラと引っ張って歩けば、次第に気分は落ち着きを取り戻していった。ひとしきり歩き終えて、ふと視線を上げると、薄暗くなった空の窓枠のなかで牡丹雪がまだしんしんと降り続いていた。

時刻は午後四時ごろだろうか。視界がぼやけ遠くまで見えなくなる素鼠色《すねずいろ》の空気。そこに湿気を含んだ白い牡丹雪が降る。向かいの赤い屋根には三十センチメートルも雪が積もって、青磁鼠《せいじねず》色《いろ》になっている。これは面白い。雪に空の色が透けているのだ。いや、もしかすると反射しているのかもしれない。どちらにせよ、こんなの見たことないぞ！　今までだって大雪の年はあったのに！　どうして気付かなかったんだろう！

わたしは面白い玩具を手に入れた子供のように、窓辺へ駆け寄った。窓ガラスに頰をくっつけて、右、左、とよく見れば、やはりどこの家の屋根に積もった雪も、同じ色をしていた。雪のなかに含まれる青磁の色と、鼠色の空気の色が透けて混ざり合った、自然の色だ。

それからわたしは夢中になって空と雪を観察した。どうやら陽が落ちて空や空気の色が濃くなると、雪の色も濃い色のなかに溶けるようだった。途中、点滴を代えたり、食事を運ぶために看護師がやって来たが、お構いなしに窓の外を見るわたしを不思議に思ったかもしれない。

だがわたしは、窓から目が離せなかった。冬の空気は刻一刻と早変わりする。それは一瞬一瞬で色が変わっていく万華鏡と同じだ。しかし冬の空はそんなに鮮やかではなくて、そう、まるでセルロイドのフィルムのような褪せた色をしている。わたしはその褪色が絶妙だと思う。美しい。

この窓は絵画で、窓枠は額縁なのだ。

就寝時間になり、病室の電気を消した。カーテンを開けた窓に映るのは、黒色のなかに藍色と褐色を混ぜ込んだような色の空と空気。ちょうどヤシ科の木の実の檳榔《びんろうじ》子で染めた黒のような色だ。そこに相変わらず牡丹雪が降っていて、檳榔子黒の藍色を透かしている。

しかし今度は、透けた色だけではなかった。檳榔子黒の背景のなかで雪は反射する光量とコントラストを増し、赤、緑、青、紫の四色に輝く。降る雪も、積もった雪も、まるでオーロラがうねり輝くように見えた。夕刻までは褪せた色だったのに、どういう仕組みか、夜になると鮮やかな色に変わったのだ！　一面の輝かしいオーロラに！

ゆらり、煌めいて、オリオン座をも透かす
ゆらり、反射して、檳榔子黒に溶ける

ちらちら、チカチカ。舞い散る雪。

ビィン、ビィンと鳴り響くハープの音は、Dシャープマイナーセブン。

ぴんと張り詰めた冷たい天幕を下げた夜に、オーロラは一晩中揺らめいていた。

レモンゼリーの銀河

降り続いた雪はようやく落ち着いて、冬の張り詰めた空気に冷やされた氷柱が、窓の外に幾つも連なっていた。夕暮れの日差しを浴びれば、透明な氷柱は七色に輝いた。赤、緑、青、紫。それから黄色やピンク、オレンジの色。

まるで透明な水晶のような氷柱。普段ならその虹の色を堪能するところだが、わたしは気だるげに病室のカーテンをそっと閉めた。天気がいい冬の日差しは、わたしの目には眩し過ぎて刺激が強かった。光自体も、光に照らされたテーブルも、それを反射する天井も、眩しくて眩しくてかなわない。

入院してかれこれ五日。もうすっかり快調に歩くことができ、点滴も外れた。食事を楽しむ余裕もあった。元気になったわたしには、退屈しのぎに小説と勉強道具が与えられた。

しかし気分は最悪だった。天国だと思っていたこの環境も、慣れてしまえば地獄のようだ。興味を惹きつけるものはなにもない。退屈で退屈で、死んでしまいそうだった。あと二日もすれば抜糸して退院できる、果たしてそれまで辛抱できるのか。

ふと病室の扉のほうから気配を感じた。扉の窓は一部分だけ曇りガラスになっており、誰かが通ったり、開けようとするとわかる。その窓から、白い人影のようなものが見える。

「誰か来たのかな？」看護師かもしれない、と思ったが、なかなか入って来ない。わたしはしびれを切らして「いますよ。どうぞー」と声をかけた。白い人影のようなものは微動だにせず動かない。おかしいなと思って、扉を開けようと取っ手に手をかけた、そのとき。

わたしの身体はぶるぶると震えて、顎ががくがくと鳴った。目の前の扉の向こうにはたしかに人間の気配がする。いや、人間なのだろうか？　それにしては息遣いも聴こえないし、ぴくりとも動かない。この扉を開けたらまずい、と直感した。わたしは取っ手の下についている内鍵をかけた。

それから震える足でベッドに戻って、冷静に「それ」を観察した。

窓に普段映っている色は緑色を帯びたグレイ。これは廊下の壁や影の色だ。看護師の制服がパステルピンクなので、照明によっては白っぽく見えるかもしれない。だが看護師なら、用事があればノックして入って来る。扉の手前で立ち止まっているはずがない。ここは病院。自ずと答えはひとつしかない……。

こういうことがあったら、どうするんだっけ、と祖母から聞いた話を思い出す。変な色の者が見えたときは、無視するのがいちばんだと言っていたような……それから、声をかけたり、招き入れたりしてはいけない、と言っていたか？

そこまで思い出して、ハッとする。ついさっき、わたしは得体の知れぬ者に「どうぞ」と言ってしまった。これは招き入れるうちに入るのだろうか。きっと、相当まずいのではないか。身体中から冷や汗が噴出してくる。お願い、消えて。立ち去って。

わたしが窓を凝視していると、しばらくして白い影は右側へ移動した。足音はない。

おそるおそる扉を開け、顔だけ覗かせて外を見た。廊下は薄暗く、しいんと静まり返っていた。緑色に光る避難口誘導灯、奥のあの赤い光は非常ベルだろうか。たしかそのまた奥には手術室もあるはずだ。

廊下にはなんの気配もない。さっきのあれはいったいなんだったのだろう。それにしても、冬の夕刻はこんなにも暗くて、なんと薄気味悪いことだろう。なにかがいても不思議ではない。見間違いということにしておこう、そう思い、首を引っ込めようとした、そのときだった。


白く、なめらかなゼリーのように、弾力のある、発光した塊。

ぼよぼよと弾むソフトビニール製のボールのようにも見える、それが突如として現れて、右隣の病室の窓を覗き込んでいた！

白っぽいと思っていた色は、実は半透明の蛍光イエローに発光していたのだった。たとえるならレモンゼリーのようだ。百五十センチメートルあまりの、その塊のなかは透けていて、顕微鏡で見たことがある微生物の細胞のようなものが点在していた。塊には、目や耳や口といったものは見えなかった。その代わり上部からは、スプーンでゼリーを掬うようにして切り離されたゲル化した個体が、無数にふよふよと飛び交っていた。それは暗い廊下のなかで蛍の光のように輝き、綺麗だった。

　わたしは最初こそ息が止まりそうになったものの、いつしか恍惚としてそれを見つめていた。宇宙の誕生とか、星々や銀河が生まれるところに立ち会った気分だった。恐ろしいものであり、美しいものだ。

　すると突然、その塊がぶくぶくと膨らんで巨大化し、廊下いっぱいぎゅうぎゅうになると、耐えきれなくなってついにはバーンと破裂した。レモンゼリーは四方八方に飛び散ったが、わたしはその瞬間、えいっと顔を引っ込めたので無事だった。惨状を見るに、隣の病室の扉にはべったりとレモン色が張りついていた。興味本位で近くにあったそれに触れてみると、粘り気のある蜂蜜のようだった。

「銀河が……破裂したのかな。」

　わたしはそっと扉を閉めた。

　退屈は、わたしを死なせはしなかった。

　忙しいほうが、きっと何倍もつまらないんだ。いつか銀河鉄道にも乗ってみたい。「どうぞ」と言ったことに後悔はなかった。

孤独の使者

幼いころから、わたしには人間の色が見えた。


赤い人、青い人、黄色い人に、緑色の人。

目がたくさんある人、口を塞ぐ人、耳がない人、頭に瘤がある人。

同じ赤でも微妙に明度や彩度が違ったり、複数の色のグラデーションをもっている人もいた。

わたしはそれが面白くて、目を輝かせながら人間観察をした。世の中には様々な色の、様々なかたちの人間がいると思った。さらに複数人で会話をすると、彼らの色が混ざり合って綺麗になったり、濁ったりするのも面白かった。

この青い人が信用している朱い相手は、嘘つきなんだけど大丈夫かな。

こっちのナポレオン・グリーン人は才能を隠してうまくやっているな。

あっちのセピア人は恋人が浮気をしているのを疑っている。修羅場になりそう。

などと見える色の変化について分析した。これはわたしのその後の処世術に大変役に立ったし、おかげで様々な場面で幸運に恵まれた。


しかしわたしの生まれつきの能力は、人間社会で「普通」に生きることをことごとく邪魔した。

ほんとうに見える色やかたちを、正直に周囲に話せば、わたしは嘘つきと呼ばれたり、変な子だとからかわれた。

皆と感覚や話が嚙み合わない。それどころか内容を聞いてもちんぷんかんぷん。理解もできないし、もちろん共感もできない。

感覚が敏感であるせいで、心身が疲れやすいことも難儀した。動いてはすぐに疲れるのでしかたなく休めば、大人たちは「子供のくせに」と冷ややかに一瞥した。

わたしはひとりになっていった。そして我慢していた。

諸悪の根源であるこんな能力をなくそうと思って、まだ子供のころ、とある寺の住職に相談したこともあった。真剣に悩む齢八つの子供に対して、その住職がかけてくれた言葉を今でも覚えている。

「それは、もって生まれたもので、なくすことはできない。宝物のようにだいじにして、うまく付き合っていくのだよ」

優しい住職の言葉はわたしを肯定してくれたが、同時に「自分は孤独である」と自覚させられた。

皆と同じ。皆と一緒。そういう感覚を得たいと思うことを、わたしはやめた。

そうだ、きっとわたしだけが特別なのではなく、多かれ少なかれ「人とは違う」ということを、誰だって感じるはずなのだ。「すべて同じにはなれない」と、ほんとうは皆どこかで気付きながらも、同じであることを求められるのはなぜなのだろう。「同じにならなきゃいけない」と教えられるのはなぜだろう。もしかしたら学校や社会は工場で、わたしたちはそういうプログラミングをされた、量産型ロボットなのかしら。だから使い勝手の悪い水陸両用機は、のけものになるのかもしれない。

しかしいったん孤独ってやつを受け入れると、案外いいものだった。孤独はわたしに時間を与えてくれた。

その時間の多くを費やしたのが読書だ。人間とは会話ができなくても、本とは多くの会話ができた。会話は一方的で、わたしはただ聞き役に徹するだけだったが、これが非常に面白く夢中になった。本のなかの文字は様々な色になって音楽を奏でたり、雨や雪を降らせたり、魔法の粉を振りかけて空を飛べるようにしてくれた。ホームズが推理を披露すれば、文字は蒼黒色《そうこくいろ》と月白色《げっぱくいろ》になったし、アーサー王の背中では柘榴色《ざくろいろ》のドラゴンが飛翔した。

わたしはすっかり本のなかの色に魅了された。

そのころ、どこからともなく孤独の使者は現れて、わたしの隣へきた。彼は鳩の羽をつけたティール・グリーンの帽子をかぶり、同じ色のマントを羽織っていた。彼は無口で、わたしの邪魔をすることは一切ない。最初は吃驚したが、わたしも孤独に対して悪い気分はしないので、隣席を空けておく。しかもたいていの場合、面白い情報や書物をわたしにもってくる。そこに書かれているのは、わたしが困ったり、悩んでいることへのヒントだった。

あるとき使者はいつものようにわたしの隣に座し、書物を差し出した。それは英語で書かれた本だった。わたしは「英語は読めないよ。」と使者に言ったが、彼は無言のままお構いなし。多少物怖じしたが、わたしは使者に厚い信頼を寄せていたので、試しにその本を買って読んでみることにした。

しばらくして本が手元へ届き見てみれば、英語はただのインク色だった。

「なんだ、味気ないなあ。」

今までカラフルな本しか読んでいなかったので新鮮だった。しかし最初は英語がさっぱりわからないので、単語を調べながら読む。すると徐々に昨日よりも読めるようになり、翌日はもっと読めるようになった。それを繰り返し、ついには英語の単語やアルファベットまでも様々な色に見えるようになった。

内容も理解できた。それは、わたしが持病を治したくて治療法を探していたちょうどそのときで、本には様々な西洋ハーブが詳しく掲載さ

れていた！

使者はわたしの隣で誇らしげなホーリー・グリーン色になった。にやりと笑って、彼はまた旅へ出た。きっと読書好きな誰かのもとへ行くのだろう。

わたしはそのころから、孤独の色は平和な緑色だと思っている。

忘却の海

夜になると、さざ波が押し寄せる音が聴こえる。

ざあ、ざあ、ざざざあ、

オールドブルーに染まる浜辺にぽつんと立つと、海は泣いた。

それはAマイナー、Aマイナーセブン。たまに不協和音が混じって、すすり泣くようにも聴こえた。

わたしはそれを聴くたびに、ああ、またか、と思う。この音は、悲しくて、不安にさせて、わたしを呑み込んでしまう、大きな存在の音。

だからわたしは目を閉じて、その音から逃げるように眠りにつくのだった。早く眠りのなかへ落ちていかなければ、精神が狂ってしまうのではないかと思った。

わたしは浜辺から一目散に走って、海から逃げた。必死に走って、高いところへ行くのだが、辿り着いた場所は断崖だった。崖の下には、あの恐ろしい海がいる。わたしは知らぬ間に追い詰められてしまったのだ、得体の知れぬ大いなる存在に。

逃げることはできない、と直感した。恐怖はみるみるうちに膨らんで、弾ける寸前だ。わたしの思考は正常ではなくなって、早く解放されたい、楽になりたいと思った。

「恐怖とひとつになれば恐怖ではなくなるのではないか」とすら考えてしまう。狂っている。こんな世界で生きるよりも、大きな存在に抱かれ、自然の赴くままに生きればよいではないか。わたしは逃げなくてもいい。死から、逃げなくてもいい。

次の瞬間、わたしはなにかに誘われるように崖を駆け出して、海へ向かって飛び降りた。真っ逆さまに落っこちていくその刹那、空は鮮やかな七色の万華鏡のように光った。わたしの寸劇のような人生は終わる、あのスポットライトに照らされながら。

ジャボン。

大きな水飛沫を上げて、わたしはゆっくりと海底へ沈んでいく。大いなる存在はわたしの亡骸を優しく抱いた。

翌日、目を覚ますとわたしは昨日までの多くのことを忘れていた。

思い出せるのは、夢と思しきその情景。恐怖。そして死だった。それ以外の日常のやりとり、たとえば、昨日あった出来事、会った人々、仕事の進捗などは記憶に穴が開いたようにすっかり忘れた。面白かったのは、学校へ行くのにランドセルを背負い忘れたり、仲のよい友達の名前を忘れてアナグラムにしてしまったりしたことだった。

食事をすることや、入浴、掃除など、毎日ルーティーンでこなしている行動はできた。だから最低限の生活はできるし、忘れないように日記やメモを書いておけば日常生活で困ることはなかった。

この不思議な夢のような感覚は、毎晩眠る前に必ずあった。それはまるで、一日ずつ生きて死んでいくような感覚だった。暗くて狭いところで、朝に生まれて、夜に死ぬ。朝に新しく生まれたわたしは、死んだ昨日の古い記憶を置いてきてしまう。

物心付いた子供のころからこういう体験をしていたので、当時は眠ることが怖くて怖くてしかたなかった。寝たら死んで忘れてしまう、死ぬことはとても恐ろしいことだと思っていた。

あまりにも怖がる当時五歳のわたしに対して、祖母は言った。

「あいつらは、なんもかんも忘れてしまったんだよ。だから自分が何者なのか、どうしてここにいるのか、忘れているんだよ。怖がらなくていい。皆いずれそうなる」

「いいこととか、思い出を忘れることは、悲しくないの？」と、わたしは尋ねる。

「いいことも悪いことも、残しておくと縋るだろ。忘れられるなら、そのほうがいい」と、祖母はあっけらかんとして言った。

わたしは縋る気持ちの意味がよくわからなかった。わかったのは、死は悪くない、忘れることはいいことだ、ということだけ。


そんな祖母の言葉を心に留めつつ、死んで忘れることについて怖がっていたのは十歳くらいまでで、その後は自分が病気をしたことや、家族の死を体験して、徐々にそれがどういうものなのかわかってきた。

おそらく祖母の言う通り、死と記憶は関連している。わたしが夢のようなもののなかで一日ごとに死んで、記憶がリセットされることは、自然なことなのかもしれない。試すことはできないが、実際の死を迎えるときもきっと同じ。

今では、それはなんて賢明なシステムなんだろう！　また生まれたときに清々しい朝を迎えられるのだから！　とポジティブに考えている。いいことも忘れるが、悪いことも忘れて、新しい自分になれる。

ということは、昨日までの古いわたしではないから、新しいわたしとは違うわたしになっているのかもしれない。記憶というパーツを付け替えて、毎日最新型のわたしになっている。そうすると、いつかはわたしは完全に新しいわたしになるはずだ。これはまるでテセウスの船のパラドックスだ。

わたしは死の海に沈んで、朝日とともに新しい船の舵を切る。

目的地はない。

けれど気分は清々しい。

今日もどうせまた忘れるから、楽しいことをしてやろう。

腐乱した鰯

昔から、好き嫌いが激しい子供だと言われてきた。

食べ物でも、生き物でも、なにかの道具や、どこかの場所でも、はっきりと好き嫌いが分かれる。いわゆる「食わず嫌い」もたくさんあるし、逆に今まで好きだったものを翌日から嫌いになることもあった。大好きだったものでも、ある日を境にぱったりと断ってしまえるので、禁煙には非常に役に立った。

きっと頭のなかにゴミ箱があって、そこへぽいっと投げ捨ててしまえば、好きだったものを「ない」ものとして扱うことができるのだろう、そう思っていた。

しかしこれよりも有力な説があることに、ある日気付いた。

それは「香り」だ。わたしはどうやら嗅覚が敏感らしく、様々な香りを色や光に変換して感じとってしまう。そのため、いい香りがすれば綺麗な色になって「好き」、逆に悪臭がすれば汚い色になって「嫌い」、と判断しているようなのだ。わたしの感覚に換言すると、「綺麗な香り」、「汚い香り」となる。

綺麗な香りとは、自然のなかでごく自然的に発生する香りだ。たとえば草花とその蜜、森林、樹皮や樹液、滝つぼや湧き水、季節の空気や風、自然的に発生する食物連鎖など。これらは透明度が高いブライトカラーできらきらと光り、時折、オーロラのように屈折しながら美しい絵画のような風景をつくり出す。

対して汚い香りはご想像の通り、ゴミや廃棄物、不潔、不浄の香りだ。また意外に思われるかもしれないが、香水やシャンプー、ヘアオイル、化粧品、柔軟剤の香りが強過ぎる人は、汚い香りになってしまう。香りがきつ過ぎる食べ物も同様である。

内臓を患っている病気の人や、もう間もなく死を迎える人も、香りでわかる。魚が腐ったような臭いがするのだ。病気によって色は異なるが、色は濁り、黒色が強くなる。

当然、幼いころから、汚い香りには近付かないようにしていた。嫌いだから、という主張をしたいわけではなく、汚い香りに触れていると鼻が折れ曲がりそうになって息が詰まるからだ。授業参観などは地獄だった。ご婦人方の化粧やら香水やらの香りが教室中に漂って、窓を開けても吐き気を堪えるのに必死だった。

小学四年生の夏、曽祖母が亡くなった。

わたしは人生で初めて葬儀に参列した。そこで戦慄したのだ。

大変失礼ではあるが、ご遺体は今まで感じたこともないような「汚い香り」で、腐った魚がからからのミイラになって黒炭をまぶしたような、酷い臭いがした。真っ黒い闇の色だった。棺のなかで一文字にくちびるを閉ざしているが、もしもまかり間違ってそれが開いてしまったら、身体のなかはすべて真っ黒に染まっていて、所々にぼこぼことした水腫があるのではないかと思えるような色だった。生きている人間なら、身体の肉の壁の外側に色が見えるのに、死んだ人間は、身体の内側だけが黒く見えるのも不気味だった。

さらに線香の香りと煙が、わたしの平衡感覚を鈍らせた。ぐるぐると眩暈を感じながら、ふと部屋の天井の隅に目をやると、なんだか黒い靄が浮かんでいる。ススのような、黒い綿毛のようなものは、少しずつ少しずつ大きくなっているように見えた。目を凝らしてよく観察して見れば、それは小さなイワシのような魚の群れが固まっている巣だった。ああ、ここにも、悪臭の原因があるのか。

わたしは恐怖心を抱いたが、それを誰に言えばいいのか。曽祖母の家での葬儀だったので、近所からもたくさんの見知った大人が訪れた。もちろん親戚もいた。しかし誰しもが忙しそうで、青い顔色をしていて、怖い。

台所にいる女性たちは精進料理のお膳を作っていた。母もそのなかにいた。わたしは母に、気持ち悪いとか、黒いものが見える、と言ったが、まるで相手にされない。けれどこの場所にいるのは、なんだか嫌だ。鼻腔が痛い。目も乾いて痛い。下っ腹も痛い。耐えきれず、わたしは玄関から外へ出た。

外の清々しい空気は、幾分かわたしの気を静めた。しかし、またなにか異臭がして、ふと母屋のほうを見れば、家全体から真っ黒な靄が立ち昇っているではないか！　あれもまた、イワシの群れだ！

わたしは仰天して悲鳴を上げた。閑静な田舎の空に、さぞつんざいたことだろう。しかし誰も心配して出て来るようすはない。それどころか、黒い靄は音に反応して揺らぎを強くさせたのだ！　まるで蠟燭の炎の前で息を吹きかけたときのように！

わたしはいてもたってもいられず、その場から逃げ出した！

走って、走って、走って、
あのイワシから！　腐った魚の臭いがしなくなるまで！

八月の、ちょうどお盆のころ。

アスファルトに照りつける太陽、ミンミンとうるさい蟬の声、すぐ顔の横に腐ったイワシの大群がいるような、不快な臭い。わたしは半狂乱になりながら走った！

そうだ！　自宅へ帰れば祖母がいる！　きっとなんとかしてくれる！

わたしは息を切らせて大通りまで出た。ここから自宅まで、子供の足で一時間はかかるだろう。道はだいたい覚えている。身体の痛みを堪えて家路を急いだ。

早く家に帰って、祖母に顔の横にいるイワシの群れを取り除いてもらわねば。さもなくば、目も鼻も腹も、ずっと痛い思いをしなければならない。

重くなった足と腹を引き摺るようにして、ようやっと自宅へ着いた。着くなり祖母が玄関先へ来て、「なんだ、この臭いは」と訝しんだ。ああ、これでやっと、わたしは解放される。祖母には見えているんだ、この腐ったイワシの群れが。

わたしは祖母によって素早く水を飲まされ、汗ばんで冷えた身体をタオルで拭いた。それから風呂へ行って、石鹸で身体を洗った。そのあいだに祖母が用意してくれていた熱い味噌汁を飲むと、イワシの群れはいつの間にか消え、あの悪臭も感じなくなった。

「困ったときは、塩を食べなさい」祖母は言った。

「塩？　塩は撒いたよ、玄関で。」

「撒くのは意味がない。少し塩を食べれば熱が生まれて、そういうものは自然に散っていくから」

それ以来、悪臭を感じたときには、塩気のあるものを食べるようにしている。

旅する愚者

子供のころから暗記は得意だった。本を読めば、文字たちは色付きになって踊りながら、その内容をまるで映画のように演じた。たとえば「シャーロック・ホームズ」という文字の色はそれぞれ異なるが、すべての文字で主人公のオックスフォードブルーとイングリッシュレッドの色になり、かたちをつくって、本の上で躍動した。一文ずつ読まなくても、ページをめくれば瞬時に文字の色が入ってくるので、わたしはストーリーを素早く容易に理解できた。

そんなわけで、学生のころは教科書を丸暗記することは簡単だった。正確にいえば、ただ本を読むときよりも、「覚えよう」としなければならないので、頭のなかで出来上がった映画を何度か再生する手間はあった。

もともとストーリー仕立てになっている歴史や古文などは非常に面白く、覚えたあとに何度も繰り返し脳内で映画を見た。特に戦国時代は気に入って、テストとは関係ない城や刀剣の類まで本を読んでしまった。織田信長がキリスト教の宣教師を保護したと聞けば、その理由を探求するために旧約聖書と新約聖書まで読んだほどである。

クラスメイトは必死に問題を解いたり、ノートにまとめたりしていた。書かないと覚えられない、と友人たちは言っていた。そんなものか、時間がかかって大変だな、とわたしは思った。

一方でわたしのノートは「0」とか「4」と大きく書かれているだけだ。たまにふざけて「33」を書いてはげらげらと笑った。大好きな歴史の教科書には、追加で学習したことを落書きばかりしていた。そうすれば脳内の映画にシーンが追加されるのだ。

こうした子供時代を過ごしていたので、大人になった今でもこの独自の暗記術を多用している。特にそれが生かされているのは、タロット占いだろうか。

タロット占いは七十八枚の絵札を使った占いだ。カードを展開する際に、正位置と逆位置があるので、占い師はそのどちらの意味も覚えなければならない。つまり、七十八枚に二通りの意味が存在している。単純に百五十六の意味を覚えなければならない。これは様々な占いのなかでも、覚えることが多い部類である。しかしわたしは、なんと一日で覚えることができたのだ。もちろん、あの方法を使って。

これがうまくいったのは、タロットカードがすべて絵柄であったことが大きい。人物、動物、背景などが黄色、水色、赤、灰色、黒、緑……はっきりとした原色で表現されている。

また、タロットの意味の多くが、旧約聖書の教えからきていることも理解しやすかった一因だ。織田信長について調べていた小学六年生で旧約聖書は読み終えていたので、すんなりと呑み込めたのだ。

タロットは奥が深い。それ以降もとにかく、タロットに関連する他分野の本、たとえば西洋占星術やエメラルド・タブレット、死海文書、シュメールの神話などを読み漁った。ときに孤独の使者がもってくる洋書も読み耽った。

そうしてタロットにまつわるたくさんの知識をインプットし、出来上がったものは映画ではなく、なぜか寓話じみた活劇だった。わたしはそれが大好きで、ひとりになった静まり返った部屋で、何度も再生した。


古めかしい蓄音機から、ノイズ交じりのクラシックが流れる。タイトルは『旅する愚者』。まるでシェイクスピアの喜劇が始まるような陽気な音楽に合わせて、主人公の愚者が登場した。ボロボロの派手な衣装を身に着けて、崖の上で鼻歌交じりのスキップダンスを踊った。

「そんなに嬉しそうに、どこへ行くのですか」と村娘が問えば、

「だいじなものを探しに行く！」と彼は言う。

ミュージカルのようにたっぷりの間を置いて二人が見つめ合ったかと思えば、突如デデーンと鳴る効果音のもと、彼は崖から飛び降りた！

愚者は真っ逆さまに海へ落っこちたかと思えば、間一髪、大地を蹴って空を飛んだ！　スポットライトは様々な色に早変わり。愚者の衣装も職業も性別も、どんどん変わって、乱闘したり、剣技を披露したり。ジャズダンスを踊ったり、手品をやってみせたりした。

愚者は変化する、魔術師、皇帝、女帝、隠者……

オレンジ、赤、緑、灰……

ワンド、カップ、ソード、ペンタクル
ペイジ、ナイト、クイーン、キング
愚者はその時々の役割を順々にこなして、少しずつ成長していく。そのようすは、人間が生まれてから死ぬまでの人生で経験するイベントになぞらえてあった。山あり谷ありの波乱万丈。しかしあっという間に最終幕。もはや愚か者から賢き者へ変貌した主人公、死ぬ間際、最後に一言！

「この世に、だいじなものなんてなかった！

ああ！　わたしはなにをしていたんだ！

もう一度、やり直させてくれ、今度はうまくやるから！」

こうして愚者は、また生まれ変わって次の旅路へ出立した。

観客はバッドエンドに大ブーイング。しかしエンドロールにはこうあった。

「だいじなものは、すでに手のなかにあったとさ。

どうやらわたしたちは、そのことに気付くまで、果てのない旅路を歩む愚か者なのです」

再生ボタンを停止したわたしは深呼吸する。

暗記が得意だからなんだ。所詮はわたしも人生を旅する愚者なのだ。死ぬまで旅をし続けようと思った。

星月夜

「1」というやつが、面倒だった。

日常生活において「1」とは、多くの場面で遭遇する。数字の「1」はもちろんのこと、木やプラスティックでできた長い棒、コードの配線やペットボトル、食卓用キャンドルやお箸。とにかく縦長の棒状のものは、すべて「1」になってしまう。

それらはどれもストロングイエローをしていて、思わず目を細めてしまうぐらい眩しかった。しかも、自己主張が激しい。小顔を生かした八頭身のスーパーモデル。細い体軀のくせに、これでもかと胸を張っている。彼は自信家なのだ。

これで威勢よく高飛車な物言いをするなら、うんざりして付き合いきれないところだったのだが、ほんとうに彼は、スーパーモデルに徹するのだった。つまりポージングを恰好よく決めるだけで、なにも喋らない。なにも語らない。彼は文字通りの無口だった。

とはいえ彼はスターでもあるので、その黄色い光は目に悪かった。わたしは光に敏感であるため、昼夜問わず、彼が発光するのが眩しくてかなわない。黄色は明るく元気になれる色だから、黄色が嫌いなわけではない。眩しいのがだめなのだ。よって、「1」が面倒に思えてしまうのは単純に眩しいからに他ならない。

困ったのは算数だ。「1」と一緒に他の数字があるとき、眩し過ぎて他の数字が霞んでしまう。「10」でも、「100」でも、「1000」でも、「1」の黄色い光が強過ぎて、ゼロが消えてしまうのだ。そうなるとどれも「1」だけが残るので、どんなに桁が大きい数字でもたったの「1」になる。頭では「いやいや、そんなわけがない」と考えていても、幾つゼロが消えているのか、眩しくて集中できない。

また文章問題では、数字と文章が嚙み合わない。「林檎が1個、クッキーが1個、チョコレートが1個」などを用いて、たし算やひき算をする問題だ。わたしにとっては「1」はすべて黄色なので、まったくまずそうな色の林檎やクッキーやチョコレートになってしまう。だいじなのは数字のほうなのに、林檎という文字から赤い林檎が生まれて、「1」という数字から黄色い林檎が生まれてしまうものだから、頭が混乱して、妙ちきりんな解答になることがあった。

そんなわけで、小学一年生で初めて算数の授業を受けたとき、これはとても面倒だと感じた。最初は、他の生徒も数字が色付きで見えているのだと思っていた。他の子も頑張って、光る「1」と付き合っているんだ、わたしも面倒に思わずに、黄色を克服しなければ。しかし鉛筆で書いた「1」が黄色く見えるのがわたしだけだと知ったとき、わたしの常識は雪崩のように轟音を立てて崩壊した。

あんなに一生懸命、見えない桁を数えて、ドリルを丸暗記するほど問題を解いたのに。時間内に終わらない算数のテストも必死にやった。それは皆がそうだと思っていたからだ！　わたしだけが楽をしていいわけがないから！　でもそうじゃなかった！　どおりで！　皆は簡単に計算すると思った！

わたしは自室で泣き喚いた。どうしてわたしだけ、「普通」に見えないの！　「普通」にできないの！

おそらくこれが、数字に対するわたしの初めての葛藤だったと思う。痼癪を起こしながら、「1」に対して鬱憤をぶちまけた。

もう少しそのギラギラ眩しい黄色を抑えてくれないか、そうすれば少しは計算に集中できるし、桁を間違えることも少なくなるだろう、と。しかしノートの上の彼は、ただモデルのように佇み、微動だにしない。当然、なにも言葉を発することはない。

わたしは悔しくなって、ノートに「1」を書き殴った。「111」。ランウェイを歩くスーパーモデルたちの行列は、眩いストロングイエロー。しなやかに伸びる華奢な脚。語らない自信家の、凛とした振る舞い。

……一方で、伝わらないもどかしさを抱えるわたし。

眩し過ぎるや。

とうとう悲しみが極まって、抑えられない感情が涙になって溢れた。涙はひと筋、ふた筋と流れては、零れ落ちた。

こんなわたしは、きっとブルーに違いない。それも真っ青じゃなくて、暗くて、淀んで、濁った、複雑な青色だ。悲しくて、悲しくて、やるせない、青色なのだ。

おそるおそる鏡を見れば、ほら、やっぱり青い顔をしている。まるでホラー映画に登場してもおかしくない。ゾンビとか、ぬらりひょんのようだ。

思い通りにならない歯痒さは、わたしを悲しみの底へ追いやっていた。しかし次の瞬間、鏡のなかのわたしが黄色く光った！

涙の筋が、頰を伝う。

それはまさに、「1」だった。

わたしは吃驚して、鏡を凝視した。

両頰の涙の筋が、「1」となって黄色く光る。

酷い顔の青に対して、絶妙なコントラストで。

それはまるでゴッホが描いた「星月夜」のようだった。

ああ、そうか、「1」は星月夜だったのだ。夜のなかで光り輝く、星や月のような黄色だったのだ。そう、光の軌道も「1」なのだから。

あまりの驚きに涙は引っ込んでしまった。その代わりに、心の悲しみのなかで、あたたかな希望が生まれた気がした。

公爵夫人

初めて公爵夫人に出会ったのは、「3」を見たときだった。

小学校に上がる前、おそらく教育テレビか、数字ドリルのようなもので、初めて「3」を見た。「3」はマゼンタ色の派手なドレスを着た公爵夫人だった。通常は、くるくるとターンしてウィンナーワルツやルンバを踊った。激しい場面ではタンゴやサルサを踊り、陽気な場面ではサンバやジャイブも踊った。

公爵夫人はとにかくダンス狂いであり、どんなところであっても踊るものだから、わたしとしては鬱陶しくてかなわない。しかもこういってはなんだが、彼女はふっくらとした体型であるから否が応でも目についてしまう。

算数、数学、ランニングコース、テレビのチャンネル、楽譜、レジの会計……ふとしたときに「3」があれば公爵夫人は踊った。くるくると回転しながら、ひとりでどこかへ行ってしまうものだから、算数の数式も、会計の合計金額も、虫食い穴のようになった。

不思議なことに漢数字の「三」では公爵夫人は現れなかった。理由はわからないが、公爵夫人は「3」に反応してどこからともなく出現し、勝手に踊る、厄介なやつだ。「3」がぞろ目で出てきたときは、もっと酷い。ひとりでも鬱陶しいのに、公爵夫人が二人、三人、といった具合でペアダンスを踊り始める。大人数のときはフォークダンスを踊ったこともあった。運動会ではゼッケンの「3」が目につくから、ここぞとばかりにマイムマイムを踊るのだった。

しかしわたしの反応は冷めたものだった。かわいいものが集まれば心癒されるのだが、公爵夫人の場合は、残念ながらかわいいとは言い難く、目の上のたん瘤がただ増えるだけであった。

特に印象に残っているのは、祭りや商店街、居酒屋など賑わう場所の「3」。「福引3等」「よりどり3足セット」「おさかな3種盛り」……それは陽気な公爵夫人の独壇場だった。ひとりでリオのカーニバルのごとくサンバを踊った。ぞろ目が出たら、待ってましたといわんばかり、公爵夫人たちが一斉に踊るので、まるで大晦日のマツケンサンバのようだった。

しかしわたしはといえば、いよいよ気が散ってノイローゼになりそうだった。お会計の際に正確な金額がわからないので一万円札を出したり、ちょっとした数を数えることや計算にも骨が折れた。それらは少しずつわたしのストレスになったのだ。

そこで公爵夫人に対して、踊るのを止めてよ、と申し立てたが、彼女はちっとも聞きやしない。何度かコミュニケーションをとろうと試みたが、彼女はただただ踊るだけなのだった。

わたしは気付いた。言葉が通じないのだと。それどころかわたしは彼女の声を聞いたことすらなかった。マツケンサンバを踊っても彼女は「オーレイ!」とは叫ばなかった。

もしかしたら耳が聞こえず、アンデルセン童話の赤い靴の少女のように、いつまでも踊り続けているのかもしれない、と妄想の域ではあるが、公爵夫人を少し可哀想に思った。

そこで、公爵夫人がマゼンタ色のドレスを翻しても、わたしは構わず放っておくことにした。

まあ、かわいいとはいえないが、愛着は感じているのかもしれない。

目の端で踊り続ける公爵夫人のふっくらとした背中からは、なんだか哀愁を感じるのだった。

そうだ、いきなり踊り出すから目障りなのだ。

こちらは吃驚するし、思うように支払いや計算ができなくなって困るのだ。

それなら予め、公爵夫人を踊らせておけばいいのではないか。

わたしは雷に打たれたように思い立って、真っ白なコピー用紙にでかでかと「3」を描いた。

すると公爵夫人が現れて、いつものように踊り出した。今回はしっとりとルンバを踊っていた。

白いコピー用紙の上の、マゼンタ色のドレス。

アレマーナ、スパイラル……。

くるくると回転しては、誰に対してかわからぬ、愛の踊りを踊る夫人。

「いいぞ、いいぞ。」

わたしは息を弾ませながら「3」を描いた紙を傍らに置き、試しに読書をやってみた。視界の端では公爵夫人が踊るが、突然出てくるときよりも気にならない。途中、文章のなかに「3」が現れ、新たな公爵夫人が出現した。それはひとりでくるくるとウィンナーワルツを踊りながらどこかへ行ってしまった。

「よし、いいぞ。いちいち反応しないぞ！　これはいい作戦かもしれない！」

気が付けば、部屋は暗くなっていた。わたしはかなり長い時間、集中して読書することができていたようだ。この集中力はどれほど久しいだろう。わたしのなかで緩やかに充実感が沸き上がった。

ふと脇を見れば、公爵夫人はまだ踊っていた。

しかしそれは、なんだか楽しそうだった。

白鳥の目

公爵夫人が飼っているペットは、白鳥だった。

その白鳥は、アラビア数字の「2」であり、やや黄みがかった淡い白色をしていた。鳥の卵の殻の色に似ることから、こういう色を「鳥の子色」というらしい。

公爵夫人が留守にすることが多い豪邸の庭の湖で、白鳥は悠々と泳ぐ。その姿は、それはそれは美しかった。鳥の子色のボディに、墨の色の目、そして長い睫毛。伏し目がちに佇む姿勢は、まるで自分がどうやったら美しく見えるかを熟知しているかのようだった。主人とは違って、大人しく、凜々しく、気品があるものだから、主人らしく見えるのはどちらだろうかと苦笑したほどだ。

だからわたしは「2」を見つけると、どうしても目で追ってしまう。次にこの白鳥がどんな動きをするのか、どんな風にわたしを見つめ返すのかと、目が釘付けになるのだ。

「2」は、公爵夫人のように勝手にどこかへ行ってしまうことはない。むしろじっとそこに佇んで、その美しい眼差しを向けては逸らし、また見つめるといった具合で、わたしはあたかもなにか心理戦とか駆け引きの勝負にもち込まれているかのように感じる。しかしその勝負に否が応にも従ってしまう。

もしかしたらこの白鳥、実はとてつもなく知性があって、これは催眠術で、わたしはどこかへ連れ去られてしまうのではないか。そして人知の及ばない宇宙のなにかに魅せられて、廃人になって帰還するのではないか、などと妄想を巡らせた。

待て待て、いかんいかん、これこそが「2」の思うつぼだ。わたしがあれやこれやと考えて、頭をぐちゃぐちゃにすることが、きっとやつの狙いだ。平常心、平常心、と自分に言い聞かせ、大きな深呼吸をして、平静を装った。

こんなことが日常茶飯事なのである。そのため、「2」を目にすることが多い算数や数学の授業は、教師の話していることがまったく耳に入ってこなかった。それどころか、計算もままならない。ノートに筆算を書いても「2」が出てくるたびに頭がぼぅ、となってしまう。

わたしが中学生のころ、数学の授業で恥ずかしい思いをした。

連立方程式かなにかで計算問題を解いていたときである。その問題のなかでたまたま「2」が連続して出てきた。

複数羽になった白鳥の群れは、わたしに催眠術をかける。まるで風車の中心の渦巻きを見つめたときのように、白鳥たちに見つめられる。そのぐるぐるとした螺旋は、脳味噌の中心にダイレクトに到達し、そこから放射状に拡散した。「222」の振動。わたしは抗えるはずもなく、脳味噌を内側から揺さぶられ、頭蓋骨のなかでやたらと幸福なDメジャーの和音を反響させた。それはまるで教会の古い鐘のような響きだった。

ゴーン、ゴーン、ガラン、ガラン、
ゴーン、ゴーン、ガラン、ガラン、

ああ、なんて神々しいのだろう。美しいのだろう。
まるで天使を見たようだ、この柔和な気持ちはなんだろう。
思わず声を上げて笑ってしまう。
だってなんだか幸福なんだもの！　幸せだと笑っちゃうでしょう！

しかし実際のわたしは授業中に泣きながら笑っていたようで、そのようすのおかしさに友人が身体を揺さぶってくれた。わたしははっとして我に返った。
数学教師も「大丈夫か？」と聞いてくれた。この教師は以前わたしの虫垂炎の苦しみを見抜いてくれた教師だった。彼は紫色の顔色をしていた。そして前の席の友人は青い顔色をして身を乗り出し、「ちょっと、ねえ、また入院とかじゃないよね？」と心配してくれた。

わたしは恥ずかしさのあまり言葉に詰まりながら、「あ、すみません、大丈夫です。」と教師に謝って、「ちょっと計算が難しくてさ、頭が痛くなっちゃったよ。」と友人に答えた。

もうこんな思いは御免である。「2」とどのように和解していくべきかと、しばらくわたしは悩んだ。できれば催眠術にかからずに過ごしたい、あのようにおかしくなることは避けたいわけだから。逆に何度も見て、何度も催眠術にかかれば、そのうち耐性がつくものだろうか？ いや、子供のころから「2」を見ているが、一向に慣れることはない。

そうこうしているうちに、答えはすぐに見つかった。それは、白鳥の目を見ないようにすることだった。

白鳥の目は「2」の書き始めの位置にある。問題用紙のなかにある「2」と見つめ合う前に、指でそこを押さえて見ないようにすればいい。あるいは「2」だけ鉛筆で黒く塗り潰せばいい。そうすれば白鳥に見えることも、鳥の子色に見えることもないから、こうしてめでたくわたしに催眠術をかけるやつはいなくなったのだった！

奇しくも美しい白鳥は、その白さを黒炭で塗り潰され、ブラック・スワンになってしまったのだが、公爵夫人が帰宅した折には驚かれるだろうか。いや、きっと彼女は気付かない。そもそも白鳥の目すら見ていないのだろう。催眠術に、かかりもしないのだから。

黒の老紳士

子供のころのわたしの先生は、黒い老紳士だった。

彼は光沢のある、綺麗な黒羽をもつ、ワタリガラス。

ひとたび彼が話をすれば、わたしはその腕に抱かれるようにして、恐怖から解放された眠りにつくことができた。

ふわふわの羽毛。それがわたしの小さな頭を撫でて、老紳士は傍らに静かに佇み、紅茶を飲みながら優雅に読書をするのだった。

その老紳士は、アラビア数字の「4」だった。日本でよく見るカラスよりも大きな、ブリテン島出身の渡り鳥である彼は、レイブンブラックの燕尾服に、いかにも高級そうなシルクハットをかぶっていた。くちばしの上にちょこんと乗った小さい丸眼鏡は彼のチャームポイント。右足が不自由であるため、右手には大きなガーネットの磨き石がついた、ウォルナット製のステッキを携えていた。片足立ちは貧相に見えるどころか、彼の立ち居振る舞いは紳士そのもので、むしろ知性を感じさせるほどだった。

そんな老紳士の話を聞くのが、わたしは好きだった。

わたしが「4」を目にするたびに、真っ黒な彼は現れて、すかさず故郷のイギリスの話をした。あるときはアーサー王の英雄伝、円卓の騎士の浮気話、またあるときはシェイクスピアからハムレット、リア王の悲劇、またあるときは、ロンドン塔に夜ごと出るらしき幽霊の話など、子供のわたしにとって、それはそれは面白い物語ばかりだった。

するとこの老紳士はお喋りであるように思われるだろうが、決してそんなことはない。物腰は低く、落ち着きがあり、低音が響くよい声で、静かに冗談を言う、そう、まさに紳士なのだ。学校の授業もこんなに面白かったらいいのに、と何度思ったことか。わたしは授業そっちのけで、ノートにたくさん「４４４」を書いては、老紳士との逢瀬を楽しむのだった。

こうして老紳士に熱を上げるうちに、わたしは自ずと「４」という数字を特別扱いするようになった。その他の数字が自分勝手なやつらばかりなのに対し、この知性ある老紳士は礼儀正しく真面目であったから、わたしにとって話が通じる唯一の相手だった。

「いちばん好きな数字はなに？」と聞かれれば、わたしは迷わず「４」と答えるだろう。しかし「４」という数字を「死」と関連付けて忌み言葉とする日本人には、よく驚かれる回答だった。

この手の話題に、老紳士は過敏に反応した。どうやら彼は、死とは尊いものであると考えているようだった。だからアパートやマンション、ホテルの部屋番号で「４」が使われないことに対して、ショックを受けている風であった。

あるとき、友人から「どうして４が好きなの？」としつこく聞かれたことがあった。たしか修学旅行の部屋番号に４が入っているかどうかという話がきっかけだった。部屋番号なんてどうでもいいじゃない、どうせ一泊しかしないのだし、とわたしは少し面倒になって、「4は、いい数字なんだよ。ほら、バスケットボールではキャプテンだし、バレーボールではエースの背番号でしょ。」と言った。言ってしまってから、しまった、スポーツをやらないわたしが言っても説得力がない、と焦った。しかし友人は納得したようすで、「あっ、なるほどね！　そう言われてみれば、不吉なだけじゃなく、いい意味もあるね！」と、言った。

わたしの傍らでは、老紳士がステッキをカツンと地面に打ちつけて、拍手喝采して喜んだ。「ブラボー！　ブラボー！　こんなに素晴らしいジョークはないね、そうだろう、君。日本人は、ユーモアがなくていけないね。もっとワタリガラスのように軽やかに生きなくちゃ。わたしが死だって！　そりゃゴーストだらけのロンドン塔では仲間がお世話になっているよ！　イギリスではゴーストはラッキーで、珍重されるものだけれどね、家賃が高くなるんだから。いやはや、こじつけもいいところ！　スフィンク

スのなぞなぞにも値しないね、もっとこう、ホームズの『踊る人形』のような暗号かと思いきや、4が「死」とは！　実に馬鹿馬鹿しくて、イギリスへもち帰って自慢したいよ」

柄にもなく、老紳士はまくし立てた。そんな彼の一面が珍しく、可愛らしく思えた。

「うん、紳士が帰るのなら、わたしもロンドンへ行きたいな。」とわたしは言った。

「お安い御用さ、レディー。君はいつでも、瞬時に、どこへでも、旅することができる！　ドラゴンをイメージして、そう、それに乗ってロンドンまで行こう！　ご要望とあらば、オックスフォードやグラストンベリーにだって寄り道することができる。帰りのチケットはもったかい？　なくすと大変だからね、でもコインは要らないよ。さあ、出発！」

わたしたちは真っ白なドラゴンの背に乗った。ドラゴンが飛び立つと、色とりどりの煌びやかな螺旋状の空間を高速で駆け抜けた！

ピンク、紫、イエロー、黄緑、オレンジ！　光になった色たちは、流れ星のようにあっという間に斜め後方へと流れていった。振り返れば、後方はキラキラと輝く星たちの停留所のようだ。

「ほら、前を見て！　もうじき到着！」

しかしわたしは前を見なかった。そのとき、色とりどりの空間のなかでひと際映える、美しく小さなレイブンブラックの老紳士を、生涯忘れることはないだろう。

森の揺り籠

外の世界は、いつもわたしを疲弊させた。

眩しい太陽光、ちかちかと点滅する人工光、聞きたくもないのに流れてくるアナウンスや、お節介なニュース。がちゃがちゃとうるさい流行の歌、人々の熱気や歓声、会話や呼吸音、咀嚼音、心臓の音。

まぶしい、まぶしい、まぶしい、まぶしい。

うるさい、うるさい、うるさい、うるさい。

人間の色、会話の色、呼吸の色、感情の色。

ごちゃ混ぜになって、次々と押し寄せる色の洪水。

いやだ、いやだ、いやだ、もう見たくない。

毎日、発狂しそうになるのを我慢して、ベッドへ倒れ込む。

うまいこと「普通の人間」を演じきった自動人形のようなわたし。女子グループの「永遠に続きそうな中身のない話」をこんこんと聞かされたので、硬直した関節がぎちぎちと痛む。芸能人の誰それが結婚しようと不倫しようと、どうでもいい。どこのバンドが新曲を出した、あのメロディーが恰好いい、そうですか、どうでもいい。ああ、今すぐ油を差さなくちゃ。そしてすぐに電源コードを差して充電しなくちゃ。

真っ暗な部屋のベッドの真ん中で、大の字に寝そべりながら、耳を塞ぐ。次に目を閉じる。次に鼻、手足の感触、感覚器官のスイッチをすべて切っていく。すると真っ暗な視界のなかに星々の渦が広がる。それは宇宙のような、銀河のような空間だった。

鴨の羽色に光る指先で、ゆっくりとアラビア数字の「5」を描く。すると輪郭をなぞって緑色に発光しながら、「5」は枝を伸ばし、葉が芽吹いていく。わたしは魔法の杖を振っている気分で、それを見つめた。枝葉は手足を伸ばすように、思い思いに放射状に広がって、「5」をすべて書き終わるころには、辺りは一面、新緑の森になった。

一際大きな樫の木には、葡萄の枝と蔓で編み上げた揺り籠型のブランコが備えつけてあった。黒いワンピース姿のわたしがそこに腰かけると、ブランコはゆらゆらと風に揺れた。その重みでなのか、樫の木は眠っていた目を覚ました。

「こんにちは、樫の木の長老。」

「おや、また来たね、不思議な人の子供よ。わたしは眠るが、ゆっくりしていきなさい」

挨拶を交わすと、長老はまたすぐに眠ってしまった。わたしはそれを寂しいとか、退屈だなんて思わなかった。話し相手がいなくても、ゆったりと静かな時間を過ごすことは有意義に思える。「5」の世界は、わたしにとっての癒しだった。ここには邪魔するものがなにもなかった。面倒なこともなかった。ただ在るがまま、各々が生きるための呼吸音しかなかった。葉の梢、鳥のさえずり、リスが木の実を集め、蟻は野花の蜜を吸った。

「5」はなにも語らない。樫の木の長老だけが言葉を話すが、ほとんど眠っていたので、わたしはこの世界では言葉を発することがなかった。けれどそれが心地よかった。

わたしはよく知っていた、語ることのなんと浅はかなことか。

言葉は、ときに無力だ。わたしがどんなに痛くても、苦しくても、言葉にすると矮小化されてしまう。伝わりきらない言葉たちは、石膏がぼろぼろと崩れるように地に落ちて色を失う。始めから言葉にしなければよかった、と後悔する。そうすれば石膏像は美しいヴィーナスのままなのだから。

疲れたな、人間のふりをするのは。

揺り籠にもたれて、わたしはふとそう思った。このまま眠ってしまおうか、そう思ったとき、どこからか聞き覚えのあるアイルランドの民謡が流れる。そちらを見れば、半人の雄鹿がハープを奏でている。これはゲール語だろうか。意味はさっぱりわからないが、美しく透き通る音色はエメラルドグリーンに輝いていた。

わたしはその色を見た。美しく煌びやかだが、押しつけがましさはない、よく知っている色だ。言語の意味はわからなくても、なにを言っているのかわかるような気がした。

「人間は、あれやこれやと意味を求めるが、ほんとうは意味なんて必要ない。

この森では、あなたはあなたのまま、自由に生きていいのよ、
雨が降れば、降るがままに任せればいい。
夏の朝、秋の終わり、冬の夕暮れ、春の訪れ。
ただ季節を感じて、感覚に従って流れていけばいい」

わたしは再び揺り籠に背を預け、瞼を閉じた。退屈な授業も、女子たちの会話にも、ほんとうは意味なんてない。意味を後付けして、安心したいだけなのだ。彼らにはあの世界がすべてだから、意味付けがないと不安でいっぱいになってしまうのかもしれない。

「5」のかたちをした揺り籠は、静かに揺れる。

一瞬一瞬の季節を感じる喜びが、わたしの内側に広がった。満ち溢れるこの気持ちが、あの子たちにも伝わるといいなと思った。

雨だれ鑑賞会

雨だれは、透明に溶けた青だった。滑り落ちて、水溜まりに跳ねる。晴れた日にはそれが小さな水滴の粒になって、空の青に溶けて透明になった。

みぞれもまた、青色だった。ふわりとしたかき氷やシャーベットのようで、ブルーハワイ色の

水滴のシロップが溶けて、一層青色に見えた。

晴れの日よりも雨の日のほうが、わたしをわくわくさせた。雪やあられが四色に見えることや、様々な雨による音色の違いなど、一期一会の事象それぞれについてなんだろう、と目を輝かせながら窓の外を眺めた。


そんなあるとき、空から降ってくる春雨がアラビア数字の「6」に見えるようになった。それは、実際の雨粒の落下速度よりも、ゆっくりと、ゆっくりと、降下した。まるで重力を感じさせない「6」は、空や空気と同じく透明色に溶け込んだ青色だ。おまけに羽虫のように小さい。

わたしがそれを見つけたときの感動といったら！

どおりで！　今まで気付かなかったわけだ！

もしかして、最初からずっとそこにいたのか！

目を凝らさなければ、こんな楽しい発見に一生気が付かなかっただろう！

まるで新種の虫を発見した子供のようにはしゃぎながら、そういえば、とふと思い出す。算数の授業でも「6」はただの青色で、勝手に動いたり、お喋りすることはなかった。「6」は物静かで存在感がなく、まったくつまらないやつだが、本を読むにしても、小銭を取り出して清算するにしても、わたしに協力的だったのだ。それが実は、身近に当たり前に存在するものだったなんて。

「6」からしてみれば、こんな授業こそ退屈だろう。点数をつけて、順位をつけて、優劣をつける、つまらない人間に付き合ってくれているだけなのだ。

わたしも授業は退屈過ぎてつまらない。もっと自由に本を読んだり、物語を書きたいし、教師が教える計算のやり方はわたしには合わない。数字は勝手にどこかへ行って帰ってこないから。歴史だって、教科書を一度読めば、授業を聞かなくたって理解できるではないか。しかしそんなことを主張して面倒なことになるのが嫌で、素の自分を抑圧して、いかにも「普通」であることを演じている。

わたしは「6」に共感した。きっと空や空気のなかにある目に見えない「6」が素の姿で、ノートの上の「6」は仮の姿なのだろう。もっとも一般的には、形而上学的な「6」は受け入れられないのだろうが。なんだか、つまはじき者のわたしと似ている。

ラララララララ　ララララララララ
ララララララ　ララララララララ

窓の外では春の雨だれが、連続的にラのフラットを刻む。

雨だれが落ちる音だ。これは紛れもない青色だった。

弱い音から、徐々に強い音へ。右手、左手、人差し指、中指。繰り返して紡がれる、ラのフラット、混じりけのない真っ青な音。

そのうち上空から雲の合間を縫って、陽の光が差し込んでくる。すると木の葉ずれの音や植物の呼吸音が重なる。ひとりぼっちだった雨だれの音は、Dフラットメジャーの音楽になる。これは山吹色だった。雨が上がる間際は、まるで天使が降臨したかのように神々しい。

雨だれは徐々に空気中に溶けた。青と山吹色は交互に折り重なって、「6」の幾何学模様をつくっていく。それはまるで光と影のように見えるが、どちらも「6」なのだった。

シルエットは自らを中心にして渦を巻いたのち、他方へ尾を伸ばし干渉する。他方の「6」はそれを受け止めながらもまた、自ら渦巻きをつくる、そんな具合で、いつしか窓一面は、蜂の巣状の六角形の幾何学模様でいっぱいになった。それから「6」たちはDフラットメジャーの指揮に合わせて、時に光り、時に陰り、渦を巻いたり、尾を跳ねたりして躍動した。

なんだ、意外と活動的な性格だったのか。

そして、わたしのように退屈を嘆いているわけではないのだね。

わたしは躍動する六角形とDフラットメジャーの音色に、安堵した。それは物言わぬ本音のように思えたからだ。

つまり、青を見つめていると、いつの間にかちらちらと山吹色が見えるようになる、青の裏側には山吹色があるということだ。光のなかに影、影のなかに光が見えるように。

わたしのなかでそう結論がつくと、ああ！　と合点がいった。

そうだ、「6」を逆さまにした「9」は、まさしく神々しい山吹色だ……！

この発見は衝撃だった。人類初の実験に成功した科学者のような気分だった。わたしに見えているものはもしかして、宇宙を揺るがす大発見なのでは？　と鼻を鳴らして、意気揚々と新しい小説を書き殴った。

いつしか雨だれの鑑賞会は終わり、部屋には虹色の光のプリズムが差し込んでいた。

奇術師とX

「ラッキーセブン」がどうしてラッキーなのか、子供のころのわたしには意味がわからなかった。たしかに「7」という数字は、旧約聖書では安息日を意味するし、欧米ではラッキーなイメージがあるのかもしれない。

けれどわたしにとって「7」は、決してラッキーという印象はない。「7」はバイオレット色のスーツに身を包んだミステリアスな奇術師で、蛍光色のシャボン玉を出したり、カードマジックでハートのクイーンを消しては出現させたりしていた。どこからともなく鳩やコインや飴玉を出し、声優顔負けの耳に残る低い美声で日本語と英語を流暢に話した。そのまあ、キザっぷりといったら！

中学生のころ数学の授業中、「お嬢さん、しかめっ面はやめなさいな、こっちを見て」と黒板上の「7」が言うので、ノートの板書から顔を上げてみれば、ぽんっとピンク色の薔薇を一輪出現させて目の前に迫ってくるのである。

わたしはぎょっとして、思わず鉛筆を放り出しそうになるのをぐっと堪えて平静を保つ。すると「7」は、自身の足の部分を折り曲げて跪き、蕩けるボイスで「眉間に皺が寄ってますよ」と言う。

わたしは呆気にとられながらも、ええ、そりゃあ、数学の授業ですから？　あなたや他の数字たちが動き回ったり、お喋りしたりするもんですから？　眉間に皺が寄ったしかめっ面になっているんですよ、あなた方が大人しくしてくれればこうならないのよ、などと心のなかで返答するのだが、「7」は間髪入れずにこう言うのだ。

「悲しいことがあったんだね、お嬢さん。しかたがない、私が傍にいてあげましょう。XやYやnはお嫌い？　おやおや、私がX？　とんだご冗談を……私は正真正銘の「7」なんですがね……」

そうして「7」はうんうんと唸って、ああでもない、こうでもないと呟き始める。

わたしは正直、黒板に戻ってほしいと思うのだがその願いも虚しく、必死に数学の問題に向き合う「7」は思考するのに夢中なようだ。もちろん彼に解けるはずもなく――もし簡単に解けていたならどれだけテストが楽勝になったことだろう！――しばらくして、隣で同じく問題が解けずに悪戦苦闘するわたしに気付いて、励ましの声をかけるのだった。

あるとき、「7」はマジックの道具のなかから大きな箱を取り出しながら言った。

「お嬢さん、私はやっと謎が解けましたよ、この箱がXだったのです！」

そして自らその箱のなかに入り、頭だけ出してみせる。いわゆる脱出マジックのような恰好になって、Xについてのデモンストレーションをしてくれた。つまり、箱Xはブラックボックスで、あらゆる数字が隠れることや脱出することが可能だと言いたいらしい。

わたしははあ、と溜め息をついた。シュレディンガーの猫じゃあるまいし、XもYもnも、あの忌々しい動く点Pだって、べつに箱にどの数字が入っていてもいい。わたしが悪戦苦闘していることは問題を式にしたり、逃げていった数字を思い出して答えを導くことなのだ。

「……そんなのわかっているよ。」

素っ気ない返事を返したわたしに期待が外れたのか、「7」は、風船がしぼむようにみるみる肩を落としていった。「7」の頭と肩は同じ高さにあるので、正確には頭と肩を落としているのだが、いつもきっちりした形の「7」が、ぐにゃっと曲がってまるで「?」の上側のような姿になると、そのミステリアスさや威厳も半減するように見えた。

最終的にはいつもわたしを励ましてくれる「7」がこうも落ち込んでしまうと、わたしはばつが悪くなって、思わず「元気だして」と言ってしまった。しかし「7」はそんな言葉で立ち直りはしなかった。それどころか、「私は調子に乗っただめなやつかもしれません。お嬢さん、どうか、お元気で……」と捨て台詞。最後にピンクの薔薇をぽんと出し、それを置き土産に、とぼとぼと立ち去ろうとするのだ。

わたしは一瞬呆気にとられたが、ハッと我に返り「いやいや、ちょっと待って、どうしてそうなるの。」と反射的に彼を引き止めた。すると彼は「だって、役に立たない私はだめなやつでしょう。お嬢さんにはもっといいXがいらっしゃいますから……」とうなだれて言う。

自信満々でキザでミステリアスな「7」はどこへいったのか。これではまるでカップルの痴話喧嘩ではないか。しかし無視して彼をこのまま行かせてしまうわけにはいくまい。もしも世界から「7」が消えてしまったら色々と困る。お正月恒例の家族麻雀も七並べもできない。誕生日が七月の人は多いだろうし、世界中が大混乱に陥るのではないか。

「ねえ、行かないでよ。「7」のマジックが見たいから。」

まるでいじけた子供を諭すような気持ちで、なんとか叫んだ短い言葉。すると彼はぴくっと反応して歩を止めた。

「……ハートのクイーンを消すやつですか?」

「うん、それが見たい。」

すると「7」はくるりと踵を返した。

やった、引き止めることに成功したと思ったが、彼はこちらをじっと見て、しばらく考え込んだ。

「……いや、今日はスペードのクイーンを消しましょう」

「え？　どうして？　ハートでもスペードでも、どちらも面白いよ。」

すると「7」はゆっくりとわたしに近付き、耳元で囁いた。

「お嬢さん、今ハートを消すのは勿体ないじゃないですか」


それ以来、わたしと「7」はうまくやっている。相変わらず彼は面倒でキザなのだが、たまにはそういうやつも、悪くはないかも。

眠り狸

個性が強い数字たちのなかでも、「8」はだんぜん平和で温厚だった。

「8」はでっぷりとした茶色い狸で、常日頃どっしりと座っており、ふかふかの毛皮に覆われたその大太鼓のような腹は、まるで力士のような安定感や包容力を感じさせた。

言葉を発することはないが、いつものほほんとした雰囲気で「ホホホー」と笑っていた。まるで信楽焼の狸とサンタクロースをかけ合わせたような姿には愛嬌があり、優しさを感じた。

そのため大嫌いな算数の授業でも、わたしは「8」だけは問題なく認識できた。その場から動かないし、色も茶色で目に優しい。小学二年生の算数で九九を習ったとき、「8の段」には狸がたくさん出てきてひとときの安らぎの時間となったことはいうまでもない。

しかし些細な困りごとはあった。「8」はまったくその場から動かないので、計算式を書くときに混乱してばかりだった。たとえば「X－8＝25」を解くとき、「8」はその場から動かないので、Xを右側に動かすしかなかった。すると「25－8＝X」、よって答えは「17＝X」となる。しかしこのままでは書き方がまずいので、「X＝17」に直す。つまり、「8」が動かないせいでこちらにとっては二度手間なのである。


中学一年生のころ数学のテストの問題で、答えが「8＝X」となってしまったことがある。これは「X＝8」に書き直すべきところなのだが、わたしにとってはかなり抵抗があった。あの力士のような体躯の狸は、押しても引いてもびくともせず、にこにこしてわたしを見つめるからだ。

書き直したいけど、直せない。わたしの頭のなかは混乱極まった。それでもなんとか冷静になって、十秒ほど真剣に考える。書き直さなければテストで点数が貰えないこともわかっている。けれど「8」は動かない。「動け、動け、動け、動け」と、わたしは巨大ロボットを操縦するパイロットのような気持ちになる。それでも「8」はまったく動く気配すらない。

わたしは叫びたくなる衝動を抑えながら、三度、深呼吸をした。冷静さを取り戻して、自分の無力さに愕然としたが、その後急速に冷めていった。

あーあ、馬鹿馬鹿しい。答えは合っているんだから点数なんてもういいや。「8」が動かないのは、人間が地球では空を飛べないことと同じようなもんよ。動かそうとするほうが無理なんだわ。ああ、そもそもテストって面倒だわ。書き方や考え方が正しいかどうかなんて、いったい誰が決めるのだろう。

わたしは一気にやる気を失って、以降の問題を解くことが煩わしくなった。机に突っ伏して「8」を見ると、それまでどっしり座っていた狸が、横になって寝そべっている。ああ、そうか、わたしが横から見ているせいで、「8」が「∞」になったのだ。狸の腹は横になってもぽよんとして愛嬌があるし、その安らかな寝姿には涅槃仏のようなおおらかさと平和な雰囲気がある。

するといつの間にか狸はこっくりこっくりと頭を揺らし、鼻ちょうちんをこさえながら居眠りを始めた。わたしはそれを見て目が点になった！　あの一ミリたりとも動かない狸が、少し動いている！　眠りこけている！

わたしは心のなかで拍手喝采を送り、面白い玩具を見つけた子供のように、しばらく眠り狸を見て楽しんでいた。いびきは静かなほうだが、鼻ちょうちんのこれまた大きなこと。腹が膨らんだりしぼんだりするのに合わせて、鼻ちょうちんも大きくなったり小さくなったりする。それを見ていると、ついこちらまで眠くなってきてしまう。

うとうとしそうになるのを堪えながら、わたしはハッと気付いて、見る角度を変えてまた「8」に戻ったらどうなるのだろうと思った。わたしは衝動の赴くまま、机に突っ伏した姿勢をもとに戻した。当然、テスト用紙に書かれてある実際の「∞」はまた「8」になる。

その瞬間、鼻ちょうちんはパアンと破れ、狸の目はカッと見開かれた。哀願するかのようにうるうると充血した目をこちらに向けて、また「ホホホー」と笑う。わたしにはそれが「トホホー」と聞こえたのだが、空耳だろうか。

わたしはそのあとも机に突っ伏したり、姿勢を戻したりという、周囲から見れば奇矯に見える行動を何度も繰り返してはこの愛らしい狸を観察した。心地よく眠っているところを起こされたら少しくらい怒ってもいい場面であろうが、狸は決して怒らないから、わたしもつい調子に乗ってしまったのだ。

かれこれ六度ほど繰り返したときだろうか。わたしが机に突っ伏しても、狸は横になりながらもカッと目を見開き、眠ろうとはしなかった。せめてもの抵抗か？

いつもと違うパターンに、わたしはこれまた面白くて目を輝かせて観察した。しかし寝姿で目をカッと見開かれては、可愛さの欠片もない。まるでダルマさんとにらめっこしているような気分だ。こうなると先に目を反ら

したほうが負けという暗黙のルールのごとし、両者一歩も譲らぬ睨み合いが始まった。が、しばらくの後、呆気なく狸のほうが「ホホホー」と笑った。

そんなわけで、「8」は数字のなかでいちばん平和で温厚なのだが、わたしがまったくもって授業に集中できないことも、テストも計算もできないことにも変わりはなかった。

それでも、もしもペットを飼うとしたら「8」がいいな、と心密かにわたしは思うのであった。

宇宙人襲来

数字にも格式というものがあって、頂点に立つのは「9」だ。半透明なシルクの薄布を風に棚引かせながら降臨し、ピラミッドのかたちをした三角錐の上で片足立ちになって、金ぴかに光るのだ。その神々しさといったら、誰しもが目を奪われ、膝をつくことだろう。まるで柔和な微笑を浮かべた天使のようだ。ただひとつだけ違うのは、天使にあるはずの白い羽がないことだ。

神話などに登場する天上人は、頭上に環があり羽が生えているイメージだ。神々しいゴールド色の光を放つ様はさながら神や天使なのだが、しかし「9」は、羽もないのに空中でホバリング飛行をする。それを見ていると、果たしてこれは天使だろうか？　と訝しんでしまう。天使というよりそれに見せかけた「宇宙人」なのではないか。人類にして最初に「9天使説」に疑いを抱いたのは、わたしがまだ小学六年生のころだった。

また「9」には特筆すべき点があった。他の数字と違って、「9」が現れるときには必ず土台のピラミッドも一緒に出現するのだ。そうなると必然的に、「9」は他の数字よりも一段高さが出るわけだ。

算数や数学の授業などは最悪だった。ノートに計算式を書いても、「9」はノートの段数を無視して抜きん出る。小学生のころはそれでもなんとか対応したが、中学生になると割り算を分数で表記する。そうすると分子の数字を書くはずの欄に三角形が乗っかって、「9」になる。「ルート9」などはルートのなかに三角形、上に「9」がくるという始末で、手に負えない(しかし「ルート9」が出てきたら「3」になるらしいので、即座に平方根は消えてしまい問題はないのだが)。計算以前に、何事も綺麗に並べることが美学であるわたしにとって、ノートがごちゃごちゃと汚い状態はストレスでしかない。


あるとき、非常に頭にきて「9」に怒鳴りつけたことがある。

「ちょっと! そのピラミッドから降りてよ! せめて数学の時間だけでも!」

わたしの罵声は虚空に響いた。「9」はまったく無反応だったのである。苦労虚しく、どうやら「9」に言語は通じないらしい。ますます宇宙人疑惑が高まっただけで、和解は叶わなかった。

わたしはそれでも諦めず、きっと打開策があるはずだと考えた。「2」のときのように一部を隠したり塗り潰すこともした。しかしこれはだめだった。なぜなら「9」の足の部分を隠すと

「0」になってしまうので、もっと厄介な事態になるのだった。

この宇宙人に対して、なにか抵抗勢力はないものか。何気なく近所のスーパーのチラシを見た。お茶のペットボトル「99円」が目に飛び込む。こうして「9」が並ぶとそれぞれに段差があるせいでよけいに目立つのだ。

それから、「いちご激安398円」。「3」はその場で踊るし、「8」は信楽焼の狸の置き物のようにじっとしていて、中央には一段上から見下ろす「9」がいる。これじゃまるで表彰台である。わたしは思わず吹き出して笑った。抵抗勢力にはならないが、組み合わせる文字によっては面白いと感じた。

そうか、「9」を隠したり、塗り潰してしまうのではなく、なにかを書き足してみてはどうか。たとえば、点や線をひとつ書き加えて、どうにかしてピラミッドを消してしまえないか。「9」ではなく、なにかべつの記号やかたちに見えれば、きっとピラミッドもなくなる。だってそれは「9」ではなくなることを意味するのだから。

しかし計算するときにはわたしのなかで「これは9である」と認識しなければいけない。それにテスト中など時間が限られた場面では、複雑なものを書き足すことは手間だから、なるべくシンプルで、そうだな、点か線をたったひと筆足せば済むようなものがいい！

さて、君たちにこの謎が解けるかな？　といわれんばかりに、わたしは人生最大のなぞなぞに取り組んだ。この謎を解き明かせば、もうわたしの人生が宇宙人に支配されることはなくなるのだ！

当の「9」は、自分が自分でなくなってしまうかもしれないことを理解していないようすだ。いつものようにゴールド色に輝き、ピラミッドの上でホバリング飛行している。

わたしは試しに「9」の丸顔のなかに点を書き加えた。二重丸になった。すると「9」はゴールド色の輝きをより一層強めたので、わたしは眩しさから目を細めた。まるで太陽を直視したときのようだ。慌てて点を消しゴムで消す。すると「9」は元通りになった。

ああ、失敗、失敗。しかしわたしはだんだん楽しくなってきた。たぶん次も失敗するけれど、ちょっと見てみたい、と欲望に従って書き足したのが「9」の頭に縦線一本。そう、宇宙人といえばアンテナだ！

どうなるんだろうとわくわくしていると、「9」は中心を軸にして自転し始めた！　その回転を見ていると、催眠術にかかったようなふわふわとした感覚になってくる。だんだんこれが、右回転なのか、それとも左回転なのか、わからなくなってくる。わたしは「9」に完全に洗脳される前に、気力を振り絞ってアンテナを消した。

その後もあれやこれやとアイディアを試した。縦線や横線を引っ張って、取り消し線のようにしたり、下線のようにした。だがこのような「普通」のアイディアでは宇宙人には歯が立たない。もっと一休さん並みのとんちを利かせなくては。

そこでわたしはハッと思い立って、一本線を引いた。それは「9」の頭の左側から足までを繋ぐ、斜めの線である。すると「9」だったものは一瞬でかたちを変えて、光を氷の粒に反射させ、おいしそうに水色に光った！

「わあ！　アイスクリーム！」

わたしは思わず歓声を上げた。そう、その「9」のかたちはまるでアイスクリームのようになった。下向きの三角形はワッフルコーン、その上に丸い水色のアイスクリームが乗っている。わたしの口内にはラムネ味が一気に広がったのだ！


かくして宇宙人は占拠していたピラミッドを失い、アイスクリームに変貌した。数学の計算も万事解決。ルートのなかにはアイスクリーム、表彰台の中央にもアイスクリーム。世界にはラムネ味の平和が訪れたとさ。めでたしめでたし。

ゼロの正体

算数が苦手だ、と自覚したのは小学二年生のときだった。

授業でかけ算の九九を習った。わたしには数字が色に見えたり、お喋りをしたり、数字が勝手にどこかへ行ってしまって、しばらく帰ってこなかったりということが常だったので、数字をあてにすることができなかった。そのため、色の組み合わせで九九を覚えることにした。

たとえば「1」はレモンイエロー、「2」は白、「3」はマゼンタ……白×マゼンタ＝青の「6」という具合で答えを導き出した。これがわたしにとって、とてもいい方法だった。色かける色、で答えを暗記してしまえばいいのだ。

頭のなかに九×九列の色の表をつくって、かけ算の答えの数字を色で埋めていった。答えが二桁の数字になる場合は、該当するマスは二色になった。「4」黒×「8」茶＝マゼンタ・白の「32」という表記だ。これはまるで新大陸で発見された見たこともない二色の国旗のようで、わたしはコロンブスになった気分で、あっという間に九九を覚えてしまった。

同級生たちが九九を覚えるのに悪戦苦闘しているなか、わたしはいちばん綺麗でおいしそうな九九はどれかな、などと呑気なことを考えていた。やはり「3」のマゼンタと「7」のバイオレットの鮮やかな色はインパクトがある。かけ算すれば答えは白とレモンイエロー。まるでお花の色みたいだ。アイスクリームにもありそうだ、と思うと唾液が口のなかでいっぱいになった。

ようやく全員が九九を覚えたところで、今度は「0」のかけ算の授業が始まった。「0」はオレンジ色をしていた。図形の丸は赤くて、アルファベットのOは黒に見えるのに、数字の「0」は蜜柑のかたちをしたオレンジ色だったのだ。

先生の説明によれば、「0」に他の数字をかけても答えは「0」になるらしい。わたしはこれが理解できなかった。オレンジ色に、他の色をかけてもオレンジ色だけが残るとは、どういう仕組みなのだろうか。

他の生徒は「なんだ、楽勝じゃん」と言いながら、今度は「0」のかけ算をすぐに覚えた。しかしわたしは混乱してしまい、逆にまったく理解できない。授業が終わってから先生に質問しても、「答えは0になる」ということしか教えてくれない。他の先生や両親にも説明を求めたが、一向に解決はしなかった。わたしの内側で、どうして！　どうして！　という疑問の紺青色《こんじょういろ》が広がって、覆い尽くした。深い深いプルシャン・ブルーは、底なしの海なのだ。わたしの算数はここで溺れてしまって、その先へ進むことができなくなった。

そもそも「0」とは、いったい何者なのだろうか。数学的には正でも負でもない実数、ということは理解できる。が、わたしの目の前の「0」は決して「無」ではない。現にノートに書いた「0」を見れば、蜜柑がひとつ置かれている。これをなくすためには、「0」を覆い隠して見えないようにするか、消しゴムで消してしまわなければならない。それに、限りなく無に近いというのであれば「6」のほうが最適であると思う。「6」はとても小さく、青い空気のなかに溶け込んで、時折透明になったりする。

あるいは、ひき算ならわかる。「0」から「0」を引くことは、蜜柑から蜜柑を引くことと同じなので、それは「0」、つまりなくなるわけだ。

次に「0」から仮に「3」を引くとして、答えはマイナスになる。わたしにとって正の数は暖色、負の数は寒色に見えるので、マイナスの「3」は青みがかったマゼンタ色になる。これも理解できた。

しかしやはり、「0」のかけ算だけが、どうにもこうにもわからない。

目の前にある「0」がとてつもなく不遇な存在に思えてきた。どんな色にもかけ合わせることができない、この蜜柑。大きい数字のあとにしか存在を許されず、単体ではないものとされる。ここに「0」はあるのに。

考えれば考えるほど、わたしは思考の螺旋階段を行き来した。ぐるぐると上ってはまた、ぐるぐると下る。そんなとき、やはり紺青色の海の場面になる。ああでもない、こうでもないとぶつぶつと呟いて思考を巡らせているうちに、螺旋階段の中心に渦巻きができる。渦は次第に大きくなって、終いには大きな渦潮になる。その轟音といったら！

見上げれば、海流によって海面が僅かに窪んだ箇所から覗く遥か上空から、算数の授業の続きを行うクラスメイトの賑やかな声の色が見える。

ハッとして意識を引き戻すと、目が覚めるようなオレンジ色の「0」が、ノートの半ページに大きく書かれていた。わたしは、授業そっちのけで考え込んでいたのだ。こういうことが算数の授業ではよく起こった。

大人になった今でも、「0」の正体はわからない。そのため正体不明の「0」が、会計や帳簿、計算などで登場するたびにドキリとする。わたしはシャーロック・ホームズよろしく、この難事件を解決しなければならない衝動に駆られるのだ。

「もしわたしがホームズなら、ゼロはモリアーティ教授だなァ。」

ライヘンバッハの滝つぼへ落ちるがごとく、いつか「0」にも紺青色の螺旋階段を見せてやりたい。そこはわたしがずっと、ゼロの素顔に恋焦がれた場所なのだから。

輪郭を追う

わたしは、山を眺めていた。

手前には一面の田んぼ、それから土手道、川、背の低い木々、いちばん奥に山があった。ああ、ここはよく知っている。わたしの地元の風景だ。あれは月山で、手前に流れる川は赤川だ。季節は田植えが終わった五月初めで、月山の頂上にはうっすらと雪が残っていた。

わたしはしばらくその風景を堪能していた。メジロやウグイスの鳴き声がする。

チュルチュル、チュル……

ケキョ、ホケキョ、ケキョ……

高いEのオレンジ色は空に映え、Fの黄緑色は新芽と同調した。

雲は流れる。和やかな時が過ぎる。人間たちは忙しなく自分たちの時間を過ごすが、わたしはその過ごし方が性分に合わなかった。中心にある黒い染みを隠すために、ほんとうに大切なものを犠牲にして、限りある時間を無駄に浪費している。なかにはその黒い染みの上からさらに珈琲をぶち撒けるようにして、覆い隠す者もいた。隠していなければ、自分を保てないのかもしれない。そんな人間の世界よりも、植物や小動物たちの儚く短い季節とそのルーティーンを感じているほうが安らいだ。同じ有限の時間を過ごすならば、より濃密なほうがいい。

そんな思いに耽っていると、視界の端から景色が崩れていくような感覚があった。最初はなにが起こっているのかわからなかった、しかし徐々に視界の端から中心へと侵食していくものがあった。

それは、大小不揃いな色付きの点々だった。点々はものすごい勢いで、景色の色を千切っては貼り、千切っては貼りを繰り返し、ついにはわたしが見えるものすべてを点々にしてしまった。これはまるで、千切り絵のようだ。ただ千切り絵と違うのは、わたしが顔を動かせば、その景色も当然のごとく動き、それがすべて点々で見えることだった。

こうなることは以前から何度かあった。

そのたびに、わたしは興奮した。

やっぱり点々の世界って素敵！　鮮やかで、絶妙な色合い！　緻密ではない、粗雑につくられた千切り絵のような、あるいは適当にぼたぼたと絵の具を落としたような、のっぺりとして、奥行きのない、いつもと違う世界！

わたしは宝石を眺めるようにして、点々の三百六十度パノラマを眺望した。月山のほうの空は紫色が混ざっているが、反対側の空にはオレンジ色があった。田んぼの緑のなかには青や紫色があるが、木々のなかにはピンク色や黄色が混ざっていた！

しかし困ったことに、点々には影がない。

遠くに見えた山は手前にきて、近くにあった田んぼは遠くにあった。わたしが手を伸ばせば、月山をひょいと摑むことができるのではないか。赤川のなかに足を突っ込んで、水遊びができるのではないか。あっ、もしかしたら一足跳びで月山の向こうに行けるかもしれない！

もちろん現実ではそんなことはできないのだが、点々の世界では、自分がどこにいるのかが曖昧になった。そもそも自分というものの輪郭も曖昧になった。なぜなら自分の手を見つめれば、わたしの手すらも点々になっているのだから！

わたしは自分の身体を見た。

皮膚で覆われた肉体は、今やその輪郭を保っていない。わたしの肌の鴨の羽色、内臓のローズピンク、血の紫紺色。わたしがすべて透けて、浮き出た点々になって、それが同心円状に拡散するような感覚に陥る。

わたしは目が回った。

点々が押し寄せ、わたしを呑み込み、大きな存在の渦巻きのなかに落ちてしまいそうになった。なにが現実で、どこまでがイメージの産物なのか、それとも、あちらが仮想現実で、こちらが真理なのか？　皆目見当もつかない。

それにしてもこの点々の世界は、なんと心地よいのだろうか！

わたしはそんな状態のまま、ふらふらと歩いた。もっと様々な景色を見たい。どんどんわたしは膨張して、点々の世界のなかで霧散したい！　なんだかそれがとても幸せな気がする！

足はもつれる。影がないので、確実に地面を捉えることができないのだ。足を出せども、目測を誤って膝がかっくんと崩れる。勢いあまって、わたしは脇の田んぼへ転げ落ちた。見ていた近所の人たちが駆けつけて、大事に至らずわたしは救助された。わたしはすり傷だらけになりながらも、にやにやと笑っていた。


世界が点々に見えることを大人に言っても、まったく信じてもらえなかった。しかし点々には遠近感がなく危険なので、酷いときは、わたしはその場で停止して、目をぎゅっと瞑って、耳を両手で押さえて、外からくるものを遮断しようと試みた。そうすれば、幾分かましになる。

果たしてわたしにかたちはあるのだろうか。

むろん輪郭がどこにあるのかは、まだわかっていない。

頭上の司令官

子供のころから、自分の気持ちがわからなかった。

友人たちは誕生日にプレゼントを贈り合って、嬉しいとか、喜びや感謝を表現していた。しかしわたしには、その気持ちがよくわからなかった。わたしは単純に、プレゼントをあげるというのだから、じゃあもらうか、という行動と、「誰かになにかをもらったら、ありがとうと答える」という教えを実行していた。

当然それは態度に表れるもので、わたしは友人たちから「感謝が足りない」とか「嬉しくないの？」などと言われた。嬉しくないわけではない。が、どちらかといえば包みを開ける瞬間のドキドキわくわくする気持ちのほうがわたしを掻き立てたので、もらったものに対する喜びをどのように表現するべきなのか？　どんな顔や態度をしてプレゼントを受けとればいいのか？　と悩んだ。

そのため誕生日は苦手だった。大人になった今でも、このやりとりにはまだぎこちなさを感じる。

また、特に悲しみや怒りの感情というのが、よくわからなかった。誰かに嫌味や悪口を言われても、わたしの心には響かなかった。面と向かって「嫌い」と言われたとしても、「そういう考えもあるよね」という程度の認識だった。相手の言葉や態度によって、悲しいとか、怒り出すということはまったくなかった。

そのため相手が急に怒り出したとき、いったいなにに対して怒っているのか見当がつかず途方に暮れた。仮にもし理不尽に怒鳴られたとしても、わたしにはこれっぽっちも感じるものがなかった。逆に「わたしなんかのことで、こんなに怒ることができるなんてすごいなあ」と思ったほどだ。

こんなとき、自分の頭の上にもうひとりの自分がいて、肉体の自分を操縦しているような感覚だった。なにかに夢中になっているときはわたしは自由になるが、つまらないことをやらなければならないとき、頭の上には司令官がいる。学校の授業や人間関係は退屈だった。だから普段は、司令官がロボットのように操縦して、わたしの内部に余計なものが入ってこられないようにした。

司令官がわたしを操縦しているときであっても、なにかの衝撃で制御不能となることがあった。たとえば、美しい空を見たとき、美しい文字や、絵画を見たとき、映像が流れるような音楽を聞いたときなどに、わたしは腹の底から込み上げてくるものを感じた。どろどろとした熱いマグマのような、それともぷつぷつとした刺激性のある炭酸水のような、そんな液体が、まるでダムが決壊したかのような轟音と激流によって一気に体内を駆け巡る！

すると、いつの間にか目から雫が垂れて、「あれ？　わたしはなぜ泣いているのだろう？」とまた混乱するのだった。もしそこに誰かがいたなら、いきなり泣き出すおかしな子だと思われただろう。

しかしそれは一瞬の出来事で、わたしに涙を止めることはできない。ぼたりぼたりととめどなく流れては落ち、わたしも泣き顔をしたらいいのか、笑い顔をしたらいいのか、わからない。

わかるのは、この涙が溢れるたび、激しいバリトンのＢメジャー、Ａマイナーが鳴っては、レモンイエローだの、ミッドナイトブルーだの、レイブンブラックだのが見えることだった。

それから司令官はすぐにエマージェンシーコールを切って、通常状態へと切り替える。するとわたしの涙は収まるが、身体のなかに残った記憶の断片が整理できなくなる。

あの込み上げてきたものの正体はいったいなんだろう、とひとしきり考えるも、まったくわからない。なにかだいじなものを忘れて、どこかへ置いてきてしまったような喪失感。

わたしはぼんやりと虚空を見つめながら、身体のなかのモヤモヤとしたものを吐き出さなければ窒息して死んでしまうと思った。

手当たり次第に文字を書き殴ったり、絵の具をキャンバスに押しつけた。指の関節の感覚がなくなるほどにピアノを弾き続けたこともあった。次から次へと文字や色が降ってきて、そうなると、時間はスローモーションになって光った。

きっとその光は司令官が発するモールス信号で、彼は「そんなことは直ちに止めるんだ！　さもなくば、二日は動けなくなるぞ！」と言いたげだ。彼の忠告はその通りで、わたしの感覚では何時間と経過しているかのような充実したときを過ごしているが、実際にはたったの三十分だったりする。これを長時間やるとたしかにわたしは動けなくなる。

ああ！　でも止まらないの！
流れる五線譜に乗っかった、色付きの音
ダムのバリトン、甘く囁くテノール

嵐のなかでも操縦するのはあなたの役目でしょう？　司令官。
大粒の文字は、渦を巻いて空から落ちてくる
ああ、早く！　もっと早く！　書いて書いて書いて！

司令官は自動操縦を諦めて、手動操作に切り替える。このあとベッドへなだれ込んで二日も動けなくなるわたしに、せめて症状が軽く収まるようにと処置を施す。わたしの敏感な感覚のスイッチをすべてオフにして、ゆっくりと暗闇へ、水中へ、引っ張っていく。わたしはようやく落ち着きを取り戻して、まどろみのなかへ、揺り籠のなかへ、誘われた。

ハリネズミの憂鬱

いつからか、空気の流れが光って見えた。

それは群青色《ぐんじょういろ》、鈍色《にびいろ》、セルリアン・ブルー。

鉛白《えんぱく》の顔料を混ぜたようなスノー・ホワイト。

流れ星のような流線形に、前から後ろへ。

閃光しながら走り抜けるのだった。

流れては消えて、繰り返し、次から次へと明滅する。

光が生まれては消えていくその刹那が、空気の一生だった。

わたしはそれを車窓から眺めては、ハリネズミの気持ちになった。

空気の針が自分へ向かって刺さってくる。何本も、何本も。わたしは串刺しにされた団子のようなハリネズミになった、そして思う。

「空気は痛くて、嫌い。」


子供のころからなんとなく乗り物が苦手だった。

風を切って駆け抜ける乗り物に憧れる反面、もし自分が乗ったら、痛くて痛くて堪らないだろうと思った。時速四十キロメートルくらいまでなら怖くないが、それ以上になると空気が刺さって痛くなるのだった。

どうしても新幹線や飛行機に乗らなければならないときは、なるべく窓の外を見ないようにした。そうすれば空気の色を見なくて済む。逆にジェットコースターなどはスリル満点だった。たまに乗って楽しんだあとは、疲れて動けなくなるまでがアトラクションだと割りきっている。

そして幸か不幸か、大人になった今は子供のころよりも共感覚が敏感になっているので、もっと痛みを感じやすくなった。

たとえば、自分で車を運転することは、大きな痛みを伴った。

空気が刺さると痛いのでなるべくゆっくり走りたい、けれど田舎道を通る人々はせっかちで、のろまなわたしはいつもクラクションを鳴らされた。そのクラクションの音にも息が止まるほど吃驚する。慌てて呼吸と思考を整えて、わたしは路肩にハザードランプをつけて停車し、後続車をやり過ごすのだった。

またわたしは、信号機の赤色・黄色・緑色が、季節や時間帯によってその色に見えなくなる。赤色のなかに、オリーブ色、ターメリック色、からし色が見えたり、黄色のなかに瑠璃色《るりいろ》、浅葱色《あさぎいろ》、ターコイズ色が見えたりする。色で判別しづらいときは、信号機の並び順や対向車を観察するなどして認識した。これは相当ストレスになった。

天気も関係した。晴れの日は眩しくてなにも見えない。雨の日は光が反射して、色の点々が多く見える。雪の日は、もっとカラフルに見える。注意して見ても、そのようにしか見えないので、こういうときは運転すらできなかった。

あるときは、フロントガラスに映る空気が突然刺さってきて、自分がどこにいるのかわからなくなった。景色は、色付きのパラパラ漫画をすべて重ね合わせたように見えた。わたしの頭は大量にファクシミリを受信した機械のようになって、色や線が重複して交錯する世界の真ん中で、わたしは混乱した。

止まれ・進め・道を譲る・右左折がわからなくなった。それどころか、上下左右、アクセルブレーキ、ドライブ、ニュートラル、バック。どれがなんなのか、わからなくなった。

またあるときは、フロントガラスの前をなにかが横切り「ドーン」という音が鳴った。わたしは吃驚して、なにか轢いてしまったかと、冷や汗をかきながら確認するも、実際にはなにもない。しかしたしかに衝撃の感覚と痛みがあり、音も聴いた。

憶測ではあるが、これは突然飛び出してきた空気の塊のようなものだと考えている。もちろん実際には空気がぶつかってくることも、音を立てることもないので、わたしの頭のなかで起こっていることなのだと思う。こういうことがたまに起こる。

こんな状態ではいつ事故を起こしても不思議ではない。わたしは色の世界のなかにいたいけれど、車の運転中は危険だ。車を運転することはわたしにとってマイナスでしかなかった。

しかしこの話を周囲に理解してもらうまでは大変だった。家族でさえも「この地域では車がないと不便だから」と、最初は反対した。わたしにどういう風に景色が見えていて、どんなことに困っているか、ということは伝わりづらい。

こういうことを話すと、家族は決まって「医師に診てもらおう」と言う。しかし共感覚は病気ではない。心身はいたって健康で、受け答えもしっかりできる。

わたしはいつもこうで、これが普通だった。信号機は最初から単純な色ではなかったが、しかたなく周囲に話を合わせて生活をしていただけ。変なことを言えば、どうせつまはじきにされるのだから。

結局、ひと悶着を乗り越えて車を手放し、今は静かで平穏な暮らしをしている。あれほどまで「田舎では必需品」と言われた自家用車だが、わたしは特に不便を感じない。むしろストレスが減って清々しい気分である。空気が刺さることも、突然ぶつかってくることもなくなったのだから。

ハリネズミは今、静かに薫風を感じるのだった。

銀の弾丸とフラミンゴ

振り返ってみれば、わたしは常に「痛み」に支配されている。

子供のころから身体のどこかしらがいつも痛い。しかし一般的に想像されるような、朝から頭が痛いとか、腰が痛いといったことでもない。

わたしの身体の内側の、様々な箇所が痛いのだ。痛みは腹や足や胸や腕、バラバラに点在しており、ぎゅうと握り潰される痛みもあれば、びいんと電気が走り抜ける痛み、チリチリと焼けるような痛み、きりりきりりと針を刺すような痛み、ぐさぐさと刃物で抉られる痛みなど、様々なのである。

その痛みは、鏡のような光沢を放つシルバー・ブレッドだ。わたしがいつ何時、どこにいても、狙撃手は狙ってくる。もしもわたしがヴァンパイアなら、痛みで息ができないほどにつらいだろう。

風穴からはじんわりと鉄の錆びた臭気と、赤紫色に滴る血。

鈍い静脈、どくん、どくん。

赤紫色の涙、断末魔。

がくりと身体は崩れ落ち、胎児のように膝を抱えてわたしは果てる。

そして痛かったところから小さな黒い虫がわさわさと這い出してくるのだ。

あまりにも痛いので、五歳のとき、医師に診てもらったことがある。「どこが痛いの?」という医師の問いに、わたしが四肢のあちこちを指差し答えるので、とうとう医師は匙を投げて「仮病ですかね?」と母に言ったのを覚えている。

このとき、「ああ、この痛みは病院ではわからないことなんだ」と悟った。幸いそうした痛みは一か所がずっと痛いということはないから、すぐにわかる。痛みは移動するのだ。だからもし同じ場所が三日も続いて痛むとなれば、なにかの病気だとすぐにわかる。

何度か病気で入院したとき、採血やらレントゲンやらCTやらの検査をしたが、いつも臓器に異常はなかった。とすればあの痛みは、臓器が悪くて痛いわけではないのだな、病気でないのなら医師だってなにもできないな、と再び悟って、以来ずっと我慢している。

当初、この痛みの感覚は、きっと誰しもがもっていて「たいしたことない」と我慢しているのだと思っていた。しかし学校の教師や病院の看護師が「痛みを我慢しないで」とよく言うので、「どんな痛みかもわからずに、どうして我慢しなくていいなどと言うのだろう」と意味がわからなかった。そういう場面を何度か経験するうち、小学一年生のころには、「ああ、他の人々はいつも痛みに苦しんでいるわけではないのだ」とわかった。

どうしてわたしばかり、原因不明の痛みに苦しまなければならないのだろうと、自分を呪った。しかし呪ったところでなんの得にもならない。とにかく痛みを和らげねば、と幼い頭で必死に考えたのが「ぬいぐるみ」だった。

当時、わたしはぬいぐるみをたくさんもっていた。大小様々な兎、猫、犬、熊など、おそらく三十体くらいあっただろうか、それを自分のベッドの周りに綺麗に並べていた。

ぬいぐるみの順番にはこだわりがあって、ひとつでも順番が違うと気になって眠ることができなかった。あっちゃんの家に外泊するときも、大きなバッグふたつにぎゅうぎゅうに詰めてもっていき、寝る前には綺麗に並べた。

ぬいぐるみは、ふわふわで、抱き心地がよい。それまでなにかを抱いて寝ることはなかったのだが、あまりの痛みに耐えかねたある夜、当時のわたしのいちばんのお気に入りだったぬいぐるみを抱いてみた。

そのふわふわとした質感はフラミンゴのような薄いピンク色だった。まるで『ネバーエンディング・ストーリー』のファルコンの背中に乗っているような安心感があった。シルバー・ブレッドよりも、ファルコンのほうが何倍も速く飛べるし、どこまでも遠くまで行けるのだ。なにも怖がる必要はないのだ！

ぬいぐるみを抱くことで、なんとなく痛みは和らぐような気がして、ゆっくり眠ることができた。

わたしはそれに味をしめて、起きているときにもぬいぐるみを抱いた。すると不思議なことにいつもより痛みを感じにくいのだった。ぬいぐるみのふわふわ、もっちりとした感触と肌触りがいいのかもしれない。

これは便利な方法を見つけたと意気揚々としたが、さすがに学校にぬいぐるみをもっていくことはできない。

そこでしかたなく自分が気に入った手触りの柔らかいハンカチをもっていくことにしたが、あまり痛みは軽減しなかった。欲をいえば、肌触りのいいブランケットがいい。そこで体操着が入った袋を抱えて授業を受けてみたところ、これが大当たりだった。さらにその後、体操着袋をふわふわの生地のものに変えたら、まるでぬいぐるみのようだったのである。わたしの苦痛な学校生活が、ほんの少しだけ、快適になった。

　さて、「あの痛み」は、大人になってから自分が発達障害で感覚が異常に過敏であることが原因だとわかった。たしかに光が眩しいと頭が痛いし、音がうるさいと全身がチクチク痛む。きっと些細な刺激であっても、わたしは身体のあちこちに痛みを感じているのだろう。

　この感覚がなくなることは、ない。

　今でもわたしのベッドは、ふわふわで、もちもちのぬいぐるみに占拠されている。外出するときには、自分のお気に入りの毛糸で編んだショールを羽織る。

　シルバー・ブレッド《痛みの色》とフラミンゴ・ピンク《ぬいぐるみの色》は相容れない。しかしそれもわたしのだいじな「感覚」のひとつである。

桜と灰

満開の桜を見ても、ちっとも美しいと思わなかった。こぞって花見をする人々の気持ちがよくわからなかった。暗く長い冬からようやく春になった、その喜びが溢れているのだろうか。花より団子というように、実はそれほど桜など見ておらず、屋台や出し物行列にウキウキするのだろうか。きっとそうだ。あんな花の色を見て、美しいだの、綺麗だの、そんなのは変だもの。

子供のころから、わたしには満開の桜の花々が灰色に見えていた。それがほんとうは薄ピンク色であることを知ったのは、小学校に入学するころだと思う。「入学おめでとう」と書かれた黒板や掲示板、入学案内のパンフレットなどに、桜の花びらのかたちをしたイラストが描かれていた。

「お母さん、これはなんの花びら?」

「桜じゃない?」

入学式の帰り、わたしの手を引きながら、母は即答した。真っ赤なランドセルのなかには諸々の書類が入った薄ピンク色の封筒と、お祝いの紅白饅頭。わくわく気分のわたしはいつもよりはしゃいで、図書室前の掲示板を指差した。掲示板には「おすすめの本」というレビューと一緒に、色画用紙が桜の花びらのかたちに幾つも切り抜かれて、画鋲で留めてあった。

「えー、桜? でもピンク色だよお。」

「少し濃い色だけど、ピンク色の花びらでしょ」

「えー? ピンク色なのは……」幹のほうでしょ、と言おうとしてピンときた。そういえば他の掲示板でも、イラストでも、桜の花びらのかたちのものはピンク色だったことを思い出した。

「じゃあ、ほんものの桜の花びらも、ピンク色なの？」そう聞きたくて、喉まで出かかった言葉を慌てて呑み込んだ。だって、聞かなくてもわかる、この感じ。自分の肌色が、肌色じゃないと言われたときと同じ感じ。

わくわくしていた気分が一気に冷めて、わたしの心はずしりと重くなった。

そうなんだ、桜って、ピンク色だったんだ。

だから皆、花見へ行って楽しそうにしているんだ。

桜の花が灰色に見えているのは、わたしだけなんだ……

月日が経ち、大人になったわたしはアトリエで毛糸を染める。

使うのは桜の樹皮。それも二月から三月ごろに剪定した桜の枝だ。桜染めは一年中できるが、綺麗なピンク色に染めるには、この時期のものを使うといい。そう知ったのはごく最近のことである。

そういえば子供のころに、桜の色について衝撃を受けたことを思い出して、笑った。わたしが見ていたあの色は、灰桜色《はいざくらいろ》、または桜鼠色《さくらねずいろ》というらしい。わたしは当時からちゃんと見えていたんだ、桜の本質、そのものの色を。花よりも幹や枝や蕾のほうが美しい色をしていることを。

こちらでは桜が満開になるのは四月下旬ごろ。だけどわたしはその前の、二月から三月ごろの桜の木のほうが美しいと感じていた。光沢のある横縞模様の消炭色《けしずみいろ》の幹の隙間から、うっすらとチェリーピンク色が浮き出てくる。この色がじんわりと広がりながら、互いの色が混ざり合って灰桜色に見える。根のほうからぐんぐんチェリーピンク色に染まって、消炭色とのグラデーションになる。徐々に枝の先端まで到達すると、蕾は熟れた果実のように桃色に光る。そのあとで蕾が開くが、花びらを広げてしまうと、その桃色もチェリーピンク色も空気のなかに吸い込まれて、もとの灰桜色に戻る。

だから桜の木がいちばん美しいのは、花が咲く前だと思っていたのだ。

桜染めは、そんなもっとも美しい色をした桜の樹皮を使う。枝や蕾まで使う場合もある。染めの知識がないころから、色や光がいちばん美しい時期のものを使うのがいいと直感していた。

この色は、ほんとうは花を開花させるために溜めたエネルギーであろうに、

コトコト、じっくり、煮出して、曙色《あけぼのいろ》の染液

ふつふつ、キラキラ、湯気は輝いて、桜色に染める

それは儀式だった。

なにか特別な魔法によって、本来の桜の色を取り出して、お借りする。

それから柔らかい羊の毛を浸して、色を移し、洗って、干す。

乾くと少しだけ色は薄くなるし、光によって褪色する。まるっきり幹のチェリーピンク色とま

ではいかないが、その色を纏うだけで「特別」になった気がした。

この糸でセーターやショールを編んで、あの桜並木へ行こう。

もし色褪せたらまた、要らない枝を剪定させてもらって、二度染めしよう。

今年もまた甘酸っぱいチェリーピンク色の幹でいっぱいの、桜並木が見られますように。

真っ暗闇のなか

幼少のころから日常的に見えているわたしの世界は、他の人には見えていないのかもしれないと結論付けたのは、わたしが十歳のときだった。

絵を描いても、歌を歌っても、教科書通りにできなかった。そのたびに先生から「もっと真面目に取り組みましょう」と言われた。わたしはしごく真面目に取り組んでいるのだが、毎回そのように評価されるため、だんだん不真面目になっていった。

小学四年生ごろには「どうせ真面目にやってもなあ。」と考え、絵を描くことも歌を歌うことも手を抜くようになった。「一般的で、平均的なものに合わせよう」とする人々が多いことは、ひしひしと感じていた。だから、皆に合わせていれば面倒なことも言われなくなるだろうと思ったのだ。

人物画を描けとなれば、まず周りを見渡して確認をする。肌色や髪の毛の色を同じような色を使って描く。時間も皆に合わせてゆっくりと描く。歌を歌うときも自己表現はしない。フラットやシャープが踊っても無視して、教科書通りにやる。わたしはベルトコンベアに乗ったジンジャーマン・クッキーのような気持ちになった。ああ、オーブンのなかはとても退屈で、じれったく焼かれるだけ。

しかし皮肉にもその結果、「ほんとうに素晴らしい！　才能があるんじゃないか！」と絶賛され、評価されるようになった。なぜ？　わたしは不真面目に、手を抜いて取り組んでいるにもかかわらず、どうして他人からの評価が高いのだろうと不愉快だった。そのとき、子供ながらに「わたしがほんとうに見えている世界には、誰も興味がないどころか、理解もされない。わたしは世界のつまはじき者なんだ。」と思った。

同時に、「他人の評価なんて当てにならない」と感じた。彼らは勝手に順位をつけて、素晴らしいだの、これはだめだのと言っているだけに過ぎない。遊びやゲーム上の勝ち負けは理解できるが、社会生活のなかで競わせて、順位をつけることに、わたしは意味を見出せない。

そうやって自分と他人を考察したときに、わたしはひとつの結論に至った。彼らは知らない。かまくらのなかで見つけたキラキラ光る宝石洞窟も、秋に山や木々が朱く燃えることも。その万華鏡のような世界を知らないのだ。それはとても勿体ないことだ。あの世界を見たならば、誰しもが解放感と充足感に満たされて、心が感動するのだから。そう、つまり、順位や評価なんて関係ないという気持ちになれる。誰かの上に立つことも、下になることもない。争いは、もちろんない。肯定も否定もない。その世界はキラキラしていて、様々な色で溢れている。

わたしはそんな万華鏡の世界に魅入られていたので、現実でもなるべく競争しないように生きようと思った。適当に手を抜いて義務教育を終え、知識欲があったので進学校に入学するも、競争が激化したので中退。それからは競争相手がいない仕事をひっそりとやってきた。競争のない現実は、わたし自身と向き合う時間を与えてくれた。


月日が経ち、大人になったある夜のこと。わたしは寝床に入ろうとする渉に尋ねた。

「目を閉じると、なにが見える？」

「なにも見えないよ」と、訝しげに渉は答えた。

「え？　なにも見えないの？」

「うーん、瞼を押したりすれば光が見えたり、毛細血管のようなものは透けて見えるけど」

渉はそう言いつつも、声の色が青紫色だったので、質問の意味がよくわからないようだった。

「そういうのじゃなくて、ほら、暗闇のなかだったら、目を閉じなくても同じ点々が見えるやつ」

「うん？　真っ暗なところで、灯りもなしに、色は見えないよ」

わたしはそれを聞いてはっとした。たしかに、ものが光を反射することで色が見えると、本に書いてあったことを思い出した。黒はすべての色を吸収するし、真っ暗ではもののかたちすらもわからないのだから。では、目を閉じたり、灯りのない真っ暗闇でわたしに見えているあの色はなんなのか。

赤、黄、オレンジ、緑、青、紫、ピンク。

それは色とりどりの蛍が飛び交うように。

ちらちらと蛇行したり、じっと佇んだりする。

たまに一塊に集合して、ドット絵のような大きな丸をつくることもある。

しばらく考えて、わたしは目を閉じた。すると真っ暗闇で見える蛍の光は、あの万華鏡の世界の光に似ていた。宝石を散りばめたような光の空間に流刑されるような感覚。もちろんわたしは罪人ではないのでちっとも怖くない。だが、目まぐるしく色が変わり、息ができないほどの切なさ。

わたしは思った。ああ、万華鏡の世界は、わたしの隣にいつもあったのかもしれない。目を閉じるだけでよかったんだ！

わたしはいつでも行ける。光のない真っ暗闇のなかの、極彩色のあの世界へ。競争のない、満たされたあの世界へ。

もしかすると誰でも行きたいと願えば、訪れることができるのかもしれない。

灯りを消してしばらくしてから、目を閉じて。

暗闇の、そのまた真っ暗闇のなかに、万華鏡はある。

眠りにつく前に

わたしには植物が呼吸する色が見える。

たとえばオレンジ色の花を咲かせるマリーゴールドが、実は萌黄色《もえぎいろ》や菖蒲色《あやめいろ》をしている。

黄色い花をつける西洋弟切草《セント・ジョンズ・ワート》は、丹色《にいろ》、蘇芳色《すおういろ》、バーガンディー。

黒いタチアオイは、薔薇色に藍色が混ざった色が見えた。

その美しいコントラスト、グラデーション。

わたしは強く強く衝き動かされた。もっともっと様々な色を見たい。わたしもそのなかで呼吸したい。灰色ばかりのコンクリートジャングルは生きづらい。当たり前にしか興味のない窮屈な人間の世界ではなく、ありのままに生きる色の世界へ行きたい。

それからわたしは、実際に植物を育て始めた。最初はローズマリー、セージ、ラベンダー。様々なハーブを育てていくうちに、季節や時間帯によって色が一定ではないことに気付いた。

朝はピンクや紫色が光に溶け込んで、葉はそれを透かす。まるで浸透圧のようにゆっくりと色は馴染む。

日が暮れれば徐々に赤やオレンジ色に照らされる。しかしこれは溶け込むような色ではない。むしろ反射するように見える。ちょうど鏡に映った自分の虚像を押し出すかのように、相反するものを退けて、彼らはゆっくりと眠りにつく。

植物の集合体である山や海や川などといった景色を見ても、それは同様だった。

彼らは、朝は溶けて、夕暮れには退ける。

わたしはそれを見るたびに心が騒いで、涙が零れた。まるで朝に生まれて、夕暮れに死ぬように見えたから。

実際に死にはせずとも、一日ずつ脱皮を繰り返しているのかもしれない。それとも記憶が一日でなくなるのかもしれない。いずれにせよ、人間が感じる一日という短い時間に、彼らは生まれて死んでいく。わたしにはそう感じられたのだ。

わたしもそうなりたい。一日生きて、死んでいく。

積み木でできた成績も、関係も、一日ですべて忘れてしまいたい。

そうすれば一日を一生懸命生きることができるんじゃないかしら。

夏至の照りつける太陽の下、わたしはそう思った。

人間はいつでも植物を蔑ろにするが、実のところかえって人間のほうが劣っているのではないか。植物は生命力、繁殖力、持久力に優れ、薬にも毒にもなる成分がある。根を生やしたところから動くことすらできないのに、人間は自らを鳥籠のなかへ葬る。どれをとっても明らかに人間のほうが不幸である。

「ああ、こんなに綺麗な色なのに、それを認識してもらえないのは、勿体ない」

目の前の西洋弟切草の黄色い小花。夏至のそれは太陽光に溶けて、一年でいちばんの輝きを放っていた。この色をどうにか留めておくことはできないものか。目に見える黄色ではなく、蘇芳色の美しい色を。

じっと見つめながら、わたしははっと閃いた。

考える間もなく、西洋弟切草をむんずと摑み、ばつばつと切った。黄色い小花を籠いっぱいに摘んでキッチンまで運び、寸胴鍋のなかへ入れる。茎の切り口は酸化して血のように赤黒くなっていた。花が浸る具合に水を入れて、弱火で煮る。二十分ほど煮詰めると、鍋のなかの液体は真っ赤になった。

この黄色い小花を煮詰めたら、鮮血のような赤になることを誰が想像しようか。まるで血の池地獄に浮かぶ可哀相な花だと思うのかもしれない。しかしこれは紛れもなくこの花がもっている赤色なのだ。可憐な黄色のなかに隠した、上澄みの赤色だ。だが、ほんとうの色である蘇芳色になるのはもっとあとだ。

わたしは鍋に、媒染済みのウールのカセ糸をゆっくりと沈めた。すると途端にウールは煮汁を吸収して赤く染まった。さらに糸を上下に動かしてまんべんなく吸収させると、乳白色のウールは完全に赤くなった。

それから火にかけて、じっくりと熱を加えていく。


ゆっくり、ゆっくり。

じっくり、じっくり。


結果を、焦ってはいけない。

それは植物のなかの早過ぎる一日を再確認するかのように。

何度も脱皮を繰り返して一日を反復するように。

弱火で一時間半。それから冷まして一晩。

そしてすすいで、乾かすのにまた一晩。

こうして乳白色だったウールの糸は、赤色とも褐色ともいえない、絶妙な蘇芳色になった。陽の光にかざせば、畑で見たあの色と同じ。

ああ、やっと呼吸ができる。

彼らが眠りにつく前に。

一日ごとに変化するこの世界を、わたしはひっそりと可視化するのだった。

ガラス破片の呼吸

月は、わたしを支配しながらも包み込む存在だった。

日に日にかたちを変え、世界の周期《サイクル》を支配した。その銀色のあたたかな光は、涙を流す孤独な夜にそっと手を差し伸べ、わたしを救いもした。

銀色の光に抱かれるとき、わたしは胎児であるかのような錯覚を起こした。うまく呼吸ができなくて、鼓動が響く薄暗い羊水のなかに沈んでいく感覚。泡《あぶく》は紫色の半透明なスペクトルで、深淵から上昇していった。

深淵のなかにはなにがあるんだろう?

わたしは興味本位で薄瞼を開けて見るも、それは無謀だった。あるのは血管が浮き出たおぞましい肉壁だけで、それが奥深くまで続いていることしかわからない。


ドクン、ドクン。

母の呼吸は、血の匂いがした。

ドクン、ドクン。

深淵は、わたしを睨んだ。

そうだ、わたしは「世界のなかの子供」という無力な存在で、母が造ってくれた大地を借りなければ生きていけないのだ。母が何者で、どんなものであるかを知ろうとするのはおこがましい。

そんな経験があって、わたしは自分を取り囲む世界について不必要に答えを求めることをやめた。月のリズムに支配された地球で、それに抗っても無意味だ。わたしは周期を受け入れ、自然の在るがまま、無理なく生きたいと思った。

それを手助けしてくれたのは、店の裏手にある畑だった。ここでは様々なハーブや野菜を育てている。栽培はわたしの楽しみのひとつであり、癒しであった。同時に、自分以外のものが生きる呼吸を感じることができた。

呼吸とは、匂いだ。

ビニールハウス畑の扉を開けると、様々な匂いによって色や光が見えた。

春。植物は芽吹きのために根を張り、葉を増やす。生き物は絶え間なくお喋りをして、風薫る爽やかな香りを出す。これは撫子色やカナリアイエロー。

夏。植物は暑さに耐え忍びながら花を咲かせ、魅惑の甘い香りを放つ。蟻はその蜜に群がり、蝶は舞う。色は全体的に藍色やカーマインレッドが主だが、花びらを見ればもっと多彩だ。黄色のなかにバイオレットがあったり、ピンク色のなかにクリームイエローがあったりする。だから夏の畑は祭りの縁日のようだった。

秋。植物は実を熟し種をつくり、むせ返る濃厚な香りが鼻孔を刺す。煉瓦色にイエローオーカー。地面には自然に実が落ちて、腐ったものもある。それもまた自然の在り方なのだろう。すべてを採らず自然に任せると、このような複雑な匂いと色になる。

冬。静かに呼吸し休む、土の香りは透明やライラック。わたしはこの時期の畑がいちばん好きだ。休むことが退屈で、一足早く芽吹く子供たちがいる。その小さなお喋りに耳を傾けると未来が繋がっていく希望を感じた。

こうして、かまぼこ型の透明なビニールハウスは、大きなプラネタリウムになるのだった。透ける太陽光に反射した、匂いのガラス破片。それらが幾つも天井にぶら下がって、星屑になる。

朝昼夕夜、春夏秋冬。気にしなければ目に留まることもない、小さい世界の小さな変化。わたしたちが認知している世界を、ぎゅっと凝縮した世界が、この畑のなかにあると感じた。こんな箱庭のなかでもキラキラとガラス細工のように煌めく。ちょっとした変化があると、それはまるで最初から組み込まれていたことであるかのように、幾何学模様の万華鏡に修正された。したたかに、ただ自然に身を任せて生きる世界だった。ああ、なんて素晴らしいのだろう！　わたしのなかで沸々と沸き上がる生命力を感じた。わたしは確実に周期によって生かされている！

そう確信を得てから、わたしはもっと季節の匂いを感じたいと思うようになった。そこで部屋のカーテンも窓も、開け放って生活をし始めた。

早朝の匂いは、夜の匂いとは違った。空が夜の宵闇色から暁の薄紫色に変わるとき、匂いも変化した。ある日は薬草のミルクティーの匂い、またある日はオレンジの匂いがした。甘い匂い、草の匂い、金木犀の匂い、鳥の匂い、雨が土を濡らす匂い……それらは部屋のなかに入ってきて、わたしを揺さぶり起こした。そして天井で、キラキラと輝いた。わたしの部屋は、畑と同じようにに天井からガラス破片がぶら下がって、トルコランプ屋のようになった。
おかげでわたしは朝日とともに目覚めるようになった。きっとこれが自然なのだろう。わたしは寝床で伸びをすると、呼吸を天井にぶら下げた。

発光する団子

目を開けると、真っ先に飛び込んでくるのは光だった。光は、赤・緑・青色のなかに、透明な紫色をもっていた。

ちらちら。ちらちら。

光は明滅しながら、ゆらりゆらりと漂う。自然の流れに逆らわず、己が進むべき方向を知っている。それは実に明媚な姿だった。
また光は、光でいっぱいになると発光した。それはブラックライトを照射された蛍石のように光った。

ピンク、紫、緑、黄色、青色……

昼でも夜でもその発光は美しく、とめどなく溢れ出てしまう自然の姿のように感じた。

常日頃から、わたしには様々なものが光って見えた。空、山、海、川、木々……自然界にあるものは神々しさを感じたとき、光って見えることが多いのかもしれない。そんなとき、人々は口々に「感動する」などと言った。

わたしは、「なるほど、光っているものを見たときの人の気持ちは、感動するということなのか」と思った。なぜならわたしには、光っているものはおいしそうである、という認識のほうが強かったためである。

ピンク、紫、緑、黄色、青色が光るとき、色とりどりのお菓子の世界に迷い込んだようになる。それらは決して宝石のような、磨かれて作られた均一的な輝きではない。おいしそうな光は、不均一にちらちらと輝きながら、どこか自然の風景や呼吸を感じさせる。それをわたしの口に入れたら、わたしはその光を取り込んで、もっとカラフルになれる気さえした。

光っているものは、なにも自然物だけではない。わたしには、人間、動物、植物はもちろん、無機質な機械や絵画・骨董品まで光って見える。日常のなかで目にすることが多いのは食べ物だ。市場やスーパーに行けば、様々な食材が光るのだった。

特に光が顕著なのは、肉や魚だ。死んでいるものでも鮮度がよく食べごろのものは光ることを、わたしは知っている。陳列されたなかから、おいしそうに光る肉や魚を選びとることは造作もない。

それから、果実。実がちょうどよく熟れた食べごろに光る。実がまだ青いうちや、熟れ過ぎたものは光が弱くなる。しかしなかには、陳列されたものの光り方がいまいちで、甲乙つけ難いときもあった。以前、スーパーに並んだ山積みのバナナの光り方がどれもいまいちだったことがある。そんなときは、だいたいが似たり寄ったりで、おいしくもなければまずくもない、という風だった。


そんなわたしの感覚は、旅行でも役に立つ。

以前、家族旅行で京都へ行ったときの話。下鴨神社に参拝しようと、わたしたちは車を走らせていた。

神社の駐車場へ向かう道すがら、向こうの通りの店がなにやら光っている。それを見つけたわたしは、「わー！　あのお店はすごいぞ！　なんのお店？」と叫んだ。車内にいた渉とルルは「どれどれ？」と、わたしが指差す方向に注目した。

そこにあったのは、団子屋だった。看板には「みたらし」の文字がある。

「お団子！　あんなに光っているみたらし団子！　食べてみたい！」とわたしは興奮した。二人も「そんなにすごいなら食べてみたい」と一蓮托生。そこで目的の参拝はあとにして、わたしたちは連れ立って団子屋へ向かった。

店のなかに入れれば、みたらし団子とわらび餅があった。

「お客さん、ラッキーだね。わらび餅は今日これで最後だよ」と店員さん。とろりとかけられた餡が、何層もの黄金色に光るみたらし団子。そしてうぐいす色の閃光を放つわらび餅。わたしたちはその両方を買った。袋に詰めてもらってもなおそれは光り輝くのだった。

わたしたちが店から出ると、不思議なことにそのすぐあとからお客さんがどんどん入って、その店には大行列ができた。

「あら、もしかして有名なお店だったのかしら？」

「インターネットで調べたら、とても有名なお店のようだよ」

「またタイミングがよかったね」

数分違えば、わたしたちは行列に並ばなければならなかったし、ラストのわらび餅も買い損ねたことだろう。こんな風にタイミングがいいのは昔からよくあることだった。

わたしたちは足早に車まで戻り、さっそくみたらし団子を頬張る。その得も言われぬおいしさといったら！　口のなかの熱で黄金の飴を砕き、火が吹き出るような衝撃だった。

「東北のお団子はもっと大きくて、こんなに可愛らしくないもんねえ」渉が言った。

「うん、東北のお団子は、火の粉が散らないもん」

「見て！　わらび餅はぷるぷるだよ！」ルルは言った。わたしもわらび餅をひと口食むと、口のなかに爽やかな草原が広がった。うぐいす色、黄緑色、そこへ風が吹く。

「ああ！　こっちには山羊もいる！」
二人はわたしの言っていることがわからなかっただろうが、そのときわたしには、たしかに風景が見えていた。そして、二人の口のなかからも光が漏れ出しているのを見た。

爛熟《らんじゅく》せし入道雲

目覚ましのアラームがけたたましく鳴った。今日もまた、うまく眠れなかった。

のっそり上体を起こしてみれば、頭はぐわんぐわんと軋んだ。こんな時期が年に数回ある。普段から感覚器官が敏感であるのに、鋭く尖ったナイフのように、より鋭敏になることが。目を静かに開けると、天井からゆっくりと降ってくる。色付きの文字たちだ。平仮名、片仮名、漢字、数字、記号、アルファベット……ああ、今日もまた、押し寄せてくる波の音が聴こえる。ざざん、ざざあ、とわたしを岸辺の淵へ追い詰めて、無邪気な文字たちは外の世界へ出たがるのだ。

わたしはなすすべもなく、文字をひとつずつ摘まみ上げる。立体的なパズルを素早く組み上げなければならない。さもなければ、わたしは波に呑まれて、息ができなくなって死んでしまうんだ。わたしが寝ていようが、仕事をしていようが、彼らはお構いなし。夢のなかにも、無意識のなかにも現れて、「早く出して、連れていって」と言う。

かといって、文字たちの願いをすべて叶えてやることはできない。わたしが文字を書くのは、毎日二時間と決めていた。それ以上書き続けると過集中してしまって、時間を忘れて何時間でものめり込んでしまう。それが仮に実際の八時間だとしても、わたしの体感ではたったの二時間しか経っていない。時間を操ることができる、といえば聞こえはいいが、このツケはあとから支払わなければならない。過集中をしたあとは、たいてい三日はろくに動くことができないのだ。もともとのリズムも崩れてしまう。願わくば植物のようにひっそりと生活したいわたしにとって、それは大きなリスクだった。

だから今しがたも、天井から降ってくる文字たちに対して、たったの二時間で勝負を挑まなければならないことに戦意を喪失している。明らかに負け戦である。せめてゆっくり眠ることができれば、まだ勝算はあるのに。そういえば、浅い眠りのなかでも文字パズルを解いていたような気がすることに吐き気がした。

もうたくさんだ。文字はもういやだ。

いやだ、いやだ、いやだ！

叫びたい、無性に叫びたい。なんでもいい。とにかく、この文字を外へ出すんだ。そう、書かなくてもいい、言葉で、歌で、簡素に吐き出してしまえばいい。頭がおかしいと思われたっていい。わたしがおかしくなってしまう前に、すべて吐き出してやる！

言葉にもならない意味不明な音を羅列して、天井の文字を減らしていると、今度は文字が一か所に集まって、緑色の霧になった。わたしの発声で、空気が振動するのに合わせてゆらゆらと揺らめき、光り方を変えた。ああ、そうか、これは霧ではなく、オーロラに似ている。いや、むくむくと膨張する入道雲というべきか。

文字のかたちをなくしているが、色があるのは同じ。そう、これは音であり、言葉であり、目では捉えることができない、光の粒子なのだ。きっとなにかの拍子に間違って、わたしの半身はそこに溶け込んでしまって、ただ見せつけられている。圧倒的な力を注がれて、ひたすら吐露するだけの自動人形になったのだ。わたしは天才でもなんでもない。上にあるものを下に流して、下にあるものを上へ放るだけの、機械なのだ。


だから方法は、なんでもいい。

文字がだめなら、絵でもいい。その入道雲の明媚な光景を、光輝の道を描いてやる。

わたしはペインティングナイフを手にとった。わたしの頭はナイフが刺さっているように痛いのだから、痛みを分け与えるために、いちばんいい方法に思えた。油絵の具をナイフに無造作に捻り出して、ひと筋ずつナイフで描く。しゅーゥ、しゅーゥ。尻切れになった飛行機雲が、幾筋も、幾筋も。

すると緑色だった入道雲は、菫色になったり、萩色《はぎいろ》になったり、蒲公英色《たんぽぽいろ》になったりした。それに合わせてわたしのほうも、対応する色の絵の具をつけ足していく。

そうやって繰り返すうちに、入道雲は少しずつ小さく、小さくなっていった。わたしの全身の鋭い緊張もほぐれ、割れるような頭の痛みも幾分ましになった。よかった、これでひとまずは安心だ。

わたしはふと、いつかの子供のころに見た入道雲を思い出した。真っ青な高い空の正面に、大きく居座る入道雲。あれは八月の夏休み、プールへ行く道すがら。うだるような暑さの猛暑日、焼けたアスファルトの蜃気楼、うるさい蝉の声。なにもかも眩しくて煩わしい真っ昼間に、わたし以外の時間が突然おかしくなる感覚。

スローモーションになる行き交う人々とその会話。

徐々に、徐々に、ドップラー効果、ドップラー効果。

わたしはその場で立ちすくみ、相変わらず横柄な入道雲に恐怖を覚え、視界がどんどん黄色くなっていって、「ワーッ」と叫んで倒れた。

今、鮮明に蘇った記憶の断片。どうしてわたしは今まで、そのことを忘れていたのだろう。そうだ、あのときもきっと、文字が降っていたんだ。降った文字が溜まりに溜まって入道雲になってしまい、対処法を知らないわたしはおかしくなってしまったのだ。

なんでもいい。どんな方法でも厭わない。

入道雲に呑まれる前に、吐き出したいの。

わたしがわたしでなくなってしまう前に、しかたなく、文字を書くわ。

皿の上の絵画

わたしは生まれつき胃腸の機能が弱く、しょっちゅう腹を壊しては通院や入院を繰り返していた。そのため食べられるものといったら薄味で、歯ごたえのない、消化のよいものばかりだった。体調が悪いときはうどん、お粥、雑炊、煮付けを食べ、調子が戻ると消化のよい野菜、卵、鶏肉、魚を食べることができた。豚肉や牛肉は、柔らかく煮たのを少しだけ。生食や果物は消化がよくないので、面倒だがいちいち火を通さなければならなかった。

特に「秋の味覚」に対しては並々ならぬ執念で細心の注意を払っていた。おしゃれな男女がもてはやす「モンブラン」なるものは非常にわたしの興味をそそるが、食べることはできなかった。芋、栗、南瓜などの根菜は、食物繊維が多いので消化に負担がかかるからだ。

もっといえば、それらの旬である秋は、わたしにとって鬼門だった。寒さのせいか、それとも食べ物や水分量のせいなのか、毎年秋になると腹の調子が悪くなるので、「秋の味覚」以前に、普段の食事すらままならなかった。

そういうときは、食べ物を消化するスピードが遅くなるので、その分腹が重くなる。重くなれば食べる量が減る。それでも食べ物が腹に入らないので吐き戻す。これが何日か続けば入院することになる。

これを説明するのは厄介だ。言葉は事実を矮小化する。経験したことがなければ、「食べてはいけない」ことがどんなに苦しいことなのか、あるいはその痛みがどれほどのものなのか、わからないだろう。わたしは子供のころからそんな食事と生活に飽き飽きしており、徐々に食事は苦行となっていった。

しかしそんなわたしでも、自慢できることがある。普段から薄味の粗食をしているせいか、味覚が鋭敏になったのだ。おいしいものを口のなかに入れると、様々な色やかたちが見えた。ときには風景や人物が見えることもあった。逆にまずいものや腐ったものを口のなかに入れると、口のなかが真っ黒になって、ひりひりと痛むのだった。アメリカで砂糖いっぱいのケーキやアイスクリームを食べたとき、甘いものなのに口がひりひりして、不思議に思ったものだ。

周囲から見れば、わたしはただの好き嫌いが激しい子だ。ああ、たしかにそうなのかもしれない。わたしだって理由を話すのも面倒だ。だから「皆と同じものを食べて、楽しく過ごす」ことを諦めようとした。


そんなとき、竜《りょう》さんは言った。

「今日は何なら食べられる?」

この日、わたしたちは竜さんの店で懇親会をしていた。十人ほど集まっただろうか。テーブルには、手の込んだおしゃれな前菜が人数分並んでいた。わたしは今日の料理もおいしそうだなと思いつつ、「わたしの食べられるものに合わせると、大変だから気にしないでほしい」と言った。これは心からの言葉だった。

この日のわたしは病み上がりで、腹の調子が完全ではなかった。十数人分の料理を提供するだけでも大変なのに、わたしだけ我儘を言うのも気が引けたし、なによりこういう場面には慣れっこだった。

しかしそれを竜さんは知っていて、

「うん、なるべく食べられるものを作る」と言った。

乾杯のあとしばらくして、料理は一皿ずつ配膳された。わたしの分は、消化のよいものは皆と同じメニューで、消化がよくないものだけは皆と違った。わたしの特別メニュー、それは人参やブロッコリーを、柔らかくなるまでゆっくり煮たもの。柔らかい魚のアクアパッツァ。

この二皿がメインディッシュの代わりだった。わたしはそれらをひと口、口へ運んだ。

甘い人参、ほどけるブロッコリー。
キャロット色に浅緑色、紫色に、コーラルピンク。
少しの塩は、ペールブルー。
ああ、これにクミンを足したいな。そうしたらクロムオレンジ！

魚は亜麻色、ローシェンナ。胡椒で茜色！

わたしの頭のなかで一気に色が広がった。パレットの上に絵の具を絞って、皿のなかに落とした。そこからぐるぐるぐると蔦が伸びて、波が飛沫を上げるように色と色がぶつかった。一方では混じり合い、他方では反発した。その美しさは浮世絵のように鮮やかで、ピカソのように先鋭的だった。蔦とも波ともいえぬものの動きが落ち着くと、そこから無数の三角形が、上へ上へと立ち昇っていく。三角形は時折ちらりちらりと瞬き、しばらくしてシャボン玉が割れるようにパッと消えた。

わたしはこのときほど、食事で見えた色に感動したことはなかった。いつも色は見えるが、こんなに美しいものもあるんだな。

わたしはこの絵画にすっかり魅了された。さすがにアクアパッツァは難しそうだが、野菜を煮たものなら、と同じ料理を家で作ってみた。しかし、調理はうまくできているはずなのに、あのときの色にはならなかった。

料理は一期一会、とはよくいったものだ。

やはりこれは、竜さんという料理人の感性がなせる業だった。

そしてわたしは、以前より少しだけ、食事に興味をもった。

フィッシュ・アイ

水が、怖い。

物心付いたときから、ペットボトルの水を飲むのも、シャワーを浴びるのも、なんとなく怖い。プールや風呂に入るのも怖い。あのぬめぬめとした液体に身体を預ければ、わたしはいつか息ができなくなってしまって、溺れ死ぬのではないかと思ってしまう。暗く淀んだ深海で、ごうごうと鳴る雑音に狂いながら、稚魚のまま隔離されて、見世物にされるのではないか。あるいは大きな魚と一緒に水槽のなかに入れられて、いつその口へ吸い込まれるのだろうと恐怖におののくのではないか。

恐怖が臨界まで達すると医師から安定剤を処方されることもあったが、わたしはそれが嫌いだった。薬を飲めば、頭のなかはもっとふわふわとして、まるで水面を漂う枯れ葉のようになった。だから普段はなるべく水という存在を意識しないように訓練した。

子供のころ、この不安について祖母に話したことがあった。祖母は、きっとわたしには前世や、生まれる前の胎児の記憶があって、水のなかで自由に動けないことに恐怖するのだろうと言った。たしかに、母の腹のなかにいるような息苦しさや匂いを感じることはあった。それは赤褐色の暗闇で、鼻をつく獣臭と薬品の匂いがした。

前世のことはわからない。けれど時折、海の底に沈んだり、濁流に流されたりする同じ夢を見る。それは恐怖ではあるが、反面、なにか得体の知れない大きな存在の腕のなかにいるような安心感もある。いつものわたしなら、それがなんなのか探求したくなるはずなのに、そこでは直感的に、知らないほうがいい、受け入れるだけでいい、と思うのだった。

祖母は言った、「怖いと思ったところへ行きなさい」と。そうすれば強くなれるから、と。それからわたしは定期的に、なにかから呼ばれるように旅をすることになった。

二〇一八年の十一月、わたしはバリ島にいた。ユミさんや、仲間も一緒だ。先生のもと、修行という名目で各地の寺院を訪れ、お祈りをしていた。

バリ人の先生は中国でレイキの修行をしてきた人で、最近は日本語の通訳をしながら、水とバナナだけを食べて、瞑想やお祈りをして暮らしていた。わたしをちらりと見ただけで、先生は様々なことを知っているようだった。

バリの寺院には様々な神がいる。火、水、風、天空、光、死……それぞれの自然現象や景観に畏敬の念を抱く観念は、わたしが見ている世界と同じだった。そこにあるのはただの空気や森なのだが、わたしにはそれがキラキラと光って見える。それはまるで美しい神や天使のようだった。

その日は、バリ中部の観光地ウブドから車で約一時間ほどのところにある、ティルタ・エンプルへ行くことになった。先生は、ここが「水の寺院」だと言った。

わたしたちは車に乗り込み出発したのだが、山奥にある寺院らしく、道路はガタガタ、アップダウンを繰り返した。わたしは十分もしないうちに車酔いのような気持ち悪さを感じた。頭も割れるように痛くなった。腹の下のほうからぐいっともち上げられて、肺が圧迫されるような息苦しさ。余分な空気は出ていけばいいのに、口から素直に出ていかない。しかたなく息を呑み込むと、それはまた下からぐいっと押し上げられて、さらに苦しくなった。早く寺院に着いて、着いて。車を止めて、わたしを休ませて。そう願った。

ほどなくしてティルタ・エンプルへ到着した。やっと苦しみから解放される、早く外の空気を吸おうと、車から降りて地面に足をつけたそのとき。

ぐわん、ぐわん、大地は波のように揺れて
がらん、がらん、ガムランのシンバルの音

わたしはマシュマロのようになった地面をふらふらと歩きながら、駐車場の庭木の縁石に腰を下ろした。きっと道路が、ジェットコースターのようだったせいよ、少し休んで落ち着けば、なんでもない。

観光シーズンの終わりごろだが、辺りは人でいっぱいだった。観光客と、バナナや玩具を売る現地人。ユミさんたちに受付をお願いして、わたしはこれから参拝する寺院のほうを見ながら、ぼうっとしていた。

すると寺院の神聖な場所のほうからむくむくと幾つもの水球が沸いてきて、空中で巨大な魚の頭のようになった。その水は透明なようでいて、所々に瑠璃色や孔雀色があったので、まるで巨大な飴細工のようだと思った。神々しい光を放っていて、それはそれは美しい女神のようだった。うっとりと惚けながらそれを見ていると、一瞬、その巨大な魚と目が合ったような気がした。わたしの意識は恐怖へもっていかれた！


あ、あ、あ、ごめんなさい。

水浴びを見てしまって、ごめんなさい。目を合わせてしまって、ごめんなさい。

だから、水のなかには連れていかないで！


すると途端に、目からぼたぼたと涙が零れた。そのようすを見て先生は駆け寄って来て、わたしの首の後ろに手を当てた。慌ててユミさんたちも戻って来た。往来する人々は、何事かとわたしを見て、心配そうに立ち止まるバリ人もいた。

「なにを見た？」と、先生。

わたしはわけがわからず、嗚咽しか出てこない、がくがくと顎を鳴らして涙を零していた。

先生は尋常ではないようすのわたしを車へ連れ戻し、背中に手を当て、サンスクリット語のようなものを唱えた。するとふ徐々にわたしの呼吸は安らいだ。きっとこれはレイキを使っているのだろう。それから先生は、ペットボトルの水を指に浸し、わたしの額に三度つけた。そしてその水を渡して、「飲みなさい」と言った。落ち着きを取り戻したわたしは先生にお礼を言って、「あれは神様の化身ですか？　大きい魚のような水の塊を見ました」と正直に話した。

すると先生はピンク色の顔色をして「神様の歓迎ね。ずっとぞわぞわしていたでしょ？　わかってたよ」と言った。

「なにも心配ない。怖いと思っても「教えてください」とお願いしなさい。そうすればエネルギーに当てられないよ」

ああ、水は怖いんじゃないんだ。

わたしになにかを、教えようとしているんだ。もしかすると息ができないようにしているのではなく、優しく抱いているつもりなのかもしれない。なにか邪悪なものを洗い流そうとしているのかもしれない。

先生のおかげで、少し強くなれたような気がした。

魚は、今日もわたしの隣にいる。その金色の目は穏やかに見えた。

立石《りっせき》の祭壇

空気のなかに、なにかが溶け込んでいる。

最初に見えたのは、溢れ出す、半透明なオーキッドとマホガニーの色。足元から伝わってくる、力強いオレンジ色。冬の晴れたスノーホワイトの空と、色褪せた牧草のグラスグリーン。それらが空気のなかで光の粒子になって混ざり合い、マーブル状の幾何学模様を形成した。それはどこかの民族の伝統的な織物のようにも、パッチワークキルトのようにも見えた。

赤紫、こげ茶、オレンジ、白、黄緑。

明度も彩度もすべて異なるのに、どうしてこんなに、美しいのだろう。

フレッシュ・バニラとハニーサックルの香りが漂い、遠くのほうからケルト音楽の笛の音が聴こえる。身体が勝手に踊り出してしまいそうな、軽快なリズム。この音楽は、あの巨石から流れているのだ。

ストーンヘンジ。

古代から伝わる遺産を前にして、わたしのすべての五感が圧倒されていた。

二〇一六年、十二月。ロンドンのウォータールー駅から、ソールズベリー行きの電車に乗って一時間半。それからバスに乗って三十分。街から少し離れただけで、広い牧草地が広がった。バスの車窓からは、崖の上を優雅に飛び跳ねる山羊の群れが見えた。どこまでも広がるその風景に、わたしは懐かしさを感じていた。もしかしたらわたしはここを訪れたことがあるのかもしれない。そうだ、「黒の老紳士」が夢のなかで案内してくれたのかもしれない。わたしは知っている、見たことがある。

わたしは目の前の景色をひとつたりとも見逃さないようにと窓にへばりついた。ああ、都会から少し離れただけだというのに、この小さく美しい自然溢れる世界に対する感動を言葉にできない。なぜだか色はどんどん褪せて、時計の針が逆回転して、セピア色の写真のなかにタイムスリップしたような感覚だ。

イギリスの田舎には彩度は必要ない。草花や生き物が呼吸する色だけで十分なのだ。きっとわたしだって、生きるということだけで十分に違いない、ここにいれば、わたしは無理に彩度を上げて合わせる必要もないし、人間を演じる必要もない。自然から生み出されたまんまの本来の色で、生きてもいいのだ。

いざビジターセンターに到着してみると、さらに衝撃を受けた。そこから徒歩でしばらく歩けば、ストーンヘンジは目の前にある。僅か数キロメートルを隔てて、わたしの全身はびりびりと震えた。まるで静電気で全身の毛が逆立ったようになって、呼吸も荒くなる。しかしわたしはこれに慣れていた。こうなるとき、五感が敏感になり感覚的な情報が大量に流れ込んでくると知っていたのだ。

すでに色や香り、音を感じていた。たぶんこれは他の人は感じないものだろうと直感した。もっとあの立石に近付いたら、わたしはどうなってしまうのだろう。

ビジターセンターから一歩、また一歩と進む。すると色の幾何学模様はさらに緻密になった。人形のなかにまた人形が入っている玩具のように、ひとつの幾何学模様を拡大すると、そのなかにまた無数の幾何学模様があるのだ。

香りも、音楽も、さらに強く、大きくなっている。もちろん他にもたくさんの観光客がいた。様々な言語で歓声を上げている。それらも耳に入ってはいるのだが、わたしにはそれよりも、あのケルトの音楽のほうが重厚なのだ。

色だってそう。人間たちはもっと彩度が高いから、色褪せたストーンヘンジの色味とは違い過ぎる。いよいよ目前まで近付き、わたしは五感にフィルターをかけて、レンズを覗き込もうとした。そのとき。


どこまでも続いていく空と平原。そこに佇む巨大な立石。

神々しいというよりは、慣れ親しんで、使い古した道具のようにも見えた。

ああ、この場所は、生活の一部なのだ。

いや、地球の一部？　宇宙の一部？

いやいや、そうではない、わたし自身もその一部なのかもしれない。時代という流れのなかの、ひとかけらなのだ。

そういう感覚になれる、生活の場所なのだ、ここは。自分よりも大きな生き物や、小さな生き物と同調するための祭壇なのだ。

足元から沸き立つ光は、いつしかわたしをドーム状の繭になって包み込んだ。陽の光に手をかざしてみれば、中途半端な可視光線がちらちらと光った。まるで銅の粒子をガラスで閉じ込めたような、奥行きのある怪しい光。魔女が鉄鍋のなかでかき混ぜた、銀河の星屑のようでもある。

ああ、わたしは今、この一瞬で、過去にも未来にも、小動物にも宇宙にもなったのだ。わたしはなにかを見せられている。それは、この立石の「記憶」?

ここには現代人が忘れてしまった、本来の意味での「祭壇」がある。

縦と横

わたしはきっと、魚の目なのだ。淀んだ水中から屈折して降りてきた光を見ている。水面を見上げれば、光は六倍に乱反射して、四色に光った。

ぜえ、はあ。

肺が苦しい。眩しい。わたしは拒んだ、空気に触れるのを。だって、多くを見たくなんかない。汚いものなんて見たくないわ。

しかしわたしの意志に反して、虹彩はより多くの光を求めた。水中越しに見る世界は、とびきり細部まで拡大することができた。

わたしの目は、潜水艇から伸ばした望遠レンズのごとく、周囲を見渡した。

人間の鱗のような肌の表皮から、しなやかな黒い睫毛の先まで。

指先から紡がれる、まだ見えぬクリアな色、かたち。

足の爪先から伸びる操り人形のようなピアノ線。

これらを観察すれば、その人間がどんな生活をして、どんなものを食べ、どんな性格なのかを知ることができた。そのためには、色やかたちの細部まで細かく認識する必要があったから、子供のころから、皆には赤色に見えても、わたしはその赤色を細分化して見てしまうのだった。実際、赤色のなかには緑色や黄色やオレンジ色や青色が見えるので、どうして皆赤色だと断言できるのかしら、と不思議に思っていた。

大人たちからはよく「細かいことが気になる性分」「全体把握が苦手」と言われた。細かく見るということは、几帳面ということではなくて、わたしにとっては顕微鏡で拡大して見るようなものだ。子供のころのわたしは、自分の背丈よりも大きな植物や虫の世界に放り込まれたような感覚だった。それはまるで不思議の国のアリスや、ファーブル昆虫記の世界だった。

わたしは、そんなミクロの世界が好きだった。子供たちが真夏のプールで水飛沫を上げれば、大きな大きな水滴が空中へ飛び散って、太陽のレンズ越しに二十四色の虹色に見えた。セルロイドでできたフィルムを光にかざすのも好きだった。色付きの万年筆で描いたような滲みが光に透けて、影絵を踊った。

なかでもわたしがもっとも好きだったのは、編み物の編み地を眺めることだった。特に様々な糸で複雑な色に出来上がったブランケットやショールなどは、わたしが見ている景色に似ていた。瞬きひとつで変化していく優美な空模様、季節ごとの風の匂いのような、複雑な色。それらを編み地で表現することができるなんて!

もとは一本の糸であるのに、縦と横が重なって、編み地ができる。

線が、面になる。

かたちを変えて新しいものを創造する!

わたしは、線が面をつくり上げる縦と横の関係に、とてつもない神秘性を感じていた。

わたしは実際にショールを編んでみた。それは一本の糸がカラフルなグラデーションになっていて、編み進めるうちに次々と色を変えていく毛糸だった。直線的なメタルの細針は、たくさんの編み目のループを保持しながら時計回りに進んでいく。

次のループ、次のループ。

針は輪のなかへ入っては糸をかけ、引き出してくる。同じ動作を繰り返しているだけなのに、過去にできた編み地はピンク、グリーン、ブルー、ホワイト。様々な色のストライプになる。わたしはそれを見て、原初的な万物の創造の姿を考える。

縦は男神、横は女神
線は男神、面は女神
針は男神、編み目は女神
太陽は男神、大地は女神
それはまるで、光と、影。
縦と横を編んで、男神と女神はひとつになる

どこからともなく聴こえる教会の「サルヴェ・レジーナ」

ひと針、ひと針、ひと目、ひと目。

単純な繰り返しで生み出される、創造された個性的な子供たち。

そう思い耽りながら、わたしは気付いた。編み手は、この上なく神聖な儀式をしているではないかと。男女が交わり子を産むという肉体的創造に代わる、べつの意味での原初的な創造を。いや、逆だ。もともとこの世界にあるものは、そういう仕組みで生み出されたに違いない。直線的

なものと、平面的なものの交わりによって。

わたしは、ひと針ごと編み進む没入感に浸りながら、小さな小さな編み地を眺めた。衣服など現代では容易に入手できるから、多くの人は編み物のこの儀式性や没入感を知らないのだろうな。勿体ないな。

わたしは今日もまた、水中で縦と横を交わらせる。

いつかわたしも、そこから這い出て、なにかとひとつになれるように。

綿菓子の兎

「いったいなんの仕事をしているのですか？」とよく聞かれる。

わたしは魔女であり、画家であり、作家であり、講師であり、様々なことをやっているが普段はなにをしているかわからない、周囲からはそう認識されているらしい。

しかし当のわたしも、そう問われると、はて、と沈黙し「わたしの仕事っていったいなんだろう？」と考え込んでしまう。もしかすると仕事という概念をそもそももっていないのかもしれない。

わたしが自営業を始めたのは、退学してしまった高校の卒業資格をとるために、定時制高校へ通っていた十八歳のころだ。有り余るほどの時間があったが、同級生が大学に進学したり、働いているにもかかわらず、自分だけがのうのうと生きているという事実が、なんとなく許せなかったので起業したというわけだ。

当時わたしがもっていたものは、病気の身体だけ。お金もない。才能もない。経験もない。ツテもない。コネもない。コミュニケーションに難ありで笑顔さえもつくれない。武器になるものなんてひとつもない、むしろマイナスだ。どうすればマイナスの青がプラスの赤になってくれるのか。できることなら指数関数的に増えてくれるのか。いや待てよ、すでにマイナスならなにをしてもいいか、たとえ失敗したとて、このままなにも残せず死ぬよりは遥かにいいに決まっている。

それからわたしは、たくさんの景色を見て、たくさんの本を読んで、たくさんの人に会った。それらは各々が、色をもっていた。鮮やかだったり、くすんでいたり、光っていたり、黒ずんでいたり。それが面白くて、わたしはもっともっとたくさんの色を見たいと願った。不思議なのだが、わたしがほんとうに「やりたい」と思ったら、いつしかほんとうにそれが降ってくるようになった。

あるとき、「お金を稼ぎたいので、お金もちの人の話を聞いてみたい」と思うと、ほんとうにお金もちの人と出会って、マンションへ訪れたり、フェラーリやポルシェに乗せてもらうことができた。車はぴかぴかに光り輝いていたが、それを所有する人は淀んだ沼のような色をしていた。たしかに高収入でなにもかもが手に入る、人当たりのいい社長のように見えるが、忙しそうで、楽しそうではない。まるで車やジュエリーにその輝きを奪われているようだった。樹洞《うろ》だらけの枯れ木のようになっても、笑顔をつくって仕事を続けたり、事業を拡大することには無理があるように見えた。

またあるとき、「実店舗をやってみたいな」と思うと、とあるオーナーから「店を譲りたい」と言われて、ほんとうに店を開くことができた。このときのことをよく覚えている。とあるレストランで一緒に食事をしていたときだった。彼とわたしの周りに、薄ピンク色の綿菓子のようなものがふわふわと浮いていた。数は六つほどだったろうか。その綿菓子は午後の陽の光に照らされてキラキラと輝いていた。なんだかわくわくするような、なにかに導かれているかのような感覚があった。わたしはオーナーに即答で「イエス」と答えた。

このようなことが今までに何度も起こった。わたしの周りには常に綿菓子の兎が浮かぶようになった。人々の色を実際に見たことで、事業を拡大することだけがいいとは限らないと知った。拡大して利益を得たほうがいいに決まってる、と人々は叫ぶかもしれない。しかしわたしは学んだのだ、ずいぶん観察してみて、この不思議な兎は、天秤のようなものだということを。

すべてはバランスなのだ。

無理に頑張ったり、目先のお金のことを考えたり、盲目的に今の仕事ばかりをやっていると片方だけが膨らんでしまう。そうではなく、力を抜いて、私利私欲ではなく、皆が楽しくなることを考えるといい。こうすることで色は鮮やかなトーンになって安定し、兎はキラキラとおいしそ

郵 便 は が き

お手数ですが
切手をお貼り
ください。

１０２－００７２
東京都千代田区飯田橋３－２－５
㈱ 現 代 書 館
「読者通信」係 行

ご購入ありがとうございました。この「読者通信」は
今後の刊行計画の参考とさせていただきたく存じます。

ご購入書店・Web サイト

書店　　都道府県　　市区町村

お名前《ふりがな》

〒

ご住所

ＴＥＬ

Ｅメールアドレス

ご購読の新聞・雑誌等　　特になし

よくご覧になる Web サイト　　特になし

上記をすべてご記入いただいた読者の方に、毎月抽選で
５名の方に図書券５００円分をプレゼントいたします。

お買い上げいただいた書籍のタイトル

本書のご感想及び、今後お読みになりたいテーマがありましたらお書きください。

本書をお買い上げになった動機（複数回答可）

1.新聞・雑誌広告（　　　　　　　　）　2.書評（　　　　　　　）

3.人に勧められて　4.ＳＮＳ　5.小社ＨＰ　6.小社ＤＭ

7.実物を書店で見て　8.テーマに興味　9.著者に興味

10.タイトルに興味　11.資料として

12.その他（　　　　　　　　　　　　　　　　　　　　　　　）

ご記入いただいたご感想は「読者のご意見」として、 新聞等の広告媒体や小社Twitter 等に匿名でご紹介させていただく場合がございます。
※不可の場合のみ「いいえ」に○を付けてください。　　　　　　いいえ

小社書籍のご注文について（本を新たにご注文される場合のみ）

●下記の電話や FAX、小社 HP でご注文を承ります。なお、お近くの書店でも取り寄せることが可能です。

TEL：03-3221-1321　FAX：03-3262-5906
http://www.gendaishokan.co.jp/

ご協力ありがとうございました。
なお、ご記入いただいたデータは小社からのご案内やプレゼントをお送りする以外には絶対に使用いたしません。

うに光る。

決して「今月は厳しいな」などと考えてはいけない。自分のことばかりを考えるとすぐに色は黒ずんできて、ヘドロの沼の色のようになる。兎も毒入り綿菓子のような色になってしぼむ。

必要なときに、必要な分だけのものが与えられる。兎はそれを量っている。このバランスを崩してはだめなのだ。自分だけが楽しんだり、所有してはだめなのだ。わたしはこれを感覚的に知ってしまったのだ。しかし理論的に説明できない。だから『星の王子さま』の童話を引き合いに出して説明を試みたことがあった。

「わたしの周りには、目に見えない、ふわふわしたものが浮かんでいて、わたしが無理に頑張ったり計画や画策してかき混ぜると、それを嫌がって飛んでっちゃうの！　だからなるべくわたしは動かずに、降ってきたものをすぐキャッチできるようにしているの。そのふわふわしたものはね、綿菓子みたいにまん丸な兎なんだよ」

すると皆は大口を開けて笑って、わたしを馬鹿にするのだった。

「動かないでお金を稼げるわけがないじゃないか！」と言った。

ああ、そうか。やっぱり、大人たちは数字ばかりが好きなんだ。目に見えないもののことなんて、わかってくれない。わたしが見えているものなんて、誰も信じない。

自分が何者であるかとか、なんの仕事をしているかなんて、関係ない。

目に見えるものはさほど重要じゃない。

肝心なのは、兎がもってきてくれたものをきちんと受けとって、素早くやることだ。

今日もまた、兎は浮かぶ。

この兎がいるから、わたしは運がいいのかもしれない。笑われたって構わない。なにもせずに、「仕事」ができるのだから。

藍と雨

わたしが「深層アート」を描くきっかけになったのは、ゆりさんの深い藍色だった。

わたしは時々、人間の色のなかに吸い込まれそうになってしまうことがある。たいがいそれは、とても澄んだ色で、透明感があり、複雑なトーンのグラデーションが帯状に重なっている。ズームして見ると、色付きの点々たちはひとつひとつがゼリーや飴玉のように煌めいて、奥行きのある陰影をつくっていた。

ゆりさんの藍色もまさにそれで、ゆりさんの身体の内側から輪郭を隔てた背景まで、藍色に染まっていた。藍色といっても全体としてそう見えるだけで、細部はコバルトブルー、オーシャンブルー、シーブルー、ブルーなど、青系の絵の具を塗り重ねた絵画のようだった。

そして随所にマゼンタ色、赤紫色、ピンク色、青緑色などのアクセントカラーがあった。これは細い絵筆でサッと曲線を引っ張ったようでもあったし、シャボン玉のように丸くほわほわと浮くものもあった。

ゆりさんの身体の左側では、静かな光の雨が、しとしと、しとしと、と降っており、その雨だれの響きはGマイナーセブンだった。雨は、薔薇やマングローブを濡らし、大海の揺り籠に還っていった。滞っていたり、塞き止めたりするものはなく、循環することに徹したありのままの自然のようだ。

その光景があまりにも美しく、観客がわたしだけであることが勿体ないと思った。ゆりさんはわたしの不思議な能力について理解があったので、わたしが見えたゆりさんの色を手元にあったコピー用紙に記した。色鉛筆も絵の具もないので、ボールペンで輪郭や曲線やシャボン玉、薔薇やマングローブを描いただけ。これで伝わるはずもないのだが、わたしはゆりさんに一生懸命、言葉で説明した。

藍色は情愛が深く、情緒的で、慈愛に満ちた精神がある。つまり藍色の人は精神性が高い人なのだが、物質的なこの世の中では、そんな気高い精神性を理解したり共感できる人が少ない。ゆりさんの場合は、優しいからといってすべてを受け入れるわけではなく、マゼンタ色のように自分の信念をもちながら、周囲の人に配慮している。

そんな話をゆりさんは興味津々に聞いていた。

「ゆりさんは曲線や丸が多いから、競争とか、いちばんになることは苦手で、平和を願っているの」

「ええ、すごいなあ、うん、そうだと思う。いいなあ、わたしにもそんな色が見えたらいいなあ」と、ゆりさんは目を輝かせて言った。

わたしはハッとした。そうか、普通は、人間を見て色を感じる感覚というものがないんだ。コピー用紙の裏にボールペンの黒色で走り書きをした程度では、言葉での説明程度では、伝わらない、この美しい光景が。勿体ない。惜しい、惜しい、悔しい。

わたしは自宅へ帰るとすぐさまゆりさんの絵を描いた。光景は、脳内で瞬間記憶のフィルムに焼き付いているが、それが色褪せないうちに、邪魔が入らないうちに、描き上げなければという衝動に駆られた。

最初に完成したゆりさんの絵は、わたしが見た光景とはほど遠いものだった。選んだ画材がいけなかった。凹凸のある画用紙に色鉛筆で描いたのでは、紙の凹んだところに色が入らないので、所々白くなって見えた。これではだめだ！

あの光景に近付けるためにはどんな画材を使えばいいのだろう。わたしはこれまで絵を描くことを避けてきたので、世の中にいったいどんな画材があるのかわからない。そこで元美術教師のワビタンに聞いたり、インターネットで検索するなどして徹底的に調べた。あの色を描きたい、という一心で。

そしてようやく紙はつるつるのケント紙、画材は油性色鉛筆と決まった。

わたしはゆりさんの絵を改めて描いてみた。ケント紙には、油性色鉛筆のはっきりとした分厚い色が乗った。

藍のなかの藍、藍のなかの光の雨。

絶妙な青のグラデーション、マゼンタ、深緑、ピンクの曲線。

描きやすく、塗りやすい。わたしが見た光景をそのまま再現できる！

それから完成品を額装し、ゆりさんに見せた。ゆりさんは華やかなピンク色の顔色をして、とても喜んだ。

二人で絵を見ながら、この色はこう、このかたちはこう、などと意味を解説した。そうしているうち、だんだんとゆりさんの深層心理下に眠っていたほんとうの自分や、感情などに結びついていく気がした。

下に下に、押し込めていた自分の、在るがままの姿で生きることが、豊かで、幸せなのかもしれない。

無理に生きることなど、しなくてもいいのかもしれない、と二人で話した。

そうなのだ、わたしが見る限り、本来の自分とは違う、不得意なことで頑張ろうとする人が多い。あるいは物質主義的で、目に見えない物事を信じない人が多い。そういう人々の色は、ちぐはぐな色をしている。

いずれも勿体ない、こんなに美しい色があるのに、とわたしは思ってしまう。

そう、だから「深層アート」を描くべきだと思った。色は正直に、ほんとうの自分を、目に見えないものを「感じさせて」くれるから。

ゆりさんは今日もあの絵と同じ、藍色で、恵みの雨を降らせている。

わたしはそれを見ると、いつも穏やかで、平和な気持ちになれる。

きっとこの藍と雨が、小さな喜びを感じさせ、優しい気持ちにさせてくれるのだ。

密林とオレンジ

ワビタンとはかれこれ十数年の付き合いになるが、二〇一三年の冬、出会ったときから彼の色はオレンジ色だった。

ワビタンは、ウェブサイトのインターネット販売で実績を上げた有名人で、経営コンサルタントをしている。彼と初めて会ったのはセミナー会場だった。ワビタンが講師で、わたしは彼の講演を聞くために会場を訪れていた。しかし話の内容はまったく覚えていない。なぜなら、ワビタンのオレンジ色が美しい夕焼けの空のようだったからだ。

経営コンサルタントという職業についてわたしはさっぱりわからないが、きっとマーケティングや広告、それから経営戦略が主な業務だろうに、どうしてワビタンはオレンジ色をしているのか不思議に思った。オレンジ色の人はクリエイティブな職人やアーティストに多いからだ。経営コンサルタントなら、もっと冷静で、ドライで、人から好かれやすそうな水色や黄緑色のほうが合っている気がする。

わたしはワビタンに興味をもった。セミナーが終わったあと、わたしのほうからワビタンに話しかけて、事業のコンサルタントをお願いした。

もちろんオレンジ色の話は、口外しなかった。わたしは当時この能力は「霊感」だと思っていたので、「勝手に見えてしまったことは言ってはならない」という祖母の掟を厳守していた。

月に一度の会議でワビタンと接するなかで、不思議に思ったオレンジ色の正体は、すぐにわかった。

ワビタンは「開拓者」なのだ。

まっさらな荒れ地を耕して、肥料を蒔き、種を蒔いて、植林をしていた。それが会うたびごとに植物が成長し、増えていって、彼はどうやらジャングルをつくろうとしているらしかった。

初めてそれがわかったとき、どうしてこの人は、だだっ広い夕焼けの荒れ地に、ジャングルをつくろうとしているのだろう、と疑問に思った。庭や畑ではなく、ジャングルなのだ、規模が大き過ぎる。ジャングルにこだわりがあるなら、すでに出来上がったジャングルが背景として見えてもいいはずなのに。いや、待てよ、彼はジャングルにこだわっているのではなく、ジャングルをつくることにこだわっているのかもしれない。

もちろん本人は知る由もないことだろうが、きっと「ジャングルの開拓」というのは深層心理を暗示するメッセージで、現実ではワビタンはすでになにか明確な「やるべきこと」を定めているのかもしれない。そうでなきゃ、こんな色や「映像」が見えるはずないもの。

これがもしゲームだったら、街をつくろう、島をつくろうというようなクリエイト系ゲームに違いない。それならこのオレンジ色にも合点がいく。ワビタンは根っからのアーティストであり、クリエイターなのだ。

だからわたしはワビタンに会うたびに、「今月はどんなジャングルに成長したのかな」と密かにワクワクした。ワビタンが植えた植物は、熱帯雨林によくあるようなシダ系のものや、つるつるとした光沢がある幅広の葉のもの、細く尖った葉が生い茂るもの、葉脈が毒々しい紫色やピンク色をしているものなど、多種多様だった。相変わらずのオレンジ色の背景に、緑色や黄緑色の植物はよく映えた。

ジャングルといえば多くの種の生き物が生息するイメージが一般的なのだろうが、生き物を見かけることは少なかった。たまに大小様々な虫が飛んだり、カエルが鳴くことがあったが、ほんとうに稀であったから、ここの生態系はどういう仕組みなのかと心配したほどである。

また、ワビタンのオレンジ色は、体調や感情に合わせて微妙に表情を変えた。平常時はオレンジ色なのだが、風邪をひくと色は少し薄くなってコーラル色になった。逆にエネルギッシュな意欲に溢れるときには、オレンジ色が赤色に近くなって、ヴァーミリオンオレンジ色になった。

時折、ジャングルの成長が止まったり、急に植物が枯れることもあった。そんなとき現実のワビタンは転換期だったり、忙しかったりした。しばらくして落ち着いたころに、ワビタンは枯れた植物をひとつずつ引っこ抜いて、土を耕し、種を蒔き、水をやるのだった。それは日に日に大きく成長し、またいつもと変わらぬジャングルへ成長した。

あるときわたしは、インターネットでアマゾンの熱帯雨林のドキュメンタリー番組を見て、ふと気が付いた。

密林のようなジャングルは、木々が所狭しと生い茂っているので真っ暗なのだ。その地の原住民を研究している学者の話では、木々のせいで太陽の光が届かないから、彼らには時間の感覚もないらしい。

しかしワビタンのジャングルは、いつでも明るくて、夕焼けのようなオレンジ色なのだ。つまり現実ではあり得ない光景なのだ。

わたしはくすりと笑った。

ああ、そうか、ワビタンはきっと、この世界にあり得ないなにかをつくりたいのだ。

皆があっと驚くような、ハッと気付かされるような、なにかを。


そのためには日々コツコツと種を蒔くことが必要だ。

想像した目に見えないものを、かたちにする創造力が必要だ。

オレンジ色の密林では、今日もせっせと種蒔き、水やり。

花が咲いて実がなるのは、まだ先のお話。

垂れる綱

ワビタンのオレンジ色のジャングルに異変が起きたのは、二〇二〇年のことだ。世の中では新型コロナウイルスが流行り出したころで、わたしとワビタンの月一度の会議はしばらくのあいだオンラインで行われた。

パソコンの画面越しにワビタンに会ったとき、最初は彼の部屋のようすがカメラに映り込んでしまったのだろうと思った。しかしよくよく見れば、それは現実にあるものではない、明らかに違和感がある代物で、そうか、これはワビタンのオレンジ色の背景のなかにあるものだと理解した。わたしはさながら獲物を見定めるハイエナのような形相で、画面を睨んだ。

紛れもなくそれは、一本の「綱」だった。

ワビタンの身体の左側の上方から、一本の茶色い綱が垂れていた。見切れてはいるが、なんとなくこれは、空の上、天上から垂れているような気がした。ぴくりと揺れもしないし、絵画のなかにあとからイラストを合成したようなタッチの違いがある。のっぺりとしていて、神聖さと不気味さが表裏一体であるように感じる。

しかもワビタンは、いつも通りに夕焼けに染まる荒れ地にせっせと種を蒔いて、ジャングルをつくっていた。そこに「綱」とは、あまりに異質である。安直に考えてみれば、この綱でターザンごっこでもするのだろうか。いや、それならもともと木にぶら下がっている蔦や蔓のようなもので十分だ。この綱は、明らかに自然的ではない。なぜならこの綱、細い糸を八本で撚り、それをまた八本で撚り、そうして極太になった三本を、ちょうど三つ編みのように編み上げてあるのだった。そもそも綱一本でターザンごっこはできないし……。

むろんこんなことは相手を不安にさせるだけなので、言えるはずもない。結局、会議が終わっても綱の利用法や意味についてなにもわからなかった。

あれこれ考えているうちに、一年、二年と経ってもワビタンの背景の綱は消えることはなかった。

二〇二二年四月、ちょうどわたしが発達障害であることや共感覚をもっていることがわかり始めたころだった。新しく「深層アート」を売り出していくために、試しにワビタンをモデルに描いてみようということになった。

わたしは、あの綱を描くべきかどうか戸惑ったが、ワビタンと一緒に決めた「見えたものをそのまま描くこと」のルールを守って、ジャングルのなかに異質なのっぺりとした綱を描いた。

絵を見たワビタンは案の定、「この綱なに?」と訝しんだ。わたしは正直に「わからない」と答えた。綱が、なにかしらのアクションを起こしてくれれば検討の余地もあったが、いつまで経っても動きもしない、ただそこに在るだけだったのだ。

ワビタンは絵をじっと見てしばらく考え、「この綱を昇っていくってことなのかな」と、呟いた。

それからさらに何年ものあいだ、ワビタンの背景には綱があった。最初は違和感だらけだった綱も、見慣れてしまえば威風堂々たる存在感があった。しかしながら二〇二四年一月に、綱は突如として姿を消した。

そのころ、ワビタンにある病気が見つかって、複数回にわたる入院と投薬治療をすることになったのだ。その初めての入院治療の日、綱は消えたようなのである。夕焼けのようなオレンジ色だったジャングルは、今では闇に包まれていた。高い木々に遮られてほんとうに光が届かない、鬱蒼とした本物の熱帯雨林のようだった。

わたしは綱が消えて真っ暗になってしまったことをワビタンに言うべきか否か、迷った末、しばらくようすを観察することにした。綱が初めてアクションを起こしたのである。もしかしたらジャングルにまた変化があるかもしれない、ひいてはそれはワビタンも変化しているということなのだ。綱が消えたことがいい兆しでありますようにと願うわたしの心配をよそに、当のワビタンは入院中もけろっとしており病気であることを微塵も感じさせなかった。それどころか病室で、セミナーやワークショップのレジュメを夢中になって考えて過ごしているようだった。

退院後、ワビタンのジャングルの闇は、徐々にオレンジ色へ回復していった。以前のような彩度を取り戻すまでには至らないが、薄いオレンジ色やコーラル色になっていった。

それからほどなくして、ワビタンは「感情アートワーク」というワークショップを開催した。絵心やセンスはまったく必要ない、自分の身体や感情を内観して、直感したままに画用紙に色を塗りたくっていくというものだ。わたしも参加したが、これが非常に面白いワークだった。経営的なセミナーが多かったワビタンが、芸術や心理や感情といった、目に見えないものをテーマにした会を開催するのは珍しいな……と、そこでハッと気が付いた。

ああ、やっぱりワビタンは、クリエイターなのだ、と。

もちろん経営コンサルタントとしての腕もすごいが、こちらもすごい。なにより楽しさが溢れている。彼は根っからのアーティストであり、ほんとうに絵が好きなんだ。


「この綱を昇っていくってことなのかな」

ワビタンが自分の「深層アート」を見たとき、呟いた言葉が忘れられない。

わたしはただ見えたものをそのまま描くことしかできないが、不思議なことに、わたしには意味がわからないことでも、本人には直感的にわかるのだ、それこそ深層心理下で。

だからほんとうにワビタンは、病気をきっかけにあの綱をよじ昇ったのだと確信した。昇り終えたので、綱は消えた。

これから、ワビタンはこの世界にあり得ないものを、つくっていくのだろう。

きっとそれは、安易に言葉にすると銀メッキ《チープ》になってしまうような、目に見えない、なにか。

まだまだワビタンは、夢の途中の、ジャングルの開拓者。

珈琲とターコイズ

ターコイズ色の人は、知的好奇心に溢れた冒険家だと思う。

その色をもつ人々は世の中にたくさんいるが、あんなに澄みきったターコイズブルーをもつ人は、あとにも先にも修平さんしか出会ったことがない。

彼に初めて出会ったのは、二〇一三年の十一月だった。わたしはそのころ魔術の研究に明け暮れていたが、修平さんは当時、山形県米沢市でカフェを幾つも経営しながら、国の復興支援アドバイザーや、心理学・脳科学のコーチとして各地で講演をしていた。その日は彼のカフェに数十人が集まってセミナーが開かれていた。

わたしは、修平さんを一目見て、惹かれた、あのターコイズブルーに。

わたしの足は勝手に引き寄せられ、いつの間にか修平さんの真ん前の席に座って、彼の中心から噴き出すターコイズブルーの霧を、うっとり眺めた。

そのうちに修平さんから映像が流れてきた。風景はアメリカ・ネバダ州の晴れ渡るクリア・スカイ、対照的に地平線に広がる赤茶けた砂原。そこにある山、ローン・マウンテンで採れる密度が凝縮された美しいターコイズ。今まさに修平さんから噴出する霧は、その色だ。加えて霧のなかで、群青色の蜘蛛の巣模様《スパイダー・ウェブ》が走る。それが濃淡を生み出すのだ。もしもこれが本物の宝石ならば、間違いなく希少価値が高く、高値で取引されるターコイズだ。

わたしの脳内では、まるで十秒プロモーション動画のように映像が繰り返し再生された。わたしは一度もそこに行ったことがないはずなのに、なぜかわかるのだ。

オーロラのように、ゆらゆらと、揺らめくターコイズの霧、
太陽が照りつける赤茶けた砂原、砂埃、
地下では、真っ青な地底湖が光る香り、
上空では、空に張り巡らされた群青色の蜘蛛の巣……
AマイナーとGメジャーのあいだを静かに振動して、Cメジャー、Fメジャー。

初対面でこのような「映像」が見えるのは珍しいことではない。しかし驚いたのは、その映像の意味するところの種明かしが最速だったことだ。

セミナーが始まってすぐの自己紹介によると、なんと修平さんはアメリカ・テキサス州の大学に留学していたのだという。ああ、だから修平さんには、アメリカの乾燥した砂原と山々の風景が見えるのか、と納得した。

だが、どうしてこんなにもあっさりと映像の意味がわかってしまうのだろう。セミナーを聞きながら、修平さんのターコイズブルーの霧のようすを改めて観察すると、徐々にわかってきた。

修平さんの色は、決して表面的な美しさだけではないのだ。霧は僅かに漏れ出しただけで、その源ではもっとも濃いターコイズ色をしていた。その美しさといったら！　いちばん色が濃いところは、彼の両眼だった。ここが彼の中心で、色の源なのである。色の発生源は、言い換えれば人間の「芯」だ。つまり修平さんは、両眼が芯の役割をしていて、その目を通して世の中の物事を感じているのだと思った。いわゆる「心眼」というものなのかもしれない。

それにしても、わかりやすい。

普通の人間であれば、色の源を辿るのは困難なのだ。黒色や灰色などのべつの濃い色で覆い隠す人が多い。なぜなら自分の奥深くにあるものは他人に見せたくないのだ。できれば箪笥の抽斗のいちばん奥に仕舞っておきたいものなのだ。それは自尊心か、それとも独占欲か、あるいは優越感のせいなのかもしれない。

だが修平さんの場合は、「芯」を奥深くに仕舞い込むこともなければ、隠しているわけでもない、「見たいならどうぞ」と言わんばかりだった。それも、会ったばかりで初対面のわたしに対してこうなのだから、もしかすると誰に対しても同じ振る舞いなのかもしれない。

つまり、誰にも、なにも、隠していないのだ。彼はいつもありのままの自分で、正直に人間と接している。しかし単なる馬鹿正直ではない。聡いのだ。自分の内側と外側の世界のことをちゃんと見て、知っているから、闇雲に隠したり、さらけ出し過ぎたりしなくていいのだ。

……なんだか、恰好いい。

わたしもそんな風に生きたいし、そんな風に仕事をしたいと思った。

誰からなにを言われたとしても、わたしが感じた色や、魔女の世界で生きたい。

たとえ常識からかけ離れているのだとしても、わたしはわたしを否定したくない。

好きなことや突発的な衝動を押さえつけることなく、感情は感じるままに、なにも隠す必要もなく。

ただし他を害さず、さらけ出し過ぎず、情緒を和やかに見つめて、凜として。

修平さんのようなターコイズブルーにはなれなくとも、わたしはわたしの色で、知的好奇心のままにたくさんの「外の世界」を知ることはできそうだ。だって一歩飛び出せばいいんだもの、わたしはきっとすぐにでもインディ・ジョーンズのような冒険家になれるのだ。その冒険のなかで少しずつ自分自身を知っていけばいい。

セミナーが終わったあと、修平さんと一緒に珈琲を飲んだことは今でも鮮明に覚えている。わたしはこのあと半年というスピードで黒猫魔術店をオープンするのだが、それはまたべつの機会に話そう。

わたしはこの日、生まれ変わった。
一杯の珈琲とターコイズによって。

薔薇色の手

ユミさんの手は、薔薇色をしている。ちょうど六月になったばかりのころ、庭で最初に咲いた赤い薔薇の色だ。しかし赤い、というのは少し語弊がある。決して目が覚めるような赤ではなく、ユミさんの薔薇色は、赤よりも柔らかく、和やかで、凛としている。

わたしは赤色を見ると痛みを感じるので苦手なはずなのだが、ユミさんの薔薇色はまったく痛くない。それどころかむしろ優しい気持ちになって、揺り籠のなかですやすやと眠れるような気分になる。ユミさんの薔薇色からは、Cシャープメジャーとシャープメジャーのゆったりとした音楽、草原の風の心地よさ、草花の自然の香り、小川のせせらぎが見えてくる。

あるときユミさんが、「たまには空を見上げて、雲を数えて過ごしたい」と笑って言ったことがあった。そのとき、ああ、わたしが見せられているユミさんの映像は、やっぱりユミさんの心のなかの景色なんだと思った。だってこの草っ原に寝っ転がれば、流れる雲を数えながら日向ぼっこができそうだもの。

赤い色の人間はたくさんいるが、彼らは一様に気性が激しく活発に活動し、社会のサバイバル競争が好きなのだと思っていた。それらはわたしにとってまったく興味のもてない人種だったが、遠くから眺める分には面白く、あの大量のエネルギーはどうやって充填しているのだろう、やっぱり精神力だけじゃなくて、物理的によく食べ、よく消化できる人じゃなければあんなに元気に動けないだろうなどと、勝手な分析をしていた。

しかしユミさんは、赤は赤でも、そういう類の赤色の人の気質とは正反対だったのである。たしかに一般的な赤色の人と同じく、ユミさんのエネルギー量は多い。しかしそれが、無意味な競争や闇雲な努力への消費ではなく、平和的で建設的な方向に流れているような気がしたのだ。

そんなユミさんとわたしはウマが合い、十年以上もの付き合いになる。一緒にバリへ行ったこともあるほどの仲だ。

ユミさんの仕事は、リンパドレナージュのエステティシャンだ。だが普通のリンパドレナージュとはわけが違う。ユミさんの手は、特別で、本物の、神の手なのだ。

わたしは毎度ユミさんにリンパドレナージュをお願いしている。ユミさんの手が身体に触れただけで、わたしの鴨の羽色の表皮は薔薇色に染まる。まるで緑の大地に薔薇が咲いたような色合いだ。ユミさんが他の人に触れた場合でもそうなる。特に施術を行う際には、その人の色が何色であったとしても綺麗な薔薇色になるのだ。

施術が始まるとユミさんは、背中をさすって、リンパを流しながら揉みほぐしていく。背中、脚、腹、胸、腕、首、頭……順番に凝りをほぐしていく。もちろん凝りが激しい箇所は少しばかり痛い。けれど何度か繰り返し揉みほぐされるうちに、痛みは和らぎ、あたたかく感じるのだ。

施術後は全身が薔薇色で、身体が軽くなる。そのあとは水をたくさん飲むことを心掛けて、排尿によって老廃物を外へ出す。そうして何日か経つと、徐々に薔薇色は薄れていって、またもとのわたしの色に戻る。

なぜそうなるのかは、十年以上経った今でもわからない。

わかっていることは、ユミさんのもって生まれた「手」と技術が別格であるということだ。ユミさん以外の人のマッサージやエステでは、こうはならない。当然、電動マッサージチェアでもならない。もちろんどちらも凝りを揉みほぐされる気持ちよさはあるが、色が変わるはずもない、それは一時的な気持ちよさなのだ。凝りの根本原因は解決されていないから、しばらくするとすぐにまた凝りを感じる。

しかしユミさんの施術の場合、身体の輪郭から内側の色までもが薔薇色になる。わたしは身体の深部まで「刺激」が到達しているのではないかと推察している。物理的な刺激はもちろんだが、ユミさんの手からは目に見えないなにかが放出されている気がする。それがわたしには薔薇色の光となって見えているのだろう。

この正体がなんであるか、追求しようとは思わない。仮に追求するならば、たとえば整体でよく使われる電気刺激のようなものに似ているのか？　など、考えられることはたくさんある。しかし結局それは医学的に証明できない。

いいんだ、ユミさんの薔薇色の正体が、なんであるかなんて。

そんなことより、たしかにユミさんの手は本物で、神の手なのだ。

神を証明することが難しいように、神様から贈られたギフトがなんであるか、いっさいがっさいを把握することは難しい。

きっとわたしもそう。

ギフトをすべて理解しているわけではないし、うまく使いこなせているかもわからない。

けれど藻掻きながら、与えられた手札《色》を受けとって、どうにか生きている。何度見返しても変わらない。

壊れて、分離して、乖離していく、差別だらけの二極化の世界のなかで。

群青アウトサイダー

昔から「不思議なものが見えている子」「すごい霊感のもち主」などともち上げられることが多かった。わたしはいつも通り、ただ五感で感じているものを口にしているだけなのに。ほとんどの人は、わたしの言葉が腹落ちしてなにかを気付かされたり、励みになったりするようで、それはそれでこちらも嬉しい。

だが、なかにはわたしをまるで教祖のように妄信する人もいた。正直わたしは、わたしを妄信する人々が大嫌いだった。盲目的な人々の色は、褪色して劣化してぼろぼろになった化石のような色だからだ。かすかすになった穴だらけの骨には潤いがないので、いつも愛情という水に飢えている。それらの色を見てもこれっぽっちも心が踊らない。そういう人の相手をすることには生産性がないし、そもそもわたしは雨を降らせる神様なんかじゃない。だからお互いのためにも、わたしは「化石色」を遠ざけるようにしている。

逆にわたしの共感覚や霊感を信じない人も大勢いる。子供のころからそうだったので、むしろ信じない人が多数という状況のほうが居心地よく感じる。わたし自身、自分の見ている世界を信じてもらおうとか理解してほしいなどと思っていないし、自分は自分、よそはよそ、という分け隔たれた距離感に安心するのだ。

一般的な価値観を「常識」だとすると、わたしは間違いなく「非常識」の部類で、価値観が半周ほどもずれているらしい。だから社会のなかで経験するグループ活動――学校のクラス、部活、職場の仲間、ママ友やＰＴＡ、事業者の集会などでは、順番を飛ばされたり、わざと相手にされないいわゆる「みそっかす」にされる。そういうとき一般的には、仲間外れが嫌だとか、ショックを受けて落ち込むらしいのだが、わたしはむしろ冷静に「無意識的に人間を仲間外れにする人間」がどういう色をしているのか、そちらのほうが気になって分析してしまう。往々にしてそういう人の無意識のトラウマは厄介でどろどろした色なのだが、それはさておき、建設的に考えれば社会性や人間関係といったものは、ある程度の価値観を共有しお互いに理解できなければ構築が難しいのだろうと思う。だからわたしは邪魔をしないように、そそくさと外側へ行って、いけすの鯉を眺めるようにして社会というやつを傍観している。あ、また跳ねたぞ、などと呟きながら。

さて、わたしと同じようにいけすの外側に佇む人々は意外と多い。同じくつまはじき者にされて外側へ来た人々だ。彼らもたいてい静かに社会を傍観している。

しかしごくごく稀な人が、ここにいる。むっちゃんだ。

むっちゃんは、なんといけすの内側と外側を行ったり来たりするのが得意なのだ。つまり、社会の内側の人の気持ちもわかるし、社会の外側にいるわたしの考えも理解してくれる。むろん表面を掬ったような理解ではなく、きちんと深く理解している。

このように社会の内と外を行き来できる人は希少である。わたしがどうしても社会のなかの一員として発言しなければならないとき、わたしの言葉は難しいとか、説明が早いとか、結論が性急過ぎると言われることが多い。指摘されれば改善しようと努力するのだが、何分、どこがどう難しくて早い展開なのかわからず、逆に説明が冗長になる。つまり、社会とわたしに温度差があるのだ。できる限り理解しようと努力しても、完全には理解できない、その歯痒さがある。

だからこそ社会の内と外を行き来して、そこに住む人の心を理解するむっちゃんは、いったいどうやって対応しているのだろうと気になって観察した。不思議なことに彼女の色は、内側ではワインレッド色で、外側では群青色になる。誰とも接していないときには群青色なので、ベース色は群青色なのだと思う。

むっちゃんが群青色のときに話している言葉は、わたしにとってわかりやすく、水のようにスッと入ってくる。しかし彼女がワインレッド色のとき、つまり社会の内側の人々と会話をするときの言葉は、わたしにとって難しく、日本語なのだが違う国の言語を聞いているような感覚で、なにを言っているのかちんぷんかんぷんなのだ。ということはおそらく、むっちゃんは相手に合わせて言葉を変えているのだ。

こんな器用なことをしていたらさぞかし気疲れするのではと思い、むっちゃんに尋ねたことがある。すると「そりゃ疲れるよ、でも不思議と、どっちもわかる」と言うのだ。

「蜜猫ちゃんの言葉は皆には理解できないと思う。理解というか、わからないのよ」

「わからない？」

「そうそう、次元が違うから、想像もできないの」

むっちゃんにそう言われて、なるほど、月の裏側は見えないから想像もできない、むしろ月の裏側が見えても見えなくても生活に支障がないのだから、想像する必要すらもないということか、と納得した。

「そういうものなんだァ。わたしは現実のほうが不自由で、つまらないと思うけどな」

社会の内側では、決められたルールに則ってレースをして、人々は一喜一憂する。それももちろん豊かさのかたちのひとつだとは思うけれど。

「やっぱりわたしは日がな一日空を見上げて耽り、箒に乗ってどこまでもひとっ飛び、空想の旅先で見つけたキラキラした色を現実にもち帰って、かたちにしたいなあ」

わたしの呟きに、むっちゃんはにっこりと笑った。

「これぞ、魔女だねえ」


わたしはアウトサイダー。

むっちゃんのように人の心を行き来することはできないけど、今日もわたしの世界のなかで、現実と空想を行き来する。

綿兎スケルツォ

かのシャーロック・ホームズは人々の身に着けているものや仕草などからその人物の職業を言い当てたが、わたしにも似たような特技がある。人々を見れば、心のなかに隠された本心や、深層心理の色、かたちがわかる。赤とか青とか、様々な色がその人の身体に重なるようにして見えるのだ。

　静かなカフェの窓際の席で、頬杖をつきながら通り過ぎる人々を何気なく見てみれば、よくわかる。皆に説明するときには、何色がこういう意味で、とひとつひとつ解説するのだが、実際には見た瞬間に、その人の深層心理の内側に抱えているすべての情報が入ってくる。つまり、直感的にわかるのだ、あの人は綺麗、あの人は素敵、あの人はだめ、あの人とは関わらない、などと。

　なかには音楽が聴こえてくる人や、動物や虫のようなものが傍にいる人、数字が羽虫のように飛んでいる人、高波が押し寄せる風景が見える人もいる。逆に身体が黒かったり、色が霞んだように見えるのは病気を患っている人だ。

　だけどわたしはこうした情報が見えても、むやみに本人に伝えないようにしている。だって、誰だって勝手に心のなかを覗かれるのは嫌だと思うから。それに深層心理のことなんて触れられたくない人のほうが多いだろう。腫れ物に蓋をするような感覚で、何事もないかのように表面上を取り繕いたいのだ。それじゃあなんにも変わらないのだけど、わたしが口を出したとて、人間なんてそう簡単に変われないのだし、余計なことはしないほうがいい。

　日々こんなに大勢の人々の色を見ていたら疲れるんじゃないかと思われがちだが、案外そうでもない。なぜなら初対面で見た色ですでに、この人と関われるか否かを判断するからだ。つまりわたしの色と合うかどうか、ひいてはわたしの価値観と似ているかどうかということを、予め把握することができる。合わない人とは接触頻度を控えればお互いのストレスが最小限になる。それに必要なときには必ず関わることになるのだから、先立って無理をすることもなかろう。

そんなわけでわたしの周囲は、綺麗で素敵な色の人々だらけになった。それも初対面で意気投合した人たちばかりなのだ。


なかでもさちこさんとの出会いは不思議でいっぱいだった。

暑い夏の日、とある建設会社のイベントとしてビアガーデンが開催された。その日のわたしはそこに呼ばれた「タロット占い師の魔女」だった。隅にテーブルをあてがわれ占いをしていたのだ。建設関係の会社のパーティーなので、参加者は恰幅と威勢がいい男性が多かったのだが、そのなかに小柄な女性がいた、それがさちこさんだ。

パーティー会場の隅でタロット占いをしているわたしに、さちこさんは声をかけてきた。タロット占いではなく、わたしが傍らにサンプルとして飾っていた「深層アート」について話をしたと記憶している。あまり記憶が定かではないのは、そのときのさちこさんの色に目を奪われていたからだ。

さちこさんのベースの色は、ピンク色と水色だった。ベース色とはその人の大部分を占める色なのだが、彼女の場合はピンク色と水色が半々で、とても綺麗な組み合わせだと思ったのだ。それに男性ばかりで濃い色のパーティー会場のなか、ひときわ華がある可愛らしい色合いだと感じた。

しかしそれだけではない。なにより驚いたのは、さちこさんの周りを「綿菓子の兎」が一匹、浮遊していたからだ。これは珍しい！　あまりお目にかかれない！

「綿菓子の兎」とは、チャンスやタイミングのよいときに現れる、目に見えない生き物だ。綿菓子のような見た目でふわふわと飛ぶので、わたしはそう呼んでいる。

どうして「綿菓子の兎」がいるのか不思議に思ったが、それよりもなによりも、さちこさんとわたしの意気投合っぷりといったら！　その場のお喋りだけでは足らず、わたしたちはその後も週一回は会ってカフェや映画に行ってお喋りに興じたほどである。

やがてさちこさんからの依頼を受けて「深層アート」を描いた。仲がいい人であっても、いざ描くとなればきちんと色を見て、分析することにしている。

カフェで待ち合わせしたさちこさんをまじまじと見ると、ベース色はピンク色と水色、初めて会ったときのままだ。しかし驚くべきことに「綿菓子の兎」が増えている！　一匹だったのが、四匹になっている！

「綿菓子の兎」がたくさん飛ぶことは、ある。いわゆる「大きい引き寄せ」があったときに、タンポポの綿毛が風に吹かれて一斉に飛び立つように飛ぶのだ。そのとき、ショパンの「スケルツォ第2番 変ロ短調」がわたしの脳内で流れた。兎には、「悪戯」という意味のスケルツォはぴったりだ。

しかしそれはせいぜい一瞬のこと。よくチャンスは待ってくれないなどというが、綿菓子の兎だってそう長居はしない。それがなぜずっとさちこさんのもとにいるのだろう、しかも増えているのだろう。もしかしたらさちこさんも、今なにかビッグチャンスを摑むタイミングなのかもしれない。

気になってさちこさんに色々と質問した。彼女には宅地建物取引士や二級建築士の資格があって、実家の父親は大工さん。近々、人生の大舞台に立とうと考えているようだった。長年勤めた会社を辞めて、住宅や建設や投資に関する小さな事業をやりたいのだ、と。

「それはうまくいきますよ。兎が飛んでいるんですもの」

「え？　兎ってなあに？」

それからさちこさんに「綿菓子の兎」の話をして盛り上がった。「深層アート」にももれなく「綿菓子の兎」を描いたのだが、受け渡しのために再会したとき、なんと兎は八匹に増えていた。

あれから二年、さちこさんの事業はうまくいっている。

今日もさちこさんの傍らで、兎はふわふわと飛び交っている。

水海月と青

第一印象は、「溶けていく青」だった。

青色の人間は他にいくらでもいるが、「その青色」は彼ひとりしか見たことがない。

わたしは、彼が放つその色の美しさに息を呑んだ。

ディープブルーから徐々に鮮やかな青色に変わるグラデーション。まるでわたしは海底に生息する海藻か貝のようで、呼吸の泡《あぶく》でさえも、その美しい青色を汚してしまうのではないかと思った。

そう、彼は深海そのものだった。他の色は一切ない、青だけの深海で、わたしを揺り籠のように抱き、心地よくさせた。この揺り籠のなかにずっといたい、抱かれていたい、いや、むしろこの青と一体となって溶けてしまいたい。

ゆら、ゆらり、ポーン、ポーン
ゆら、ゆらり、ポーン……

Aシャープマイナー、六拍子の浮遊感。

わたしという、小さな存在を包み込む、大きな存在。

走る電流、電子音のモールス信号。

反響して、溶けて、溶けて、消えて、青に溶けたい。

見上げれば、半透明なゼリー状の水海月がふよふよと漂っていた。海面から光が差し込んで、水海月は時折ブライトブルーに輝いた。それを見て、ああ、やつらは青に透けて、溶けて、一体となる、なんと羨ましいのだろう、と思った。

ゆらり、ゆらり、ポーン、ポーン

きっとこの青の世界では型という、隔てるものがないのだ。潮の濃度が違っても、浸透圧のようにゆっくりと混ざり合って、一体となることが、ここでは美徳なのだ。もしも魂だけの存在だったなら、わたしも恍惚と溶けて混ざり合えただろうか。

もしわたしがなんの変哲もない女の子だったなら、これが恋なのかと信じたことだろう。すべてを投げ打って恋に溺れるならばそれはそれで面白いと思ったが、反面、わたしはこの青に、恋だの愛だのとはべつのなにかを感じていた。まるでわたしを金縛りに遭わせたようにして無条件に惹きつける、目に見えない大きな存在を。そして、いったいどのような生き方をすればこのような青色になるのだろう、という興味を抱いていた。

もちろん彼自身は、わたしがそんな景色を見ているとは露ほども思わないだろう。ただ、頬を紅潮させながら凝視していたには違いない。彼はそんなわたしのようすをおかしく思ったのか、それとも恥ずかしく思ったのか、「じっと見て、どうしたの？」と甘く尋ねた。

「ああ、青が好きなの？」とわたしは言った。言ってから、藪から棒に話題を逸らしてしまったと思ったが、彼はハハハとはにかんで笑い、

「どうしてわかったの？　青が好きだって」

「……青が似合うと思ったから」と、わたしは呟き、俯いた。

青のなかでも白が混ざった青じゃなくて、紫が濃い深い青色が好きなのでしょう？

青が好きなだけじゃない、海が好きなのでしょう？

深海の奥で鳴っている、あの歌が好きなのでしょう？

それから、「助けて」と、言っているのでしょう？


ほんとうは、そう言いたかった。

わたしには見える、その人の景色が。色になって見えてしまう。けれど見えたところで、肉壁隔てたこの器で、なにができようか。なにを信じてもらえるだろうか。よりにもよって、本人の意識や自我とは無関係に海の底に沈むものを前にして。


無力である。

まるで、脳をもたず水流に身を任せる水海月になった気分だ。どうすることもできない現実で

は、触手を伸ばして触れたとしても自らの毒で痺れてしまう。いっそ甘たるい毒で痺れてしまえばいいのに、そうもできない。

この人の青は、悲しくて、優し過ぎる。わたしは耳をそっと塞ぎ、あの悲しいモールス信号の歌を遮断した。そうすれば心地よさだけが残ると思ったのだが、それは浅はかだった。

耳を抑えた手の内部で脈打つ、わたしの命の音、ドクン、ドクンという生命力の音の裏側で、彼の青色も鳴り響いた。

浮遊するAシャープマイナー。その音色の悲しみはわたしの内側へ侵食していく。わたしの緑色の細胞が、次々とオールブルーになっていく。

きっとわたしはあの青に反応して、同調しているのだ。しかしこの気持ちがなんなのか、わからない。悲しくて、心地よい、ということしかわからない。けれどわたしは聖者のように癒すこともできないし、施しを与えることもできない。わたしはこの青の色を見て、触れた感覚を書き出すことしかできない。ああ、なんて無力なのだろう！

気が付くと目から水滴が零れた。これは涙だ、わたしはなぜ泣いているのだろうと自覚すれば、もうその悲しみを抑え込むことはできなかった。次々と溢れる涙の渦。

「どうして泣いているの？　なにかあった？」

彼は驚いた声色で聞いてくるが、わたしは泣きじゃくることしかできない。ただただ涙の渦に身を任せて、水海月のように揺蕩うことしかできない。

ほら、今この部屋は、アクアリウムだ。
青くて、青くて、透けて、溶ける。
わたしはそこで、溶けて消えて同化して、なくなりたいと思う。

アンノウン・バイオレット

気が付けば、誰も知らない歌を口ずさむことがある。
どこか知らない国の言葉で、懐かしいメロディーの、紫色をした歌を。

学校の帰り道、退屈過ぎる授業中、お菓子を作っているとき、絵を描いているとき。無意識で作業をしていてハッとする。わたしは今、なんの歌を口ずさんでいたのだっけ。わからない。気が付いてしまうと、もうメロディーを思い出せない。悲しいけれど幸福な紫色をしていた気がする。

わたしはその歌の残り香を感じるたび、心を引き摺られてどうしようもない気持ちになった。
あまりにもそれが不思議だったので、どうしても思い出して、なんの歌かつきとめてやりたいと思った。そこで小学二年生のとき、母にねだって、ピアノ教室に通わせてもらった。そうすれば、わたしが口ずさむあの歌を弾くことができるんじゃないかと思ったのだ。

ピアノ教室で何度か初心者向けの曲を弾いているうちに、ずっと感じていた違和感に気付いた。その日は、初めてシのフラットが登場する曲だった。先生は、五線譜の音符にシャープやフラットがつく意味を、鍵盤で教えてくれた。

「ドレミファソラシドは、白鍵。シャープやフラットは黒鍵ですよ」と、先生は言った。

「え？　白と、黒？」

わたしは思わず聞き返した。

物心付いたときから、小さな玩具のピアノで遊ぶことが好きだった、あれも、今目の前にある本物のグランドピアノも、鍵盤はカラフルだ！　白と黒なんてあり得ない！

ドは赤、レは黄色、ミはオレンジ色、ファは黄緑色、ソは青色、ラは藍色、シはクリーム色！もちろんシャープやフラットの鍵盤も、それぞれカラフルな色で見える。わたしはおそるおそる先生に尋ねた。

「こちらが白色で、こちらが黒色、ですか？」

先生は小首を傾げて、「そうですよ」と言った。可憐で小柄で優しくて、鳥のように綺麗な声で歌う先生を、悲しませてはいけない。鍵盤がカラフルに見えてしまう自分がおかしいのだ、そのことが露呈する前に気付けてよかったではないか。はて、そうすると、まさか。

「先生、楽譜も……」白と黒ですか、そう問おうとして、わたしはごくりと息を吞んだ。

なんと言えばいいのだ、聞き方をひとつでも間違えれば、またおかしな子だと思われてしまう。わたしは楽譜を指差したまま硬直した。先生は次の言葉を待っていたが、冷や汗を垂らしながらくちびるを震わせるわたしを見て、「楽譜がどうかした？」と言った。

そのとき、わたしの全身に電流が駆け抜けた！　きっとこの感覚も、またわたしがおかしいのだ、わたしには楽譜にある音符のひとつひとつ、メロディーの波長や、和音まで色付きに見えるのだ！　だから先生は、八分音符のことを「おたまじゃくし」と言っていたのだ！　それは黒くて、尾がひょろりと出たかたちをしているから。そういう意味だったんだ！

まるで推理小説で、犯人の殺人トリックに気付いたような衝撃だった。わたしはしばらく呆然と楽譜を眺めて、何事もなかったかのようにレッスンを再開した。

しかし内心はショックを受け止めきれずにいた。あの不思議な紫色の歌の正体をつきとめてやりたかったのに、楽譜も、音符も、鍵盤も、ただの白黒だったなんて。これではなにもわからない。

どうにかして、あの人の歌を慰めてあげなくちゃ。
どうにかして、あの人が孤独ではないことを報《しら》せなくちゃ。

「あの人」というのが誰なのか、そもそもなんの歌なのか。

無意識に口ずさんでも、ハッと我に返った瞬間に、それはどこかへパッと逃げてしまう。いくら考えても、思い出しても、メロディーを譜面に書き起こすことすらできないのに、なぜか、あの紫色の風景はわたしの心を締めつけた。

ひび割れたブルー・バイオレット。剝き出しのコンクリートの壁から生えるヘリオトロープの花。空気は軋む。今にも壊れそうな、ガラス細工の箱庭のような風景。

この箱庭はきっと名前も知らない、あの人の心のなかだと思った。ふわふわとした黒髪で、丸い眼鏡をかけた、あの人の。

でもあの人のことは誰も知らなくて、誰も見ようとはしない。紫外線が光に透けて見えないように、わたしたちの目ではきっと見つけることができないのだ。あるいは、見えないと諦めて、最初から存在を見ようとすらしないのかもしれない。

ひび割れているのは心で、
軋んでいるのは心で、
剝き出しで壊れそうな、繊細な心で、
ひとりぼっちの「あの人」と、ヘリオトロープ

誰も知らないあの人は、今日も誰かの無意識のなかで歌う。

だって、この歌は、とても悲しくて、幸福な、紫色なのだ。

七色と空白

目には見えない、雨が、ぽつり、ぽつり。

その手を濡らした。

東京の真ん中で、彼は鼠色の空を仰いだ。その指先で、電子音混じりの音楽を奏でる指揮者のように、瑞々しいアクア・ブルーの雨の雫を弾ませながら。

雨は無数の波紋を描く、彼は弧を描く。

変拍子のリズム・ステップ、Aシャープマイナーセブン。

水滴は、降り注いでは飛び散って、音になって四方八方へ霧散して天へ還る。

徐々に本降りに変わった雨は、彼の表情を悲痛に曇らせた。アクア・ブルーの青い影がより色濃く残り、藤色へと変化していく。パチンと指を鳴らして、裏拍でステップを踏めば、堪えきれなくなった雨粒はパーンと弾けた。すると九つに分かれて、シャボン玉のように七色に光りながら、最後に割れた。

遠くで、懐かしい電子音の歌が聴こえる。ああ、雨のなかに佇めば、すべての音が掻き消されて、なんにもない世界でひとりぼっちになれる、そんな歌だった。

しかし、ああ、この夕立ちは、ひとりぼっちの世界のなかで、なんとあたたかくわたしを包み込むのだろう。激しくも、怖くもない、その裏に隠された嫌なところまですべてを、受け入れる。それから場面は一転し、ポップな音楽に変わった。

重低音のバスドラム、エイトビートが加速する。藤色は変わる、瞬時に真逆のライムイエロー、レモン、梔子色《くちなしいろ》、蜂蜜色。

リズムを体内に浸透させ、大きくひと呼吸で、チェリーピンク。ツーステップでバイオレット、裏拍でミルキーホワイト。ターンして、ステップ、ワン・ツー、チャコールグレイ。

セロファンを貼ったスポットライトがくるくると切り替わる、目まぐるしい七色！　瞬きするのも惜しいほど、彼から目が離せなくなる！

キャラメルをたっぷりかけたポップコーンの、香ばしく甘い香りが辺りに漂う。すると背景がぱっとニューヨークに変わる。ブロードウェイの煌びやかな電飾、ネオン看板。打って変わって古びた自動車とボロアパート群。そのギャップを埋めるような彼のダンス。自然の光と影、あるいは人々の感情のありのままを、彼は表現していた。

そんなかのけんのダンスを見て感動を覚えたのは、ごく最近のことである。コンテンポラリーとストリートを融合させたようなダンスが、彼の得意技だった。その技術も美しさも、とても素晴らしかった。

しかし、わたしから見た彼の色はよくわからなかった。なぜなら、踊るたびに素早く七色に変化するからだ。それだけではない、ダンスを踊っていないときの彼は、和やかな黄色いミモザの花の色をしているが、会話を始めると、その色が黄緑色になったり、ピンク色になったりもする。こんなに色が変わる人に出会ったのは初めてだった。

加えてかのけんは、生まれつき耳が聞こえないダンサーだ。補聴器をつけて音楽のなかの音圧を感じて踊っているらしく、相当な努力を重ねてきたのだろうと思った。もしかしたらその特性と努力の賜物で、色が変化して見えるのだろうか。

あるとき、わたしはそんな疑問を彼に投げかけた。

「たぶん、七色に見えるのは、かのけんの感情表現が関係しているんだと思う。踊っているとき、なにを考えているの？」

そんな突拍子もない難しい質問に、彼はしばらく悩んで、

「楽しいときは楽しい、悲しいときは悲しい、そんなことを思い出したり、考えているかな」と答えた。

「それは意識して？」わたしはさらに聞いた。

「……意識しないことを意識して、ありのままに」

かのけんはそう答えると、「ありのままの自分」とはなんだろう、と呟いた。わたしは、他人とは違う景色に見えてしまう自分を、彼の言葉に重ねた。ありのまま、というのはなかなか難しい。ありのまま生きることができればよいが、なにかに阻害されたり足を引っ張られたりする。平均化された社会で平均点を出せないと、つまはじき者になるように。

けれどわたしは決して、自分の世界を否定するつもりはない。他者に理解されずとも、それはそれでいいし、諦めきっているわけでもない。ただわたしの目の前に広がる世界を受け入れているだけ。

「もしかして、補聴器を外したら、違う色になるのかな。あのビデオのなかで、補聴器を外すシーンが印象に残っているんだよ」わたしは堰《せき》を切ったように話し出した。「あのシーンでかのけんは、薄い緑がかった青の色をしていた。少し物哀しくて……」ぽっかりと空虚な穴が開いたようで、なにかをぽんと、そこに置いてきたような感覚。しかしほんとうは哀しいわけではなくて、表現のしようがないもの……。

「なんて言ったらいいかわからないけど、静かなんだ。補聴器を外して散歩するときもあるよ」と、かのけんは言った。

言葉にできない彼のその感情を、わたしは色で見た。そこには薄い青緑の青のなかに、穴が開いていた。かのけんは「静か」と表現したけれど、きっとこの穴は言葉にすることができない、「　」。なにもないのではなく、たしかにそこにある、なにか。

もしかしたらこれが、「ありのまま」なのかもしれない。

嘘を食む

人間がつく嘘には様々な色がある。嘘をつく動物は自然界のなかにたくさんいるが、特に人間の嘘は種類が豊富なのだ。しかしそれにしては、あまり綺麗な色ではない。わたしは嘘が嫌いで、他人から嘘の色が見えたらすぐに立ち去るだろう。なぜなら嘘の色を見たくないからだ。それほど嘘の色は、汚い。

わたしには、人間たちの会話は色付きの文字に見える。それはちょうど漫画の吹き出し文字のように。吹き出しの文字は、ほんとうのことを言っているとき、鮮やかな色で軽快に踊った。しかし嘘をついているときの文字の多くは、色のなかに黒滲《くろにじ》みができるのだった。

その黒滲みは、水のなかに墨汁を垂らしたときのように、もやもやと広がって、折り重なっては一部を隠し、一部を尻尾のように囮にして、周囲を飛び回った。これは妬みや嫉み、劣等感を隠す嘘。厄介なのは、この黒滲みは相手にも伝播すること。尻尾を鉤爪のようにして引っかけて引きずり込むのだった。

もっと嫌なのは、鮮血のような赤色の嘘だ。赤色の吹き出し文字はよく見るが、ほとんどは情熱が溢れている人だ。しかしそれが血のような鮮やかな赤色なのは、息をするように嘘をつく人だった。

それは小さな嘘から大げさな嘘まで常に口からでまかせ、しかも罪悪感もないようだった。しかしその血のような鮮やかな赤色が、徐々に酸化して黒ずんでいくのをわたしは見た。赤からワインレッド、バーガンディー……それが黒くなったころ、彼らは孤独になった。

無色透明な嘘もあった。人気アイドルがテレビ番組で話しているとき、突然、吹き出しの文字に色がなくなった。さっきまで黄色だったのに、どうして色がなくなってしまうのかとよく観察してみれば、無感動でなにも感情がないときの言葉は無色透明になるようだった。なるほど、彼らはそう言うように指示されているんだ。その嘘は誰も傷付けないかもしれないが、わたしは色のない世界なんて飽き飽きしてしまう。

カラフルな嘘もあった。これは優しい嘘なのかもしれない。たとえば相手を悲しませないためにつく嘘は、パステルカラーの透明な色をしている。また役者が演技のためのセリフを言うとき、キャラクターに合わせて色が変化する。それからダンサーも、曲に合わせて色が変化する。つまり、演じることに関わる人は、臨機応変に色が変わるようだった。

ある秋の日、わたしが持病を患って入院したときの話。徐々に回復するとベッドの上が退屈になってしまった。残念ながら病院の図書室の本はまったく面白みがなく、新型コロナウイルス流行の全盛期だったこともあって見舞い客もない。そのためわたしは、退屈しのぎに点滴を引っ張りながら病棟の廊下を歩き回っていた。

廊下には看護師や患者、たまに白衣を着た医師が往来していた。方々から患者に話しかける看護師の声、検温をチェックしたり、食事を出し入れするワゴンの音が聞こえた。

わたしはそうした雑音が苦手なため、廊下の突き当りのベンチにひとり腰かけた。特等席の窓からは市内を眺望することができた。が、それもすぐに飽き、くるりと身を反転させて人間観察を始めた。

「へえ、看護師さんって、緑色が多いんだなあ」

見渡せば、多くの看護師は緑色、草色、新緑色、抹茶色などであった。対して患者の色は様々あったが、具合が悪い箇所はどれも影を帯びていた。病気のそれは普段からよくある光景なので、さほど驚きはしなかったが。

「ん？　なんだ？　あれは」

わたしは見つけた。ある患者が看護師と話している。こちらまで声は聞こえないが、色は見える。看護師は赤色の背中をしているので、少し感情的になっているのかもしれない。一方の患者は、黒滲みの靄が急速に大きく膨れ上がっている。その膨れ上がりようといったら！　まるで焼いた餅のように膨れるのだった。

この黒滲みの靄は嘘つきの色だ。それはわかる。だが、こんなに膨れ上がるのは初めて見たな……などと冷静に分析していると、次の瞬間、怒号が響き渡った。それは言葉にならない嗚咽混じりの音で、例の患者から発せられたものだった。泡を食った看護師はみるみる紫色になっていった。

それから、わたしはその黒滲みの靄が気になって、例の患者の病室の前を歩くことが多くなった。患者はやはり嗚咽混じりでなにかぶつぶつと話していた。靄は日に日に大きく膨らむようだった。

ある日、いよいよ弾けそうなくらいに膨らんだ靄は、そのもち主を食べてしまうのではないかと直感した。いや、もう食べられてしまったのかもしれない。だって廊下にまで黒滲みの靄の尻尾がうねっているのだから。わたしは危機感を感じて、顔見知りの看護師にそっと聞いた。

「あの、805号室の患者さんですが、大丈夫ですか?」

酷く曖昧な言葉を選んでしまったな、と思ったが看護師は、「ああ、あの人ね。もしかしてなにか困ったことされた?」と言った。

「いえ、たいしたことじゃないです」と言葉を濁して返答すると、看護師はそれを肯定の意味に捉えたらしく、緑色の顔を少し濃くして「あの人はちょっと認知症があるから、勘弁してね」と言った。

世の中には様々な嘘がある。

しかし自分の嘘に食べられてしまったとき、心が壊れるのかもしれない。

青い先生

幼いころからわたしには、「先生」がいる。

「先生」は不思議な存在だ。青白く光る玉のような見た目をしており、実体はない。夢うつつの意識状態のときにたびたび現れて、わたしに格言を与えて去っていく。

どうして「先生」と呼んでいるのかもわからない。だが、初めて会ったときから「先生」なのだ。

わたしが学生のころ、思春期も相まって不安定な精神状態にあったが、そんなときも「先生」はわたしに助言を与えてくれた。

先生曰く、

「きみの心の油を燃やして、燃え盛る松明になりなさい、それで自分自身と他人をあたためなさい。

それから湧き出る泉になり、水を欲する人に分け与えなさい。

誰がなにをしたって、なにを考えたっていい、敵意をもっていたっていいじゃない。

きみが気にするほどの人じゃない、愛する人のことを考えなさい。

ものに執着せず、目に見えないものをだいじにしなさい。

きみはきみのやるべきことのために、ゆっくりと時間を使いなさい」

先生曰く、

「この世に起こる事象はすべて、管理されている。

きみがなにかに気付くまで、いいことも悪いことも様々な事象が起きる。

きみが成長し続けるように、そこに留まらないようにするために、事象が起きる。

他人とずっと同じ演目に立てるわけじゃない、次へ進むのだ。

きみの魂が先へ進めば、自ずとそれに見合った環境が与えられるのだから」


夢とも現実ともつかない世界からハッと意識を戻し、わたしはひと呼吸おいて、先生から与えられた言葉をノートに書き写した。わたしには会話や言葉が色に見えているので、それを風景画のように記憶することによって、一言一句違えずにコピーすることができた。

「先生」の言葉を書き留めたノートは、あとから何度も読み返す必要があった。なぜなら一度だけでは理解ができないからだ、この深い深い言葉の意味を。

「先生」の言葉はどれも納得できる、この世の真理だった。真理なんて、ちっぽけな人間のわたしには到底理解できないことなのだが、なぜか「先生」の言葉はすべて受け入れることができたのだ。同時にその言葉は、わたしに希望を与えた。

最初は、この「先生」の正体がなんであるか知りたかった。霊能力者がいう「守護霊」とか「指導霊」なのだろう。わたしもそういうものだと思っていた。

しかしほんとうにそうだろうか。「先生」とのやりとりの回数が増え、大人になった今では、厳密に先生がなんであるかをつきとめることは、無謀である気がした。これは「先生」に限らずだが、証明のしようがない目に見えないものがなんであるかなどわかるはずはないし、仮に名前がついたとて、それは人間の概念の範疇でそう呼ぶことに決めた「仮名」だ。それに「先生」には、名前に縛られてほしくない。「先生」は、「先生」なのだ。

わたしが事業者として働き始めたころ、もっと頼って、お願いしてもいいと「先生」は言った。そこでわたしは自分がやりたいことや、考えていることを「先生」に打ち明けた。ホームページを作りたいからＨＴＭＬ言語を教えて、経理のやり方を教えて、魔術に必要な知識を習得するためになにをしたらいいか教えて……我儘で無茶苦茶な要望なのだが、「先生」はわたしを一切否定せず、ぽんぽんとそれを引き寄せてきた。あとになって考えれば、たぶんこの引き寄せは「綿菓子の兎」のおかげでもあるのだが、「先生」の意図としては、わたしに「まず願うこと」の大切さを教えてくれたのだ。

それから事業でもプライベートでも山あり谷ありの高密度な経験をしてきたが、離婚や病気を経験したときはさすがに参った。わたしの精神はこのときがいちばん絶不調だった。

ある癌に侵されて治療中のときだった。

わたしは痛くて痛くて、いっそのこと死んでしまえば痛くなくなるのに、と願った。

こんなときこそ「先生」に現れてほしいのだが、極限状態では「先生」の声は聴こえなくなるらしい。痛みで意識がおかしくなりながら、それまでのノートを読み返すことしかできない。もし先生が今ここに現れたなら、きっと言うだろう。

「きみが使命を果たすまで死なせない」、と。

ああ、厳しいですね、先生は……と思いながら、意識を手放しまどろみのなかに落ちる。

どのくらい眠っていただろうか、突然、夢のなかに「先生」が現れてわたしの腹の上に乗った。

「あれ、いつもは言葉を交わすだけなのに」とわたしは不思議に思ったが、だんだん腹が熱くなって、真っ赤な炎を上げて燃えていた。ごうごうと勢いよく燃える炎、肉が焼ける酷い悪臭もした。

熱い、暑い、苦しい、助けて、と叫びそうになったとき、ハッとわたしは夢から覚醒した。汗びっしょりだが、腹は燃えていない。だが僅かに、肉の焦げる臭いがした。

その後、病院の検査結果で癌細胞が消えたことがわかった。もちろんわたし自身も食事や生活に気をつけて努力していたが、「先生」が守ってくれたのではないかと思えた。

今では夢のなかに「先生」が現れることはない。わたしが年々ますます感覚過敏になっていくので、夢に現れる必要がなくなったのだ。

「先生」はここにいる。

青い光の玉も見えないけれど、ここにいる。

なにかを伝えたいときには、お互い言葉を交わさなくても、一瞬で伝わる。

わたしはいつも、「先生」を感じることができる。

声が聴こえる

わたしが近年でいちばん驚いたことは、「普通の人はイメージしたものと会話ができない」ということだった。

わたしのなかでは、イメージしたものには色や香りや音の情報が付随しているので、イメージとの会話は日常茶飯事だった。例によってお喋りな「4」の紳士や、「7」の奇術師などは、数字を見ただけで集中力が途切れるほどに彼らの会話が聞こえてくる（そもそもこれらはわたしにとっては実在する数字なのであるが）。

これを「イマジナリーフレンド」ではないかと思う人がいるかもしれない。

イマジナリーフレンドとは空想上の友達という意味だ。「目に見えない人物（キャラクター）で、子供のころ一定期間一緒に遊ばれ、目に見える客観的な基礎をもたない」存在らしい。つまり物体や文字の擬人化ではない。だけどわたしの場合は数字を見ると実際にそれが動いたり、喋ったりし出すから、これには当てはまらない。

しかし数字以外のもの――たとえば「孤独の使者」や「先生」は、なにもない空間に突然現れる。わたしだけに見えるものであるからイマジナリーフレンドに近いものなのかもしれないが、やはりそれとは違うと思われる点が三つある。

1）会話の仕方が人間とは異なる。子供が遊ぶままごとのように会話のキャッチボールを繰り広げているわけではない。「数字」であれ、「孤独の使者」や「先生」であれ、彼らがもってくる情報は、一瞬なのだ。わたしはその一瞬ですべての会話を終え、情報を受け取っている。絵画を鑑賞したときに一瞬ですべての五感や感情が入ってくる感覚に近い。こうして文字に書き起こすときには、その一瞬の出来事を会話調に順序立てて描写しているに過ぎないのだ。

2）いつ現れるかはわからない。「孤独の使者」や「先生」は、わたしの呼びかけに答えて現れるわけではない。さすらいの旅人よろしく、いつも突然パッと現れては去っていく。訪れる周期もバラバラで予測不可能だ。だから彼らは、「綿菓子の兎」に近い存在ではないかと考えている。

3）会話の内容が予想できない。もしわたしが創作したキャラクター（イマジナリーフレンド）であるなら、わたしの知識や経験の範疇で会話がなされると思うのだが、「数字」も「孤独の使者」や「先生」も、わたしが知る由もない知識や助言・格言を与えてくれる。時には支離滅裂なやりとりが展開される。

さて、わたしがとある人との会話のなかで、初めて自分が共感覚者であると知ったとき、「ああ、わたしに見えている数字のキャラクターや、突然パッと現れて格言を残していくキャラクターは、今まではとりあえず「霊感」ということにしておいたけれど、「共感覚」と表すのがとてもしっくりくる」と直感的に腹落ちしたのだ。

続けて彼は、わたしはビジュアライゼーションが抜群にうまいのだという話をした。

ビジュアライゼーションとは、魔術儀式における「視覚化」のことである。実際の目で見る視覚という意味ではなく、たとえば自分の願ったものやなりたい姿をイメージし、あたかも現実にそれがあるかのようになにもない空間に具現させることをいう。もちろんほんとうに魔法のように出現させるわけではない。しかしイメージだけでそこに出現させるには、五感（視覚・聴覚・嗅覚・味覚・触覚）をすべて総動員させて「感じる力」を最大限に利用しなければならない。

ちなみにこれは願いを叶えるためにはとても重要なファクターであり、より具体的にビジュアライゼーションできるほど願いが叶う効率が上がるのだが、それはまたべつの機会にお話しするとして、わたしはいかにしてビジュアライゼーションを行っているのかという話題になった。

しかしその「どうやって」にすぐに答えられない自分がいた。

なぜなら今まで、他の人と比べて自分にできないことや困りごとばかりに着目していたからだ。逆に自分ができることは、できてしまっているが故に意識すらせず、「当たり前」のことだと思っていたのだ。わたしが一瞬で会話を終えてすべてを理解できることも、あるいはそれをひとつずつ分解して順序立てて書き起こすことも、わたしにとっては幼いころから造作もなくできることだった。

従っていつも共感覚によって自分の意思とは関係なく想起させられる「数字」たちとのお喋りと違って、ビジュアライゼーションは、逆に能動的にイメージすればいいだけだ、順序立てて書いた願いの設計書を空に向かって放り投げるようにして、一瞬で会話を終えるのだ。だからわたしの場合は、イメージに時間がかかることはない、一瞬で魔術儀式は完了してしまうのだ。

「もしかしたらわたしは、もともと感覚が鋭かったのかもしれません。感覚過敏な人は、魔術儀式がやりやすいのかも」

「ほんとうに、それ、あると思います。魔術と共感覚、面白いですね」

わたしは彼との会話のなかで、またひとつ自分の特性を会得した。

まずは魔術の知識を理解することがだいじで、それを主にわたしも見習い魔女たちに教えてきた。しかしそれだけでもだめなのだ。

次なるステップでは「感じ」を磨かなければ。


こうしてわたしは、「黒猫魔術店」に続く二店舗目の店「フクロウのかまど」をつくった。ここは自然に溢れ、静かで、ゆっくりとした時が流れる。

ここにいると感覚が研ぎ澄まされ、自然に声が聴こえてくる。

そのもの《イデア》の、心の声が聴こえてくる。


ほんとうは、皆感じることができる、その声が――……。

霧とヘドロ

「深層アート」を描いていると、様々な人間の色を見る。

それはもしかしたら、いわゆる「オーラ」というやつかもしれない。

しかし「色が見える」という言い方には少し語弊がある。わたしが感じているのは色だけではないからだ。色のなかには、その人間の「質感《テクスチャー》」があった。

質感は、霧状や、スライム状、液体状、砂状など様々あり、もっと具体的に表現するなら「もくもく」「ねばねば」「さらさら」「ざらざら」となる。色の情報とほぼ同時に、こうした感触の情報もわたしのなかに入ってくるのだ。

振り返れば、わたしにとって色と質感は切っても切り離せないものだった。幼いころからあの人は「とげとげ」しているとか、「シュワシュワ」「パチパチ」しているなどと感じていた。同じ「パチパチ」でも、線香花火のパチパチ、アイスクリームのなかに入っているキャンディーのパチパチ、手を打ち鳴らすパチパチ、電気っぽいパチパチと、微妙に異なっている。

この人にはいつも藍色の雨が降っているから「さらさら」しているな、この人は飴細工でできた天女の羽衣のようなものを背負っていて「ぴかぴか」しているな。あっちの人は眩しいオレンジ色で「からから」している。

こうした「質感」の情報は、色の情報とともにわたしの処世術に役立った。わたし自身は霧状の質感をもっている。そのため「もくもく」「シュワシュワ」「パチパチ」などの同じく霧状の質感の人には好感を抱き、話が弾んだ。逆に「とげとげ」「バチバチ」「ねばねば」とは相性が悪いように思う。一時話を合わせることができても、そもそもの価値観が違い過ぎて長くは続かない関係かもしれない。

特に「どろどろ」との相性は最悪だった。

わたしがまだ若いころ、飲食店で接客のアルバイトをしていたときのことである。自分に接客は向かないとわかっていながら、もっと観察をして人間や会話の色を見てみたいと考えた。これはわたしにとって相当なストレスだったが、若くて健康なうちしか経験できないことはすぐにやってみるべきだ、途中でやめてもいいのだから、と思ったのだ。

店には様々な仕事の、色々な客が訪れた。わたしは会話をしながら、色や質感を分析した。年齢や性別や容姿、職業や肩書は一切関係なく、やっぱり霧状や、それに近い質感の人とは相性がいい。話も弾むし、リラックスできる。たとえば隣に座っても、なんの嫌悪感や緊張感も感じない、互いの境界線がスーッと混ざり合って、打ち解けていく感じだろうか。

対してあちらのテーブルの客は「どろどろ」の男性三人グループだった。まるでヘドロ沼のように濁って暗い紺色のような色だ。同じ「どろどろ」でも、水に片栗粉を入れてとろみをつけて、一晩冷蔵庫で固まってしまったものを電子レンジでチンしました、という人もいるが、それはまだ愛嬌があっていい。しかしヘドロ沼の三人は、そうではない。沼の底でなにかが蠢《うごめ》いているような、ゴゴゴゴゴという音まで聞こえてくる。

わたしは三人をさらに観察した。年の頃は三十五歳くらいだろうか。身なりはちゃんとしていると思う。オーバーサイズの衣服を着ているが、それはおしゃれの範疇なのかもしれない。髭はあるが整えられているし、靴もそれなりに綺麗で、清潔そうではある。三人とも、類は友を呼ぶということなのか、似たような恰好をしていた。

ただ、椅子に座る姿勢がよくない。足を大股に開き、どかっと背もたれに背を預けている。もちろん男性だから、そういう座り方をする人は大勢いる。しかしあまりにも、一言でいうなれば「だらしない」のだった。

わたしは内心ぎょっとしたが、仕事はやり遂げなければならない。三人のテーブルに水の入ったグラスを運び配膳を終えると、中央に鎮座する男性から「煙草をくれないか」と言われた。わたしがマニュアル通り「当店ではお煙草の販売はしておりません」と言うと、「じゃあ買ってきてくれ」と言い放つ。しかもそのだらしない姿勢を一ミリも崩さずにである。

わたしは困ってしまった。頭のなかで様々な可能性を分析した。これは冗談を言っているとか、この人たちは入る店を間違えたのだとか。あるいはこういうときは、店長を呼ぶべきなのだろうか、なんと言って待ってもらえばいいのか。

しどろもどろしていると、その男性のヘドロはみるみる赤くなっていった。これはイライラしている赤だ。早くなにか言わなければと思った矢先、わたしの顔面に冷んやりとした感触が滴った。

一瞬、なにが起こったのかわからなかった。数秒ののち、ああ、グラスに入っていた水を頭からかけられたんだとわかった。男性のヘドロは赤から濁った紺色へ戻っていった。イライラが急上昇して怒りに変わるスピードも速いが、それがすぐに収まってもとの色になるなんて、普通じゃない。うわ、この人はもしかして、暴力ですべて解決するタイプの人なのだろうか。手を上げることにはなから悪気がないのだ。

さすがに危険を感じてすぐに奥に引っ込み、店長へ報告して事なきを得た。その後どうなったかは、わたしの知るところではない。

そんなわけで、わたしはヘドロ沼のような「どろどろ」を見つけたら関わらないと決めている。世の中にはこういう人もいるんだな、といい経験をさせてもらった思い出である。

皆様も、「どろどろ」にはお気をつけて。

鉛色の咆哮

東京の街は、不快な臭いがした。

昼間のビル街も、夜のネオン街も、地下鉄も、金属をガリリ、ガリリと削ってできた微粒子を撒き散らしたような臭いがする。空気中に漂う目に見えない臭いは、灼熱のアスファルトや、極寒のコンクリートジャングルによって、熱されたり冷やされたりする。吸い込むと、鉛や鉄の苦くて渋い味が口いっぱいに広がる。子供が苦い薬を飲んだあと、顔を歪めてべっと舌を出すような、そんな味である。それはそれで、東京という眠らない大都市の香りらしくもあるのだろうが、わたしには、この臭いが不快で不快でしかたなかった。

イギリスにはイギリスの、バリにはバリの、街並みの匂いがある。

乳香、没薬、安息香《ベンゾイン》
バニラ、ココナッツ、白檀《サンダルウッド》
薔薇、梔子《くちなし》、スイカズラ
イギリスもパリも、ただ街中を歩くだけで、心が躍るような甘くて香しい匂いだった。それなのになぜ東京は、こんなにも不快な臭いなのだろう。金属が溶けた独特の臭いに、人々は気付かないのだろうか。それとも、もう鼻が慣れてしまったのだろうか。いや、そんな些細なことなど、忙しいこの街の住人たちは気にも留めないのかもしれない。

わたしは吊り革につかまりながら、そんなことを考えていた。神田明神に参拝したあと、新御茶ノ水駅から東京メトロ千代田線に乗り、とある場所へ向かおうとしていたのである。時は二〇一九年の二月、案内人は、オカルトの知識が豊富な長南さんだ。

地下鉄も電車も、路線ごとにその金属臭が異なっているのが妙だった。

たとえば、よく乗る中央線は路線が長くたくさんの人が行き交うためか、様々な金属臭がした。鉄、銅、鉛、錫、金銀、アルミなどに加え、酸化した錆びや油の臭いもする。

それに比べて神田明神へ向かう際に乗った丸ノ内線は、まるで歯磨き粉のような、歯科医院のような臭いだった。千代田線は、メッキが剝がれた彫像を雨ざらしにしたような臭いだ。

最初こそそれらを面白いと感じていたが、とうとう酔いが回ってきた。それぞれの路線の臭いの色と、人々の個々の色、それらが混ざり合い、濁る。出来上がった薄汚れた鼠色は、まさにこの街の色に違いない。

頭がくらくらして、鼻が限界を迎えたところで、大手町駅に着く。電車の外の空気を吸うと、幾分かましな気分になる。迷路のような駅の構内をしばらく歩き、ようやく地上に上がって向かった場所は、「平将門の首塚」である。戦いに敗れた平将門のさらし首が宙に舞い上がり辿り着いた場所で、首を祀り将門の怨念を鎮めるために建てられたという。

平将門の首塚は、高いビルのあいだに挟まれ、数本の木々に守られるようにしてぽつんと佇んでいる。よく見れば、首塚の土地を取り囲むようにして鉄骨が組まれ、上方には落下防止ネットが張り巡らされていた。その異様さに目を見張る。

「これが精一杯の忖度です」と、長南さんは言った。平将門の首塚は、撤去したり破壊したりしようとするとよくないことが起こるらしい。間違っても首塚を破壊しないようにと配慮した結果、こうなったということか。これではますます異様ではないか。

しかし遠目で見た雰囲気と実状は違った。一歩、首塚の敷地内に入ると、透き通った風がびゅうと吹き抜けた。風はわたしの頭のてっぺんから爪先まで一瞬で駆け抜けて、また首塚の周囲をぐるぐると旋回した。

なにか、いる。目を凝らして「なにか」を追うが、それは高速で移動する。目の端で断片を捉えようとするが、それはほとんど透明で、光の照射具合によって僅かにラベンダー色に見えるだけだった。

「なかに入ると禍々しさは感じませんね。むしろ、山頂のような……」わたしは呟いた。

まるで自然溢れる山の頂にて、大きく深呼吸をしたときの爽快感。澄んだ空気を肺いっぱいに吸って、身体中を満たす、あの感じ。東京という金属臭が充満した街のなかで、どうしてここだけ空気が違うのだろうか。

長南さんは板碑の前で線香を取り出し、火を灯す。線香をあげると白煙は太くまっすぐに立ち昇った。わたしは目を閉じ、住所と名前を心のなかで伝え、参拝の挨拶をした。すると目の前に、果てしない空と雲海、新緑の絨毯に覆われた山々の風景が広がった。わあ！　と感嘆の息を漏らすと、反動で肺に空気が流れ込んでくる。それは先程身体を貫き駆け抜けた、あの「なにか」と同じだ。

キーン、キーン、と身体の奥で音がする。

ふわりと宙に浮き、透明で無重力になる。

ああ、わたしは今、鳥のように飛んでいるのかもしれない。

金属が溶けた嫌な臭いは、ここにはない。爽やかな風のあいだを高速で滑空する香りだ！

わたしははっとして目を開けた。線香の煙はゆらゆらと小刻みに揺れ、また太くまっすぐに立ち昇ったかと思うと、瞬時、「なにか」が現れた。ほんの一瞬、煙のなかでそれが微笑を浮かべたような気がした。

参拝を終え、再び大都会に踏み出せば、鉛色の空とビルは咆哮を上げる。

金切り声で、金属を溶かして振り撒くのだ。

ここはどこも鉄の棺桶だ。

利己主義な人々は棺桶を建て続ける。「歴史」や「特別な場所」を壊しながら。

皮肉なことに、わたしたちがほんとうの棺桶に入ってからでなければ、その目に見えないものの重要性を理解することなんてできないのだろう。

※わたしが訪れた二〇一九年時点では「平将門の首塚」は改修工事中でしたが、工事は二〇二一年に完了しており、当時の情景は現在とは異なっています。また、現在は線香や供物をお供えすることはできません。

ウェアー・シャドウ

家族のなかで唯一わたしだけが発達障害と診断されているが、正直、家族全員にそのきらいがあると思っている。なかでも弟のナオは子供のころからよく変なものが見え、そのたびにあっちに黒いのがいるとか、ひらひらが飛んでいる、誰かの話し声が聴こえる、などと泣いて騒いでいた。

ナオがまだ保育園に通っていたときにクレヨンで描いた絵には、赤や青や緑色などカラフルな色の、頭が三つある人型や、一つ目あるいは百目の人型が描かれていて、子供が描くにしては不自然で不思議な構図だと元美術教師のワビタンのお墨付きをもらったので、その絵はだいじに保管している次第である。

このおぞましい絵の写真をスマートフォンで撮って待ち受けにでもしておけば、魔除けになるのではと思うほど、わたしは気に入っている。この絵をナオに見せたら、本人は描いたときのことをまったく覚えていないと言うので、この「お化け」らしきものについては今も正体不明である。

このようにナオも様々な色や音が聴こえるようで、これを霊感というのか共感覚というのかはさておき、わたしたちが信心深い祖母の影響を受け継いでいることはたしかであろう。祖母から教わった、仏壇や神棚、神社仏閣に対して、また「いただきます」のときに手を合わせることは自然に身についていた。しかしそれ以外にこうも教わった。

「変なものに、手と目を、合わせるんじゃないよ」

さて時は過ぎ、ナオは社会人になってＩＴ関係の会社に就職し東京で暮らしている。目に見えないものが見えたり聴こえたりする体質で、よくもまあ魔窟・東京に住むことができるなぁとわたしは思うのだが、当の本人は案外うまくやっているらしい。

しかし時々電話で話すと、「最近またやばいもん見たんだ」と言うものだから、これは面白いと家族揃ってナオの怪談を聞いて談笑するのだった。

あるときまた電話で話していると、ナオは唐突にわたしに尋ねた。

「おねえさ、道端で立ち止まって手を合わせて拝むことあるか？」

その声色は、心底意味がわからないといった紫色を帯びていた。

「なによ急に。道端で立ち止まるってどういう状況？　お地蔵様とか祠があるってこと？」

「まあ、そうかな。赤い前掛けをつけたお地蔵様のかたちをしているのもあるし、石碑というか、丸っこいのもある。なんか東京には道端にそういうのが多くて、よく手を合わせている人がいるんだよね」

へえ、東京にはそんなにお地蔵様が多いものなのかしら、と想像しながら「たしかにこっちには道端にお地蔵様や道祖神はないなあ。山ではよく見かけるけど」と言った。実際、山道にはお地蔵様や石でできた丸いフォルムの道祖神が所々にある。登山で怪我をしないようにとか、道に迷わないようにと手を合わせる人は多い。

祖母から聞いた話では、昔々、東北の山々には化け狐や化け猫がよく出るとの噂で、「化かされないように」という意味合いで手を合わせていたのだとか。わたしはこのような妖怪話はロマンがあって好きなのだが、妖怪であろうとなかろうと、「山や海や川に入るときには手を合わせて、「入りますよ、通してくださいね」と心のなかで言いなさい」と教わってきた。自然に対して畏敬の念をもち、自然は生き物であるから失礼なことをするなという戒めでもある。

当然、ナオもそんな観念が身についているからこそ、通勤途中に見かける「手を合わせる人々」の多さに驚いたのだという。サラリーマン、OL、主婦、学生……お年寄りよりも若い人が多いのだ。

ここは杉並区、東京もど真ん中である。山も海もないのに、彼らはなんのために手を合わせるのだろうと不思議に思ったそうだ。もしかしたらこちらでは少し勝手が違って、いってきますとか、ただいま、みたいなアットホームな感覚なのかもしれない。ナオはそう思って特段気にすまいとしたが、あるとき、異変を見てしまった。

「その日は、お地蔵様に黒い靄があって、あれっ、いつもと違うなと思ったんだよ。直感したね。あ、これはまずい黒いやつだって。どうして突然お地蔵様が黒くなったのかはわからないけど、今手を合わせたらきっとまずいんじゃないかって。

まあでも普通の人にはそんなことわからないじゃん？　だから、やっぱりいるんだよね、いつも通り手を合わせる人がさ。その人がお地蔵様に手を合わせたら、黒いのが一瞬でその人にぜんぶ移ったの。その人は真っ黒になって、歩いて行ったよ。どうなったんだろうね、その人」

ナオは日常のなんでもないことを語るような口調で怪談を話すので、それが余計怖い。

わたしは、うわあ、という感嘆とともに「きっと体調に異変は感じるだろうね、しかしやたらめったらに手を合わせるもんじゃないね、おお怖い」と感想を述べた。

加えて「ナオはよく東京で襲われないね」と冗談めかして言ったのは、むろん大の男が物理的に襲撃されることを恐れてではない、下手すれば人間よりも霊のほうが多い東京で、霊とエンカウントして襲われないのかという意味だ。

それに対してナオは一言、「霊は慣れだよ」と答えた。

「東京の人間関係と同じで、基本無関心。

ぜんぶ避けることは不可能。遭ったら逃げる。それだけさ」

後日談としてナオから聞いた話によると、お地蔵様は二か月に一度ぐらいの頻度で黒くなるらしい。手を合わせて黒くなってしまった人がどうなったかは、定かではない。

スピリット・インターセクト

言葉は、いつだってわたしの事実を矮小化する。それだけじゃない、わかりやすく説明したとて、おそらく半分も伝わらないのだろう。わたしが共感覚で感じとっている世界をわかってくれる人は、ほんとうに少ない。

それは反対に、わたしが「普通の世界」を感じとれず、これっぽっちも共感できないのと同じである。

たとえば、「部屋」や「廊下」という言葉を視覚的に見たとき、アパートの一室のように白くて伽藍洞《がらんどう》な場所が、わたしの目前に現れる。もちろん、実際に目の前に出現するはずはないので、わたしの頭のなかの「映像」が視覚を無視して現れているのだろう。

それはとてもリアルだ。1LDKの部屋の窓の外でしとしとと雨が降っている音、湿り気を帯びたひんやりとした空気感、肌寒さ、質素な壁に反響する呼吸、ちかちかとうるさいLEDの照明、カビ臭い下水とクローゼット。

キッチンと浴室の換気扇のスイッチを押す。すると空気の流れが変わる。淀み溜まっていた灰色の空気は、乱気流になって吸い込まれていく。


「どうですか、大丈夫ですか？　ここ」

とある喫茶店にて、わたしは後輩の相談とやらに耳を傾けていた。彼は最近アパートを引っ越したばかりで、曰く、入居してから様々な心霊現象が起こっているのだという。人の気配、壁を叩くノック音や、ドタバタと床を走り回る音、排水溝の異常な臭い、不眠、怪我、事故、病気などなど……こうした話は、だいたいが本人の気にし過ぎ、あるいは単にたまたまよくないことが連続したという場合が多い。そう説明したのだが、どうしても困っていると言うので、しかたなく詳しい話を聞いていたのである。

わたしが住所と不動産情報が載った間取り図、半径約二キロ圏内の地図を要求したので、テーブルの上にはそれらと湯気を立てるブラック珈琲がふたつ並んだ。間取りはよくある1LDK。家賃も平均的、周辺のインフラもそれなり。情報だけ見ればいたって普通で、特に問題のない物件であるように思う。

しかしわたしはべつに不動産情報を見ているわけではない。「感じ」ているのだ。紙に書かれた住所を示す、漢字と数字の羅列。近隣にどんな建物や店、町名があるのか。

そこにあるありふれた文字は、わたしたちのイメージを最初に縛るものだ。そこに定住すれば、毎日、無意識に入ってくるようになる。気にしない人ならいいかもしれないが、やれやれ、後輩は心霊現象などと気にするくらいなのだから、きっとイメージに縛られているに違いない。

住所や地図には、「水」のイメージが強かった。注意しておくが、直接的に「水」や「さんずい」の漢字が使われているといったことではない。ひとつの住所として、ひとつの建物名として単語全体で見ると、わたしの感覚からは、群青色や錆鼠色《さびねずいろ》といった黒っぽい青色が見えたのだ。まるで、貯水槽に溜めた水のようだ。流れもなく、動きもない、忘れ去られ、静かに淀み続けるだけの、真っ暗闇の不浄。

しかし間取り図を見れば、空気の流れをつくることは容易にできそうだ。問題なのは「水」が動かず留まってしまうことなので、それを滞ることなく流してやればいい。

「ずっと換気扇を回していれば、解決しそうだけど」と、わたしは言った。

「えっ、それは、この部屋にほんとうに霊がいるってことですか？」

「いや、霊というか、そういうのはどこにでもいるから。家のなかにも外にも、うようよしているものだから」

わたしが溜め息交じりに淡々と告げて珈琲を啜ると、彼の顔色はだんだん青白くなっていった。

「どうしよう、除霊って、できますか？」

「除霊？　どうして？」

「だって、霊がいるなら祓わなくちゃいけないでしょ？　こっちは生活できなくて困っていることですし」

藁をも縋る思いでの訴えなのだろうが、わたしはその自分勝手さに苛立って盛大に「はあ」と漏らす。

「お前はヤクザか。どうして先にいたやつらを追い払わなくちゃいけないの？　換気扇で解決できるんだから、一緒に住めばいいじゃん」

「ええ、でも……」

「嫌ならお前が出ていけばいいよ」

わたしは一気に珈琲を飲み干し、小銭を残して席を立った。

こういう話は苦手である。人間から見た霊というイメージと、わたしが見る「目に見えないもの」のイメージがだいぶ異なっていて、話が嚙み合わない。なんでもかんでも「霊」といって悪者にしたり、商売にしたりする。すべて偉い偉い人間様がつくり出した勝手なイメージだ。

それからわたしは、後輩が住むアパートを訪れた。

感じた通り、やはりこの土地は「水」が強い。建物と建物は密接していて木々などの植物が少なく、近くの公園やスーパーもどことなく薄暗い。家のなかだけでなく、外も風通しが悪い。

「そりゃ、溜まっちゃうよね」

目を凝らせば、スライム状の小さなものが無数に漂っている。やはり黒っぽいので、小さくても重量があるように思う。それらが悪気なく、人間の身体と交差する。毎日、毎日、交差すればきっと身体も心も重くなるだろう。

しかしなんの罪があろうか。どちらもただ生きているだけだ。

それならせめて互いに共生していくことはできないのかね、とわたしは踵を返して思い耽った。

ジェラス・マッドネス

新築を建てた家主からの依頼を受け彼女の自宅を訪問したのは、わたしが二十歳のときだ。

祖母が亡くなって五年、ますます強まる霊感を有効活用しようと、わたしは頼まれれば霊視を引き受けていた。当時、代金は受けとっていなかったが、ただでは帰せないと依頼主が言うときには、チョコレートをいただくことにしていた。霊視をすると頭を酷使するので早急に糖分を摂取する必要があったのだ。それをもじって「チョコレーシ」なんてカジュアルに呼称していたが、やっていることは大真面目な霊視——色の分析と考察だった。

なぜならわたしには、可視不可視にかかわらず、生き物の色や光が見えていたから。

現場に着くと、さすが新築、綺麗でおしゃれな家だった。たしかに霊はいるが、これは正常な範囲であるように思う。そもそも霊はどこにでもいるもので、ここには小さい光の玉のようなものや、小さい蝶々のようなもの、小さい花びらのようなものがいるけれど、悪さをするやつらじゃない。そりゃそうか、どこでもそうだが、汚い場所よりは綺麗な場所のほうが生き生きとしたよい生き物が棲みつく。だから依頼を受けたときには、新築なのにどうして霊に困っているのか不思議に思ったほどだ。

応接間へ通され、家主が口を開こうとする。しかしわたしは「ちょっと待ってください」とそれを遮り、まずは家主の色を見た。家主は四十代の女性だった。彼女のベースの色はおそらく緑色なのだと思う。だがその緑色は所々欠けて浸食されているのだ、彼女の右側後方の、真っ赤に立ち昇る炎によって！　細部までよく見れば、炎は蛇のようにうねり、牙を剥いていた。いったいこの炎の蛇はなんだ？

「遮ってしまいすみません。話を続けてください」

わたしは謎の炎の蛇の正体の糸口が、家主の話のなかにないかと探った。なんでも家を建てる計画で動き出した一年前から体調を崩し、眠れなくなったという。ストレスが原因のノイローゼとの診断を受け、安定剤や睡眠薬を服用しているらしい。

「お医者さんには伝えていないのですが……こんなことを言ったらもっと酷い病状だと思われるとその、世間的にちょっとと思いまして……。実は、聞こえるんです、女性の声が。ぶつぶつと、念仏のようなものが」

それを聞いてわたしは直感した。なるほど、この炎の蛇は、生霊か。この色と同じ、ベースの色が赤い人間の。

「その声に、聞き覚えはありますか。たとえば、人から恨まれるような心当たりなどは？」

家主はしばらく考えたが、まったくわからないという。しかたがないので色の源を辿ることにする。人の色には流れがある。どこから流れてきているのかを辿ることで、人間関係の相関図がわかる。もっともこれは生きている人間だけとは限らない。流れを辿れば親をはじめ先祖代々まで繋がっているからだ。

しかし該当の炎の蛇のもち主は生霊である。すなわち今生きている人間だ。遥か昔の人の色を辿るよりもやりやすい。しかもこんなにはっきりと赤い色を見せるのだもの、近い場所にいる人物に違いない。

わたしは目を閉じ、頭の奥で「映像」を見る。そこは大通りに面した、灰色の外壁、小さな看板には「工務店」の文字。ここは家主の新居を建てた工務店だろう。なかへ入ると、社長は男性。この人は黄色だから違う。しかし衝立の奥が赤い、同じ赤い炎、蛇だ。あれは、社長の奥さんだ！

そこでわたしは目を見開き、意識を現実に戻した。体調不良の原因は工務店の社長の奥さんの生霊かもしれないと伝えた。家主は驚愕していたが、その真偽を確かめるため工務店へ行ってみることになった。

工務店へ着いたのは午後二時を回ったころだった。ちょっと会いに行くだけだというのに家主は「手ぶらなんて失礼だわ」と言って、近くで菓子折りを買って土産にした。

家主はそれを社長に手渡しながら「先日はお世話になりました」と、純粋な感謝でいっぱいの緑色になった。きっと普段から思いやりがある人柄なんだな、とわたしは思った。

ノイローゼと診断されているのに、こうしたやりとりはずいぶんしっかりしている。世の中にはなんでもかんでも霊のせいにして、やれ除霊だ、お祓いだなどと騒ぐ輩がいるが、精神的なものが原因であることはかなり多い。しかし、やはりこれは精神的な問題ではなく、霊障によるものだと確信した。

しかし次の瞬間、身の毛もよだつほどぞっとした。例の奥さんが、お茶をもって登場したのだ。それはもう地獄の業火ともいうべき赤を煮えたぎらせ、無数の蛇の大軍を従えて。

「そのお茶、飲まないでください」と、わたしは小声で家主へ伝えた。むろん毒物混入の恐れがあるからではない、むしろそれよりも厄介かもしれない、「気持ち」がこもったものというのは。うねり狂う蛇をまとった奥さんが淹れたお茶など、怖くて飲めたもんじゃない。家主が、それは悪いわ、と呟く声が聞こえた。だがわたしはそれを無視する。こちとら、今はそれどころではない。奥さんは今にも鬼に変貌しそうな真っ赤な形相で睨んでいるのだ、わたしは防御法や対策を得るべく、俯き目を閉じた。すると奥さんの心の色や声、映像が流れ込んできた。

この蛇の正体は、「嫉妬」だ。

奥さんは、家主が社長に媚びをうって、彼をそそのかしていると解釈しているらしい。もちろん家主にはそんな気は毛頭ない。どろどろした真っ赤なマグマ、眩しく飛び散る火の粉、のさばる蛇。奥さんは、家主の純粋な感謝の気持ちをマグマ溜まりに放り投げて、焼いて、焦がしていく。勿体ないが、今日家主が持参した菓子もすぐゴミ箱へ捨てるつもりだろう。マグマで炭化された感謝は、奥さんの傍らにうず高く積み上がって山のようになっている。その数のものすごいこと！　おそらく家主だけへの嫉妬ではない、きっとこの世の女性全員が、気に食わないのだろう。

「……気持ち悪い、帰る」

言うや否やふらふらと立ち去るわたしに続き、家主が「すみませんが、今日はこれで」としっかり挨拶して、工務店をあとにした。

「やっぱり生霊の正体は奥さんでした。あなたが社長に媚びていると思っているようです。おそらく被害者はあなただけじゃない。社長と仲がいい女性を嫉妬の対象にしているんです。可能であれば社長との関わりを控えるのをおすすめします。そうすれば、体調不良はすぐによくなりますよ」

わたしは最後にそうアドバイスした。

残念ながら世の中には、人の行為を投げ捨ててしまう人がいる。しかしそんな人に立ち向かうことはできない。聖書には「嫉妬《レヴィアタン》はどんな武器でも貫けず、傷付けることはない」とあるから。

しかしながら嫉妬に狂った人の末路は悲惨なものである。その工務店はしばらくして廃業したようだ。

いつの時代も、いちばん怖いのは人間である。

ペーパーバック・ライター

世の中には「自称霊媒師」がごろごろいるが、ほんとうに有能な者は一握りである。霊を祓うといってわけもわからぬ壺や判子を売る悪徳な商売をしたり、救いの手を差し伸べるふりをして洗脳し金銭を吸い上げたり、とんでもない非科学的論法で謎の水や貴金属を売ろうとする、こういう浅はかな輩がいるからほんとうに有能な霊媒師は肩身が狭くなるのだと、わたしは嘆いている。ああ、勘違いしないでほしいのだが、有能な霊媒師とはもちろんわたしのことではない、わたしは霊媒師ではないし、除霊もしない。ただ生き物の色が見えるだけの、しがない魔女に過ぎない。

しかし世の中にほんの一握りのみいるであろう本物の霊媒師に代わって、皆さんに警笛を鳴らすことはできる。だから、考えてみてほしい、「呪い」について。


わたしがまだ二十歳そこらで「チョコレーシ」活動をしていたときのことだ。「変なものを受けとってしまったので見てほしい」という依頼を受けて、すぐさま現場へと駆けつけた。

依頼主は三十代の女性で、家族構成は旦那さんと小学四年生の長女、アパートで三人暮らしだった。先日依頼主が実家へ帰省した際、母親が妙な霊媒師に執心しており、『あんたも呪われてるンだから、しっかりと魔除けをせにゃならん」と言われ、大きな紙袋をもたされたらしい。つっ返そうにも母親は聞く耳をもたないので、しかたなくそれをもち帰ってきたというわけだ。

もちろん奥さんは霊媒師の言うことなど信じていないし、できれば母親にもそんな馬鹿げたことはやめてほしいと願っているのだが、それは内輪でなんとかするとしても、紙袋の中身を開いたところ素人目でもわかる禍々しき品々に戦慄したという。

挨拶もそこそこに、奥さんは「これなんですが」と憚るような小声で、くだんの一品をわたしに見せた。

鏡、注連縄、鳥居の模型、半紙に包まれた御札、位牌、小さな塔婆、木箱……。

たしかにこれを見れば誰だって違和感を感じるだろう。もの自体は神社や寺で使われるような品々であるのになんとも貧相な手作り感満載で、それがかえって不気味なのである。塔婆に至っては、アイスクリームの棒を削ってそれらしく似せたような作りであり、本職の人が見れば罰当たりめ！　と怒鳴り狂う代物だろう。

色を見れば、鏡と御札が黒く、そして木箱がもっとも黒い靄に包まれていた。わたしは依頼主に許可をとって、まずは御札から開いてみた。なかには西洋魔術でよく使われる「ＳＡＴＯＲ魔法陣」が入っていた。それなりに有名な魔法陣で、五×五マスにアルファベットがそれぞれ並び、全体で「神の御業」を意味する。しかしどうして神道や仏教のなかに西洋魔術の陣があるのだろうか。統一性が皆無である。

次に鏡だ。鏡は額装になっており容易に分解できた。額縁の背面を開けるとなかには当然、板状の鏡が入っているわけだが、この鏡の裏には呪符が貼ってあり「急急如律令」と書かれていた。わたしは思わずうーんと小首を傾げた。こちらも有名な呪文で「迅速に実行せよ」という意味合いなのであるが、呪符には「なにを」の部分が記載されていないため中途半端なものになっているのだ。

さて、ここまではまだ序の口である。ひときわ黒い靄を発生させる木箱のなかには、いったいなにが入っているのか。悪臭も漂っている。わたしは手袋をはめて、おそるおそる木箱の蓋を開けようとするが、蓋は接着剤かなにかで厳重に固定されており、素手の力ではびくともしない。わたしは直感で、ある種の危険を察知した。

「これ、やばいです。外で壊していいですか？」

「え？　大丈夫なんですか？　壊したりなんかして、もし祟りが起きたら……」

奥さんは不安で背筋を凍らせていたが、わたしはそれをなだめるようにして言った。

「ああ、祟りなんて起きません。だって、見る限り統一性もないし、中途半端な術式ですもん。こんなんじゃなんにも効きませんよ。とにかくこの箱は開けたほうがいいです」

わたしは奥さんと連れ立って庭へ行くと、砂利が敷き詰められた駐車スペースに木箱を置いた。それからハンマーを借りて、ひと思いに一撃、木箱を叩き割った。すると接着剤の継ぎ目が崩壊し、見事中身を拝むことができたのである。

わたしの直感は当たった。崩れた箱のなかから、出るわ出るわ、無数の骨の残骸。依頼主は目を丸くしてヒィと叫んだ。よく見れば、骨には翳りついたかのような肉の繊維がこびりついている。

「うわ。これは鶏の手羽元かしら。あ、こっちは手羽先だ」

わたしは骨の形状からフライドチキンのような骨付き肉を想像した。それ以外に推察のしようがない。つまり母親がご執心のインチキ霊媒師が食べたフライドチキンの骨である。それを、曰く魔除けと称して商売するなんて、いやあ、呆れかえってものも言えない。せめて肉を削ぎ落とし、綺麗に洗って乾燥させて、雑菌がいない状態にしなければ。腐ったり発酵してしまっては魔除けどころではなく、むしろ呪いの温床と化した呪物である。案の定、木箱の裏側はカビだらけだった。

この鶏の骨とカビだらけの箱の残骸はビニール袋に入れて密閉し、無事に生ゴミとして処理されたのだが、わたしはその前にこの惨状を写真に収め、その他の品々や経緯とともに然るべき行政機関や弁護士などを訪ねるよう奥さんにすすめた。これは悪質な霊感商法であるし、迷惑行為として相談することができるだろう。


そんな話をネタに後輩のアパートを訪れたある日のこと。

「先輩なら完璧な呪物をつくりそう！」

後輩がげらげらと爆笑しながら下品なことを言うので、わたしは胸にチクリときてからかってやろうと思った。

「そりゃあ、有名どころを寄せ集めただけのもんはつくらないわよ。そうね、やるならバレないようにやらなくちゃね」

たっぷりと含みのある言い方をしたわたしは、紙袋に入った手土産のフライドチキンを差し出した。

「え、これってまさか……」

「もちろん、食べるわよね？」

後輩の喉がごくりと鳴る音が静かな部屋に反響して、わたしは思わず笑った。

あの世渡り

始めに断っておくが、この話をすると気分が悪くなったり、過去のトラウマを抉られる思いをする人もいるので、心配な人は読み飛ばしてほしい。しかしながら人間の「色」について話をするとき、終着駅である「死」については触れておかねばなるまい。

「死」は、わたしたちのすぐ傍にある。

可視不可視にかかわらず生き物は、生と死の連鎖によって生かされている。物質的なこの世界では、生き物を狩って、あるいは収穫して、それらを食べることで生きるためのエネルギーを得ているのだ。

そして「死」は、誰にでも平等に訪れる機会だ。死ぬ間際の痛みの程度や、生きた年数によってはわたしたちに与える印象がずいぶんと変わるが、結局誰しもいつかは死ぬのであるから、わたしたちは死に向かって生きているといってもいい。

さて、わたしには人間の「死」が見える。生きているうちは変化に富んだ各々の色で活動しているのだが、死んでしまうとその色はぱったりと輝きを失う。むしろ身体の内側が真っ黒に変色して、闇が蠢くようである。

「そうやって死ぬとき、わたしたちの色は、どうやって消えていくと思う?」

わたしはグラスを傾けながら、隣で落ち着かないようすの後輩に話を振った。彼は先日の幽霊騒動でわたしを怒らせたことに申し訳なさを感じているようで、そのお詫びに今こうして安酒をご馳走になっているわけだ。といっても小洒落たバーや居酒屋などではない。つまり彼はまだ幽霊の存在に怯え困り果てているので、体よくわたしを部屋に呼んで、あわよくばなにか霊との共同生活のヒントを得られないかと缶ビールを差し出したのだ。わたしはしかたなく付き合ってやるが、缶のままでは味気ない、せめてもの抵抗としてグラスと煙草を要求したのだった。

そんな状況でここの部屋の幽霊――正確には幽霊などではなく、怯える必要のない霊なのであるが――の話ではなく、突拍子もない「死」の話になって、後輩は背筋をこわばらせた。

「そんなの、命の灯火が消えると言うように、パッと消えるんじゃないんですか」

ずいぶん投げやりな後輩の解答に、わたしはオイルライターをカチリと回して火を灯した。

「フウン。きみの言っているのは、こういうことだね。わたしたちには生きているあいだには炎が灯っており、わたしにはそれが色になって見える」そしてガチャンという音とともに、オイルライターの蓋を閉めた。「炎が消えたら、死ぬ。炎がなくなるから当然、色はなくなる」

「まあ、普通の人間は、そんなイメージをすると思いますよ」

それがどうした、と言いたげな後輩を尻目に、わたしはぐびりとビールを飲み干して、またフウンと呟いた。

「じゃあさ、たとえばきみが怯えているここの霊ってさ、なんだろうね？　わたしには色が見えているから生きているものなわけだ。けれどきみは、幽霊じゃないか、邪悪な忌みものじゃないかという。けれどもしそうなら、わたしには黒く見えるはずなんだ。ああ、ちなみに、ここの霊は黒くなんかないからね」

わたしの言い分に後輩は、しばらく考えうんうんと頭をひねった。わたしはそれが面白かったので、煙草に火をつけてゆっくり楽しむことにした。用意してもらった煙草はキャスターマイルドだった。甘い紫煙はくゆりくゆりと昇って天井の光源を揺らし、幾分かしてついに彼は降参して解答を求めてきた。

「わたしにはわかるのよ、もうすぐ死ぬっていう人の色は、微妙に違うの。生まれたての赤ちゃんが原色だとして、もうすぐ死ぬ人の色はくすぶって掠れた色になる。きっと身体の内側が黒く染まる、その準備をしているんだわ。きみが言うように、色がパッと消えることなんてあり得ないのよ、誰しもが徐々にグラデーションのような変化を帯びている」

「へへえ。じゃあ、その本人自身はもうすぐ死ぬってことがわかるの？」

わたしは煙草の煙をゆっくりと吐き出しながら、指差した。

「たとえばこの一本の煙草が人間の一生だとする。煙草がだんだん短くなってきたらそろそろ灰皿に押し潰して火を消さなきゃいけない。煙草を吸っている本人はそれを見てわかるわけだから、ちゃんと火を消せるでしょ。でも、多くの人間は自分に死が迫っていても気付かない、そんなもんよ。ああ、でも寿命や病気で死ぬ間際の人は、自分はそろそろ死ぬんだなって、わかるらしいけど」

　わたしのたとえに合点がいったようすの後輩は、目を丸くさせながら話を整理した。

「ええと、つまり本人が気付かずとも、死の前兆として色は変化するってわけだ。面白いな」

「そういうこと。で、ここからはわたしの推測なんだけど、ほら、色って可視光線の波長じゃない？　この世で見える色ってこと。だから、死の黒色っていうのは、この世では黒色に見えるだけであって、実はあの世では違う色に見えるんじゃないかなって」

「ああ、なるほど、世界が違えば、見え方だって当然違うよな」

「そう、だから死んだら黒くなるっていうのは「あの世渡り」なんだと思うわ。引っ越しのようなものね。この世にも黒いやつらがいるけど、本来それは自然の摂理に抗うことなのだと思うわ。だからこの世に生きている人間は、自分や誰かの死に対して、きちんと向き合って、お互い未練を残さず「引っ越せる」ように、ちゃんと棲む場所を隔てないといけない。喪失感はつらいとは思うけれどね」

　そんなわたしに対して後輩は、不愉快極まりない表情になって「死ぬことを引っ越しだって言いきる先輩、ちょっと引くわ」と呟いた。当然、そんなものは無視だ。

「あとね、ここがだいじなんだけど、除霊は意味がないの。だってさ、よく考えて。こっちから霊が見えないということは、あちらからも見えていない、認識さえされていないかもしれない。逆に、こっちから見て向こうが黒色に見えるということは、向こうからはこちらが黒く見えているということよ。わかる？」

「……つまり、霊のほうから見たら、生きている人間のことは見えない、認識もされないことがほとんどで、ちょっと鋭い感覚をもつ先輩みたいな人――いやこの場合霊か――は、黒い色で見えるんじゃないかってこと？」

不愉快になりながらも意外と頭が切れる後輩にわたしは微笑んだ。

「そうそう。わたしが除霊という攻撃をすれば、向こうの能力者もやり返してくるわけ。だから除霊なんかしなくても、そもそも世界が違うんだからさ、気にしなきゃいいのよ。そんなことより、どうやって自分が「あの世渡り」するまで生きるのか、命の使い道を決めるほうが有意義よ。わかった？」

そう言い放つと、わたしは残りの缶ビールと煙草を詰め込んだビニール袋を引っ提げて、ご馳走さま、と言いながら玄関の扉を開けた。「じゃ、この部屋にいる黒くない霊ってなんなんですか」泣きそうな声で後輩は慌ててわたしを引き止めようとしたがすでに遅し、

「大人しく窓を開けて喚起して寝なさい」

バタンと重たい金属音が鳴ってドアが閉まると、台風が過ぎ去ったあとのように部屋は静まり返った。

わたしは鼻歌を歌いながら、とぼとぼと真っ暗な夜道を歩いた。

ああ、今日は、やけに哲学でしみったれた夜、空では三日月が鈍く笑ったような気がした。

コンプレックス・モラトリアム

わたしは、色が見えるわたしが嫌いだった。

他人とはまったくべつの色に見えていることを自覚してからは、わたしはそれをひたすら隠して、平静を装って生きてきた。特に学校生活が長い十代のころは、地獄のような日々だった。

花や食べ物、風景の色が違って見えることは、百歩譲ってまだいい。それらはときに驚きと感動を与えてくれたので、わたしが周囲に黙ってさえいれば、なにも問題はなかった。

しかし、人間の色がいちいち見えることは苦痛でしかなかった。それはまるで、その人の心のなかを覗いているようなものだ。表面上の好き嫌いや、喜怒哀楽だけじゃない、もっと奥底にあるどろどろした色まで見えるのだ。きっとそれは、欲望や劣等感といった、深層心理下にある隠しておきたいものの色だと思う。

友人と一緒にいるだけで、それは見える。

一応仲よくしているけど、あの子のことが嫌い。汚い。こっちに来ないで。

なんでいつもあいつばかり、こっちはこんなに苦労しているのに。

家族には優秀なボクが必要だ、そのためにはどんな犠牲も払ってやる。

あいつ邪魔なんだよ、あいつさえいなければいいのに。

勝てばいいんだよ、どんな手段でも、多少の痛手はしかたない。

勉強しなきゃ、勉強しなきゃ、勉強しなきゃ、勉強しなきゃ。

あいつ馬鹿だな、そんなの無駄な努力だって、イライラする。


教室は、コンプレックスの塊だった。

橡色《つるばみいろ》、煤竹色《すすたけいろ》、似紫色《にせむらさきいろ》、瞑色《めいしょく》、鉄紺色《てっこんいろ》……

暗く濁った色で、目や頭部に靄がかかる。心の声の色が現れるときはいつもこうだ。だからなるべく目を合わせたり、頭を見ないようにした。

生徒だけではなく、教師もそうだった。大人の靄は、何色と表現することが難しい、様々な色が混ざり合った泥のような色だった。そういう色の顔は、鬼の面を被っているようだ。眉間と額に皺ができ、眉は吊り上がり、毛は薄く、鼻は上下に動き、口はへの字に曲がる。一般的に見てもよい人相とは言えないだろう。教師たちを見るたびに、心の声と泥のような色に吐き気がした。

狭くて卑しいことを考える人々を、もう見たくなかった。教室にもいたくなかった。知らないほうがいいに越したことはない。休み時間にひとりベランダに出たときだけ、呼吸ができる気がした。

わたしは孤立していた。周囲からは、きっと誰かとつるむのが苦手で、恰好をつけた一匹狼だと思われているだろう。そう、べつにひとりは嫌いじゃない。けれどひとりでいるのは、声や色がうるさいからだ。目と耳を塞ぐためにサングラスやイヤフォンを試してみたが、効果はなかった。心の声は感覚器官を通してではなく、脳内にダイレクトに入ってきた。

だからしかたなく、ひとり静かな場所にいるだけなのだ。学校生活でこうなのだから、万が一にも会社などに入ってしまったら、大変なことになるだろうな、とその後の人生とわたし自身を呪った。

本人でさえもまったくもって気付いていないようなことを、どうしてわたしが見なくてはいけないのか。

わたしはこの能力が嫌いだ。心の声が聴こえ、見たくない濁った色も見え、そのたびにわたしの内側には、よくわからない感情が蓄積していった。悲しいのか、恐ろしいのか、怖いのか、嫌なのか、わからない。あるいは喜びなのか、驚きなのか、安堵なのだろうか。自分の感情がよくわからない。

しかしたしかに内側に溜まったそれは、いつしかむくむくと膨れ上がって、終いには突然、涙がぽたりと落ちるのだった。なんの前兆さえもない突然の出来事にわたしはさらに戸惑う。自分がなぜ泣いているのかもわからない。

苦しくて、苦しくて、息ができない。

苦しいのはわたしなのか、それとも、その声の主なのか。

どうして苦しいのか、わからない。

苦しいのは嫌だ。いっそ頭をもいで、息の根を止めてほしい。


わたしは自分に絶望した。

友人にも教師にも両親にも、相談できなかった。いや、信用できなかったと言うほうが正しいかもしれない。このことを誰かに打ち明ければ、精神病という扱いをされて進路に影響が出るだろうと思っていたし、かといって、混沌の教室で毎日授業を受けることもできなかった。

わたしは一年で高校を辞めて、いち早く事業を起こすことにした。そうすれば必要以上に声や色を気にしなくて済む。

若いうちにコンプレックスに悩むのはまだわかるが、教師たちのように大人になってもなお泥色なのは御免だ。わたしは綺麗な色をした人と関わりたい。そうすれば、きっとわたしも綺麗な色のままでいられる気がする。

この世界は、すぐ隣に万華鏡の世界があるはずだから。

たった一度しか咲かない美しい花

わたしは色を組み合わせたい。

綺麗な色を、順番通りに並べて眺めていたい。


そんな風に思うようになったのは、三十五歳を過ぎてからだ。

わたしはそれまでがむしゃらに生きていた。仕事やプライベートも「しなければならない」と決めつけて、心に余裕がない、灰色の世界で生きていた。

目の前のことに必死で、目に見えないものはあと回し。美しいものなんかじゃ飯が食えないとさえ思っていた。


しかしあるとき、肉体的にも精神的にも疲れてしまった。人とびくびくしながら接したり、好きでもない賑やかな場所で仕事をすることが、割に合わない、無駄な労力だと思うようになったのだ。

人々は、こうしてやろう、ああしてやろう、と逐一計画を立てるけれど、それは無意味なのだ。

この世は、人間なんぞにコントロールできやしない。

疲れたなあ、ああ、疲れ果ててしまったよ。

皆に合わせることが、昔はできていたのに、今じゃもうこんなに疲れてしまうんだなあ。社会が決めた概念、価値観、それを是とする人々にうんざりして、それに一生懸命合わせようとする自分が馬鹿馬鹿しく思えた。


そのときだ。張り詰めていた糸がぷちんと切れたのは。

それよりもわたしは、わたしの時間を生きたい。

わたしの「今」を生きたい。

わたしはどうして、「今」生きているのか、その必要があったのか。

たとえば家族や恋人や友人など、他者に生きる意義を求めるのではない。もしも世界にわたしひとりきりなのだとしても、自分が「今」を生きるべき理由とはなんだろうかと、ふと思ったのだ。

「先生」は言った、この世で自分に起こることはぜんぶ、わたしに気付かせたいことなんだって。

逆に考えれば、わたしに起こることの意味に気付いてやることが、「今」わたしに与えられたほんとうの仕事なのかもしれない。

普段は、季節ごとの空の色や風の匂い、カラフルな花が美しいと感じることだけをして、空からなにか「出来事」が降ってきたときに行動する。

つまりわたしは、季節ごとに移りゆく「色」を感じて受け止めて、それをなにかに吐き出していればいい。

「今このとき」感じた「色」を表現すればいい。

炭酸の泡のように、絶えず内側から発生するものに蓋をして閉じ込めておくなんて、勿体ない。それが感情であれ、感性であれ、外へ吐き出さなければ「今」を生きているといえるのだろうか。

「感じる」ことを取り除いてしまったら、ロボットと同じだ。

しかし感じたままをただ吐露するのとは違う。

そういえば幼いころ、感情がよくわからないわたしは紙とペンをもって、「なにかを感じたらここにとりあえず書く」というのをやっていた。文章でも絵でも、日記でも詩でもいい。そうすれば気持ちが落ち着いてワーッと叫んだり、誰かに怒りをぶつけることもなくなった。

ならば、空からなにかが降ってくるまで「なにもしない」が正解なのかもしれない。

そう、すべては単純な仕組みだったのだ。

感じたものを、かたちに残す。わたしが感じた色を、表現する。

うまく説明はできないが、これは「気付き」へのいちばんの近道だと直感した。

わたしは「たった一度しか咲かない美しい花」を咲かせたい。

そのとき、そのとき、ひとつ咲くごとに、「これぞいちばん美しい花」を。

「今このとき」の時間は、「命」そのもの。

その瞬間、刹那、二度と同じ色にはならないのだから。


わたしは真っ白なキャンバスに、アクリル絵の具を落とした、青、黒、赤。

ペインティングナイフで「今このとき」の空気や匂いのままに、ザっと伸ばしていく。

縦に横に、直線と曲線に、グラデーションでできた紫に。

乾ききらないうちに刷毛を使って色をぼかしたり、水を含ませて滲ませていく。色は深く深く、空間に奥行きが出てくる。

それからピンク、白、黄色で、「今このとき」の光や音を加える。

スローテンポのGのアルペジオ、午睡のまどろみのような陽の光。

こうして抽象画を描くのもいい。
カラフルな羊毛を紡いで糸にしたり、
畑で摘んだハーブでお菓子を作ったり、毛糸を染めるのもいい。
瞑想のように毛糸で織ったり、編み物をしたり、毎日降ってくる、カラフルな文字を天井に並べるのもいい。
なんでもいい、なんでもいいから、わたしに「色」を頂戴。
今、このときの、「色」を描いてあげる。

第二章

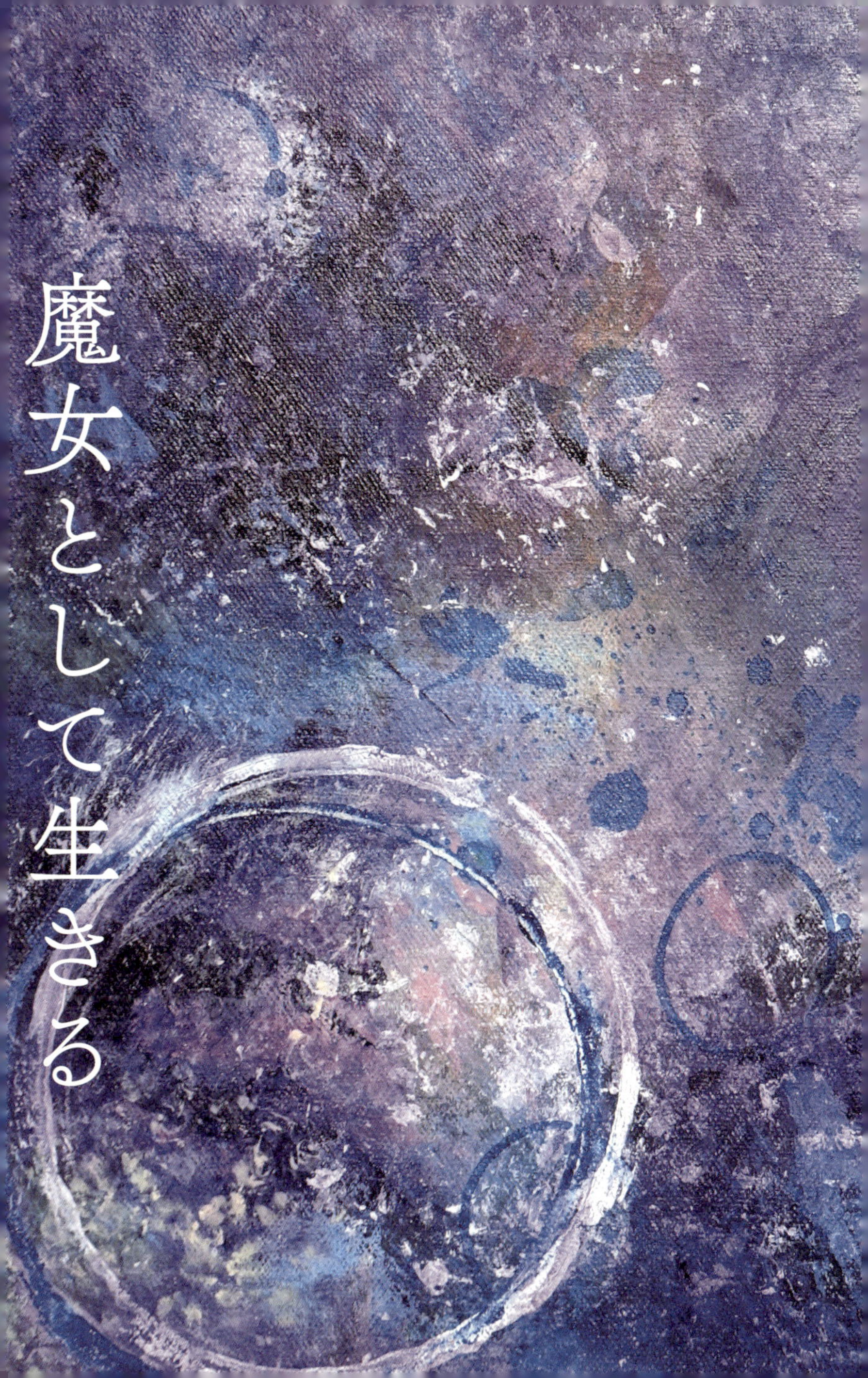
魔女として生きる

I　イントロダクション

わたしが魔女になった理由

共感覚や発達障害がわかるずっと前のこと。わたしは、自分らしく、無理のない生き方を探していた。

子供のころから続く体調不良を治さなければ、まともな職に就くことができないと思っていた。しかし病院で調べても病気ではないという。今ならこの体調不良の原因が「発達障害者特有の脳の疲れやすさ」であるとわかるが、当時はそんなことは思いもよらない。

わたしは身動きがとれないベッドの上で、悔しさでいっぱいになった。どうして皆は平気で動けているのに、自分はできないのだろう。怠けていると思われるのだろう。悔しくて悔しくて、それでも自分にできることを考えた。健康に関する本をたくさん買って、ベッドの上で読み漁った。

本を乱読するなかで、わたしは「ハーブ学」の存在を知った。西洋医学のような対処療法とは異なり、病気になる前に心身のケアをしたり、根本原因になる要素を改善するために、お茶や、料理にして薬草《ハーブ》を日常的に摂取するのだ。驚いたのは、食べるだけでなく、湿布や風呂、香りづけなど幅広い用途でハーブが使われることだ。胃腸が弱いわたしは毎日薬を飲まなければならず、その副作用にもつらさを感じていたが、もし、根本的に解決できればこれほど嬉しいことはない。わたしにはこれしかない！　と思って、いてもたってもいられず、アメリカ、イギリス、バリ島へ行き勉強した。

特に感動したのは、イギリスのハーブ学だった。薬局では医薬品だけでなく、病気の予防のためにハーブティーやアロマテラピーの精油が販売されていた。化粧水や保湿クリームなど、美容品もあった。薬剤師のほかに「ハーバリスト」という国家資格者もいる。

民間療法では、ハーブを蒸留酒に漬けたティンクチャーが生活のなかに自然に取り入れられていた。自宅の庭先でハーブや野菜を育て、その恵みで食事から生活用品までまかなう……わたしもそんな生活をしたいと心から感じた。

また、こんな面白い話を聞いた。ハーブの生活を実践しているイギリス人曰く、幽霊《ゴースト》と精霊《スピリット》はまったくの別物らしい。幽霊は死者の霊魂で、精霊は自然のなかに存在する目に見えない霊だ。幽霊を信じない人でも、精霊は信じる人が多いのだそうだ。母なる大地《マザーアース》、母なる樹木《マザーツリー》、大いなる母《グレートマザー》、などの言葉が飛び交った。彼らは自然をだいじにする精神や、自分が自然の一部であるという感覚をもっていた。

そのためそれぞれのハーブには、たとえば体温が上がるとか喉にいいとかいうような目に見える表面的な効果の他に、目に見えない隠された効果が言い伝えられていた。このハーブは恋のおまじないにいいとか、魔除けになるといったものだ。そんなハーブのおまじない《スペルズ》を使う者は「ハーブ魔女」と呼ばれる。ただし、実際にハーブ魔女がどのくらいいるのかは定かではない。あなたがイギリスを旅するとき、運がよければ、隠された《魔法》効果が扱える本物のハーブ魔女と出会えるだろう。

すっかりハーブに魅了されたわたしは、日本に帰ってからも猛勉強した。先祖から受け継いだ畑でハーブを育て、ハーブティーや料理を作って試した。しかしわたしの体調不良は改善しなかった。最初からうまくはいかないと思っていたので、想定内だ。むしろ医学レベルで体調不良の原因がわからないのだから、食べたり飲んだりした程度では改善は難しいと思っていた。即効性を期待するなら薬を飲んだほうがいい。わたしは視点を変えて考えた。イギリスのハーブ魔女たちが「目に見えない隠された効果」をだいじにしたように、どうせなら、医学ではやらない眉唾なオカルトじみたことまで試すべきではなかろうか。藁にも縋る思いだったが、わたしは本気だった。

そこで今度は、ありとあらゆるオカルトの本を読み漁った。生物学、鉱物学、西洋占星術などの学問、はたまた金枝篇やエメラルド・タブレット、ヘルメティック・カバラ、死海文書、黄金の夜明け団《ゴールデン・ドーン》の魔術書に至るまで。読むだけでは飽き足らず、実際に魔術儀式をやったりもした。

魔術とは儀式魔術やまじないなど、広義の意味での「魔術」の意だが、そのなかには「魔女術」という分野があった。魔女術はイギリスで聞いた通り、自然信仰をもとにしたおまじないや、月の暦をもとにしたハーブ学を基礎としていた。これはわたしの個人的な考えだが、すべての魔術は、魔女術がもとになっているのではないかと感じた。「隠されたもの《オカルト》」は目に見えないものをだいじにするし、どれも月の暦や儀式に合わせた効能のハーブを用いるではないか。

もしかすると、とわたしは閃いた。魔女術の基礎である、月や季節の周期に則った知恵ある生活のしかた、植物の育て方、心の育み方、おまじないによるポジティブな気持ちのもち方は、わたしが求める、無理がない生き方に合致するのではないか。

わたしは人間の当たり前の生活スタイルに合わせられなかった。週五日、学校や仕事へ行って、週二日休むという疲れ果てるサイクル。相手に共感したり、笑顔をつくってコミュニケーションをとる。感覚が色に変わったとき、絵や文章を書きたくなる衝動を抑えなければならない。人間の生活のなかでは我慢しなければならないが、それに縛られず、自然体のリズムで生活ができれば、自分で仕事のスケジュールを割り振りできる。雨の日や、体調が悪いときに合わせて休めるし、無理に表情筋を痛めることもない。なにより、感じた心のままに、わたしを、表現してもいいのだ！

こうして、わたしは「魔女」になった。無理がなく、自分らしく生きるために。

現代魔女のハローワーク

さて、どうやったら現代の日本で魔女を名乗れるのかと疑問に思う人も多いことだろう。

まずは魔女の生き方を実践することだ。後に紹介する「魔女の教え」を守りながら、「月の暦」に沿って暮らし、季節の祝いである「サバト」を行い、自分が決めた生き方を実践する。その意思がなければならない。

次に重要なのが、魔女として生きていくための第二の名前を用意することだ。これを「魔女名《ウィッチズ・ネーム》」という。魔女名には、後述する「魔女狩り」の時代に、身元が割れることで追訴や魔女狩りの対象となる危険を避けるという意味合いがあったが、現代では、個人情報を保護するためのSNSのアカウント名のようなものであるともいえる。そしてまた魔女名は決意表明でもあるので、意味を込めて自分で名前をつけるといい（もちろんわたしの魔女名は「蜜猫」である）。魔女として普段の生活をするあいだは、この名前を名乗ることになる。自分の本名は、社会的に必要な場面で使うだけに留めておく。

世界には魔女が多くいるので、縁があれば魔女のグループに参加することもできる。SNSで積極的に発信を行っている魔女もいる。グループでの儀式もなかなかに面白い。しかしわたしは専らひとりで儀式を行っているソロ魔女だ。人によってはそのほうが気楽で、伸び伸びと儀式ができるだろう。


基本的に、魔女になるために必要なことはこれだけだ。魔女とは生活で実践する生き方なので、これが直接的に職業とは結びつかない。わたしのように「職業も魔女」なのは珍しいことであるし、そもそも自分が魔女であると公表する必要もない。

しかし「魔女という職業がどんなものなのか」という質問が多く寄せられるので、答えておこう。

先の通り、わたしは自分にとって無理がない職業を選ぶ必要があった。そのため自分はフリーランスでマネジメントできる個人事業主か、小説家か、画家になるだろうなと子供のころから漠然と考えていた。小説家と画家は、売れるかどうか未知数だが、個人事業主であれば頑張り次第で稼いで生きていけるのではないかと思った（ちなみに大人になって結果的にこれらの選択肢をすべて実現してしまった）。

ではなにを販売するかと考えたとき、ベッドの上で異常なまでに本を読んで得た知識しか、わたしにはないと思った。なんせ日本の本だけでは飽き足らず、洋書まで読み漁っていたのだから。決して、この知識を情報商材としてひけらかしたいというわけではない。わたしが時間を忘れて読み漁ったあの感動を、ハーブ学や魔女術の素晴らしさを、日本の困っている人々に伝え広めたいと思った。

しかも、わたしは研究肌・学者肌だった。あまりに本を読み、数々の儀式を実際にやり過ぎていた。細かくデータをとっては考察し、どう変化したかを記録した。そうしていくうちに、魔術や魔女術は「脳の意識変容によって効果がもたらされる」と結論付けた。それはつまり、ロジカルなのだ、理論や理屈があるのだ、ちちんぷいぷいで魔法を使うわけではない。眉唾な言い伝えやおまじないは、意識を変えるために用意された鍵穴なのだ。鍵を挿して扉を開くかどうかは、本人のやる気次第。だが変わりたいと思えば、誰でも、簡単に、「開けゴマ！」の魔法が使えるのだ！

それがわかったとき、これは絶対に伝えなければならない「技術」だと確信した。わたしのように体調や自分自身のことで悩み、困り果てている人もいるだろう。恋愛や結婚、仕事のことなど、様々な問題に直面している人もいるだろう。対症療法的に解決できるのならいい。しかし根本的な問題を放置できないとき、あるいは、八方塞がりで視点を変えたいとき、意識を変えることができる技術がある！　そしてこれは、面倒な作業ではあるが、誰にでもできる！

わたしは自分が困っている人々の役に立てると、確信した。するとそれから半年のうちに、あれよあれよと物事が動き出した。一夜のうちにサーカス小屋が建つような、我ながら見事なスピードだった。

わたしに脳科学と心理学を教えてくれた完戸修平さんに出会い、ますます魔術と脳は関係深いと確信した。経営コンサルタントをしていたワビタンとの出会いもこのころだ。ウェブサイトの構築・メンテナンスや集客、わたしが苦手な経理面のサポートをしてもらえることになった。実店舗をどうするかと考えていたときも、縁あってテナントごと譲り受けた。不思議なことに、わたしが決めると、必要なものがどんどん揃っていったのだ。やってもいいことは目に見えないなにかがあと押ししているのだ。

ところで、この「目に見えないラッキーななにか」について知りたいと質問をいただくことが多いので、この機に簡潔に記しておこうと思う。一般的には「引き寄せの法則」というのかもしれないが、わたしはこれを「綿菓子の兎」と呼んでいる。皆さんご存知、第一章に登場したあの兎である。

綿菓子の兎の出現条件と考え方（引き寄せの法則）

①大前提として、わたしたちには「必要なものは必要な分が与えられる」。これは物質的なものだけではなく、出来事や、人の縁などの「目に見えないもの」も含まれる。また善悪は関係ない。いいことも、悪いことも、必要なものは必要なところへ流れる仕組みがある。

②「これがほしい」と願うことは必要である。ただし願ったからといって、ほしいと思ったもの・機会がすべて与えられるわけではない。手に入れるために必要な設定は次の三点だ。

⦿なぜそれがほしいのか、必要なのかという「明確な理由」

本書でも語っているがその理由を見つけたとき、雷に打たれたかのような確信を得る。もちろん根拠などない。それは自分の「使命」ともいうべきものである。

⦿「未来の結末のビジョン」

具体的でなくてもいいので、それを手に入れた未来の姿を想像することがだいじ。そこに至るまでの途中経過は考えなくてよい。起承転結の「結」だけを設定する。

⦿流れを塞き止めたり、無理に変えようとしないこと常に自分がバランスのよい、ちょうどいい状態をキープすることがだいじ。なにかを犠牲にしたり、根を詰めて頑張ることは、かえって逆効果になる。④のためにも、半分頑張ったら半分休むことを心掛ける。

---

③願いが叶うタイミングには、ラグがつきもの。今すぐ叶うかもしれないし、十年後に叶うかもしれない。このタイミングを自分で変えることはできないし、変えることができそうだと思っても、変えないほうが身のためである。川の流れにたとえて想像するとわかりやすいだろうか。身勝手に一時的に自分が水を得たとしても、いずれそのツケが廻ってくる。しかもそれは何倍にも大きくなり、どんなかたちで返ってくるかわからないから恐ろしい。

④「願いが叶うとき、空から降ってくる」（わたしにはそれが綿菓子の兎に見える）。受けとる準備ができていない人のもとへは、そもそも兎は降ってこない。降ってくるまで努力は惜しまず続けるが、一辺倒になってしまってはいけない。たまに空を見上げる「余力や暇」をつくっておくとよい。

第一章で述べた通り、わたしはかねてから、目に見えるものも見えないものも含めたすべての「生き物」の色や光の流動を見ることができた。「綿菓子の兎」をはじめとする日に見えない生き物に逆らわず、共生していくことがだいじだという教えが、物心ついたときから生活に染みついている。

「魔女」と「共感覚」がどう結びつくのか、と、よく聞かれる。長年わたしは魔女という生き方を実践してきたが、自分が共感覚のもち主であると自覚して以降は、「魔女」と「共感覚」が共存した暮らしをごく自然に送っていることに驚かれるのかもしれない。コンサルタントのワビタンでさえ、最初は戸惑っていた。しかし、わたしにとっては筋が通っていて、どちらも同じことなのである。わたしが子供のころから感じていた共感覚の世界を、魔女という生き方にスムーズに生かすことができたのである。

まず、そもそも魔女という個人主義な生き方がわたしの性に合っていた。自分で自分のスケジュールを決め、それを実行する。そこには自由もあり、責任もある。

そしてわたしは共感覚を通じて、魔女の暦に沿った日々の暮らしや季節のサバトの、その時々の「色」を見ている。魔女の暮らしは季節の色に溢れているのだ。一期一会、その瞬間の色たちは、ひとつとして同じ色はない、生き物なのだ。

季節やサバトだけではない。畑仕事や料理、編み物や染め物、糸紡ぎや織物も、共感覚を使った「深層アート」や「深音アート」も、「色」という生き物なのだ。わたしはそれをずっと眺めていたいし、色と色とを組み合わせてみたい。だから、「魔女」も「共感覚」も、すべて「調合」なのだ。カラフルな万華鏡の世界を生きるわたしのなかでは、いずれも同じこと。なんの矛盾もないのである。

わたしは今、自分を「色の表現者」と名乗り、わたしに見えている色や世界をどうにか表現することが仕事である。手段はなんでもいいのだ、絵でも、文章でも、言葉でも、料理でも、編み物でもいい、そこにこだわりはない。たとえば、「黒猫魔術店」を営む魔女としてのわたしは、「霊視」と称してわたしが見えているものを言葉で説明しているが、「フクロウのかまど」を営む画家としてのわたしは、「深層アート」と称してこれを絵で表現している。いずれも方法が違うだけ。無数にある表現方法から、最適で美しく、人の役に立てそうなものを選んでいるのだ。

また、これも質問が絶えないので、わたしの独特な人間関係観についても少し記しておきたい。大前提として、わたしは人間に過度な感情や情念を抱いていない。抱くことができない。これはたとえ家族であっても、親友であっても同じことである。なぜなら、他人の内面は他人のもので、わたしがそこへ入ることもできなければ、逆に誰かがわたしのなかへ侵入して、わたしを理解することができないと考えているからだ。これはべつに悲観的な見解ではなく、目に見えないものの仕組みとして、わたしが理解したことは、次のようなものである。


人間を含む「生き物」は、まるで化学反応を起こすときのように、必要なときに引っついて、必要でなくなったら別れる。これは故意ではなく、自然の摂理として行われる。引っついている長さはその時々で、一時的にともに過ごす場合もあれば、生涯一緒にいる場合もある。誰しもが「たまたま」の縁が降ってくる自分の人生を生きていて、一緒にいるあいだは、その時々のルールを共有して協力しているだけなのである。当然、そのルールが破綻したり、ルールを守る必要性がなくなれば関係性は終了する。一方が犠牲になったり、双方の支え合いのおかげでなにかが成し遂げられるということではない。もしこの世に誰かの「おかげさま」があるならば、それは「たまたま」を降らせた空へ言うべきかもしれない。

まとめると、わたしはたまたま「魔女」という生き方に合致した。たまたま様々な出会いが重なった。極論をいえば、魔女でなくともよかったし、べつの世界線ではわたしはきっと魔女ではないだろう。自分で選択したわけでも、指示されたのでもない。わたしは空から降ってきたものを、そっと静かに受けとって、与えられた手札のなかで様々な反応を起こしながら、自分らしく、楽に自由で生きられる生き方でそこに「在る」だけなのだ。

もちろん、いつも順風満帆というわけではない。わたしの体調不良は相変わらずだし、経営状態がよいとはいえない。しかし無理に営業戦略を立てたり、タイミングを故意にいじったりすると、かえって状況は悪くなる。収入や支出を考えるよりも、見えないものに感謝したり、人に誠実に接するほうが、状況は好転した。

こんな経営のやり方は「普通とは違う」ということもわかっている。けれど、世にあるハウツー本に書かれていることや、皆がやっている定石を試しても、うまくいかなかったのだ。だから、自分でやろう。考えよう。わたしはもう、昔のように皆に合わせる必要はない。わたしには、わたしの道が見えている。自分のやり方で、信じた道を行く。

魔女の基礎知識と背景

「魔女」といえば悪魔と契約したり、鉄鍋をかき混ぜながら恐ろしい儀式を行う邪教者というイメージが強いのではないだろうか。しかしそれは信仰する宗教の違いから生まれた、差別的なイメージである。魔女とは本来、自然と繋がり呪術を行う古代のシャーマンのような存在で、病気を癒し、占いで気候や災害を予測し、季節の儀式を行って作物を豊穣へ導いた人たちであった。つまり、このような人々は五感が発達していたのだ。机上で占いをしたり、焚き火を囲って儀式をする際に、彼らは目に見えないなにかと交信していた。それは霊感や第六感といわれたかもしれないが、もしかしたら共感覚なのかもしれないとわたしは思う。人々は各々の地で、土着の自然信仰をもちながら村を形成した。やがて宗教が生まれ、大きな国になっていくにつれ改宗が進み、自然信仰の慣習はそれぞれの宗教に取り込まれていった。

しかし昔から続く習慣をすぐに手放すことができなかった人々も多い。「生活の知恵」として先祖から受け継いだやり方や、料理や薬作りのレシピもあった。これらは後述する男神や女神に祈りを捧げることまでがワンセットであったから、邪教とみなされた。また、占いや霊視などをする者も、宗教の教えに反するとして許されなかった。

十六世紀から十七世紀には、「魔女狩り」が盛んに行われた。宗教に背き魔術やまじないを使った疑いをかけられた者たちは、その魔術がどんなものであろうと、男女問わず、魔女裁判にかけられた。有罪となると、残虐非道な方法で処刑された。

十八世紀になって、啓蒙思想が台頭し自然科学が発達すると、魔術や魔法そのものが否定された。それでは徐々に魔女狩りは行われなくなってきたのではないかと思うだろう。ところが地域によっては、なんと現代でも魔女狩りが行われている。どの宗教、時代でも「異端者」は差別され、迫害される。魔女狩りの歴史は今もなお繰り返されている。

魔女狩りが行われ、果たして魔女は廃れてしまったのか？　いや、魔女の知恵や技術は辺境へ追いやられながらも、残っている。魔女を表すドイツ語「Hexe《ヘクサ》」の語源は、「垣根を越える人、垣根上の人」という意味だ。魔女はあらゆるものを内側と外側から認識しているし、魔女自身も二面性を保ちながら社会へ溶け込んで日常生活を送る。現代でも魔女は生きている。他宗教に所属しながら自然信仰を続けることができるのは、魔女が特定の宗教ではないからだ。道徳的な教えはあるが戒律はなく、厳しくもない。そう、だから魔女とは、知恵に優れ、世界を心眼で見つめる「生き方」なのだ。

近代魔女術の復興、ネオペイガニズムの考え方は、一九五〇年ごろから盛んになる。『今日の魔女術』の著者であるイギリスのオカルティスト、著述家ジェラルド・ガードナーの実践的魔女術を取り入れた復興異教主義は「ウィッカ（Wicca）」と呼ばれた。その後、一九六〇年代には、アメリカのヒッピー文化とともに多神教崇拝や女神崇拝色が強まった。

魔女は多様性の最先端だった。道徳的な教えが根底にあるのみで、実践としてなにをするか、どんな儀式を行うかなどは流派によって大きく異なる。こうした自由な面も人気を博した。

生きづらさを抱えた若者たちがなぜ魔女の思想に惹かれるのか。それは、個という存在が自然の一部となり、ありのままを受け入れる考え方にあるのではないだろうか。つまり、生きづらさを形成していた、「そう在らねばならない」と強制する社会システムからの解放である。

かくいうわたしも、人間に都合がよい社会のシステムのなかでは生きづらさを感じていたひとりである。特に日本では「普通」が多く求められる。学歴、職種、年収、病気、障害は、差別を生む。発達障害者のわたしもきっと「普通」ではない部類《アウトサイダー》なのだろうが、わたし自身は世界の外側にいるとは思っていない。「普通」ではないから仲間外れや、つまはじき者にするのは、「普通」を決めている人々の社会なのだ。

そうやってこの人は外側、この人は内側、と決めている社会は、厄介なことに時代の価値観やテクノロジーの進化によってその尺度が変わる。ほんのここ百年ほどのあいだだけでも、石炭から石油に変わり、電気や通信のインフラが整備された。これは昔の人々にとっては「普通」ではないことだろう。こうして社会の「普通」は変わっていくが、相対的な世界で生きることは目まぐるしい。それまでの自分の価値観を世界や流行に合わせて変えていかなければならないのだから。

しかし魔女はもっと不安定な境界線上に立つ。線引きがないところから世界を俯瞰して見る。そんなことができるのは、自分の絶対的な価値を認め、自分の尺度で生きているからだ。わたしは相対的な価値観の社会で頑張ることをやめて、絶対的な価値観をもって魔女として生きることで、自分が解放された。もちろんこれは孤独である。自分にとって絶対的な価値があるものは、結局のところ自分にしか理解できないのだから。だが寂しくなどないし、むしろストレスがなく、なにより自分らしく呼吸ができたのだ。

ますます多様性が尊重される近年、世界中で魔女が増えている。もちろん女性だけではない、男性の魔女だって多い。「普通ではない」「つまはじき者」の魔女たちは、クリエイティブに活動しながら、己が生きやすい世界を目指している。

魔女のなかにも様々な考え方があり、世間一般的には西洋占星術・タロット・ハーブ・オカルトなどを扱い、ゴシックファッションに身を包むことなどが特徴として挙げられる。しかしこれらは魔女の要素のほんの一部分であって、すべてではない。決して魔女を定義するものではない。目に見えないものをだいじにする心こそが、魔女の本質である。目に見えないものとは、見えないけれどたしかにそこに存在しているすべての「生き物」のこと。たとえば、小さき者（虫・

植物・動物）、隣人（妖精のようなもの）、四大精霊（火・水・空気・地）、季節、古き神々（自然・環境・宇宙）――これらはすべて、わたしが共感覚で知覚し、表現しようとしているもの――。そしてまた……魔女も全体のなかの一部である。

わたしは、自然のなかでひっそりと生き、季節の儀式を行っている。古い魔女の本に書かれていたやり方を参考に、ハーブを育て、お菓子やパンを焼き、糸を紡いで染めて、織ったり編んだりする。

儀式では、魔女術と儀式魔術が複合されている。これは黄金の夜明け団の魔術儀式体系をもとにしたわたしなりのやり方なのだが、所々に旧約聖書や詩篇が登場する。これらはユダヤ教やキリスト教が用いるものだ。わたしはそれらの宗教徒ではないが、聖書に書かれた話はどれも面白くためになるもので、好きなのだ。神の御業といわれた魔法のような現象や、ソロモン王に与えられた知恵の話などを何度も読んでいるうちに、唯一神を信仰するはずの旧約聖書や詩篇のなかには、そのもととなった自然信仰が取り込まれていると感じた。見方によっては、自然の脅威に抗えないことや、知恵と愛によって世界を統治する王の謙虚さを教えている。それは理に適っているとさえ思う。けれど繰り返しになるが、これはあくまでわたしがわたしの信じるもの、胸を打たれたものを、わたしなりの方法で活用しているのである。

こうして魔女は、自分の信ずるものを取り入れ、世界と世界の境界に立ち、世界を変容させていく。それは自由で、解放される瞬間なのだ。

魔女として生きるには

魔女の掟（Wiccan Rede）

わたしが実践する魔女の教えは、「Wiccan Rede」という。これはウィッカの復興異教主義（ネオペイガニズム）宗教やウィッチクラフトに基づく大切な行動規範を詩の形式に定めた声明である。これは教義のような厳しい強制力はないものの、助言《アドバイス》として魔女が守るべきルールとされている。全文は長いので、重要点をまとめるとこの三項目だ。

- ⊙何者も害さない限り、あなたの望むところを成せ
- ⊙いいことも悪いことも、三倍になって自分へ返る
- ⊙世界でいちばん尊いものは「愛」である

この教えを最初に読んだとき、どこかで聞いたことがあると思った。そうだ、祖母も同じようなことを言っていたのだ。祖母だけではなく、子供のころに「嘘をついてはいけない」とか「相手が嫌がることをしない」という道徳を大人たちから教えられた。もちろん皆、魔女ではない。

しかし魔女の教えは子供へ教えることができるほど、誰もが理解でき、平和に暮らすことができる道徳だ。わたしはこれに感銘を受けた。「何者も害さない限り」、つまはじき者のわたしでも自由に生きていいのだ！

現代ではよい魔術を白魔術、悪い魔術を黒魔術という風潮があるようだが、わたしはこの言い方が好きではない。そもそも魔術自体には、いいも悪いもない。切れ味のよい包丁を調理に使うか武器に使うかの違いのように、使う人間の心次第である。「何者も害さない」という教えは、強力な魔術や魔女術をどう扱うべきかというわたしたちの心の在り方を説いている。

祭壇を準備する

魔女にとって祭壇は必要不可欠だ。しかし魔女の祭壇とは、なにかを奉ったり、常に神々がいる場所ではない。祭壇とは、自分自身と向き合うための場所である。日々の祈りや感謝を捧げたり、瞑想して心を育みながら、後述するサバトの儀式を行ったり、意識変容のための魔術儀式をしたりする場所である。

どの方角に祭壇を設置するかは、魔女の流派や考え方によって異なる。ユール（冬至）から始まることを重視する場合は、自分が祭壇の正面に立ったとき、北を向く方角に設置する。わたしは魔女術と魔術を複合させているため、儀式の際、東向きから始まる所作が多い。そのためわたしの祭壇は、自分が祭壇の正面に立ったとき東を向く方角に設置している。

祭壇に設置する道具

祭壇の場所を決めたら、次に祭壇用品を揃えていく。一度に揃えるのは難しいので、気に入ったものを徐々に揃えていくのもいいだろう。魔女術や魔術では、この世は四大元素によって成り立つと考えられている。そのため祭壇には、四大元素（火・水・空気・地）の象徴物を配置する。

⦿火（fire）
原初の力で、最初の生命力、自らの意思の力を表す。

⦿水（water）
別々の意思をもつ個を、互いに交流、融合、理解する力を表す。

⦿空気（air）
傷を癒し、時に試練を与え、挑戦と発見をしながら分析する力を表す。空気中のものすべて含むため、「風」とも表現する。

⦿地（earth）
これまでの努力による成果を収穫し、新たな種を蒔く力を表す。大地中のものすべて含むため、「土」とも表現する。

以下に魔女の祭壇道具を簡単に紹介し、括弧内にてそれぞれが象徴する元素を記す。これはあくまでも基本の道具の一例で、アレンジは自由である。占いの道具や自分にとって大切な宝物や人形などを象徴物として飾る魔女もいる。わたしも儀式の際にはそれぞれの季節の草花や料理を供えたりする。

⦿杖《ワンド》（火）
木の枝を削り出して作る

⦿アサメイ（空気）
小型のナイフ

⦿ベル（空気）
鈴、鐘など、澄んだ音が鳴るものであればなんでもよい。

⦿箒（空気）
卓上用の小型の箒。自分で作ることもできる。

⦿香炉（空気）
香炉に香炉灰を敷き、熱した炭の上にハーブを落とす焚き方ができるものだとよい。

⦿キャンドルとキャンドル立て（火）
キャンドルのかたちは問わないが、季節に合わせた色を使う。

⦿ペンタクル（地）

金属製や木製の、五芒星の各頂点を囲ったモチーフのこと。代わりに花や供物を飾る場合もある。

⦿大釜（水）

祭壇の中央に置く鉄製の鍋。鍋のなかに捧げたものは神への捧げものになる。現代ではホーロー製鍋も使われる。

お祈りと祝福、呪文

魔女の日課であるお祈りは、朝夕に行う。祭壇の前で精神統一をし、瞑想を行う。そして、その日の天気、温度、空気の流れを肌に感じる。これら外からの刺激を受けて、身体の内側の反応（体調や自分自身の気持ちなど）を客観視する。

祝福とは「感謝を捧げる」という意味だ。儀式の呪文のなかで、なにかに感謝を捧げる場合は「祝福を与える」と表現する。魔女は神々や精霊、目に見えないもの、食べものや道具に至るまでたくさんの物事に「祝福」する。

各サバトを含む儀式では、呪文《チャント》を詠唱する。呪文とは、意思である。自分の言葉で、気持ちや願望をありのままに表現したものだ。そのため決まった言葉はなく、極論をいえばそのときの気分に合わせてメロディーをつけて歌ってもいい。わたしがサバトで唱えている呪文も、そのときのわたしの意思で微妙に変わる。肝心なのは、呪文に気をとられず、自分の意思を込めて発声することだ。

魔女の暦

魔女の暦（ケルト暦）は、太陽と月の運行を取り入れた太陽太陰暦だ。十一月はじまりで、十月三十一日に終わる。ケルトでは、太陽を男神、大地を女神と見立て、陽が短くなる冬を前にして神々が一度死に、また生まれ変わると考えられていた。

さらに魔女は、月の満ち欠けによって生き物のエネルギーが増減すると考えていた。たとえば、わたしの畑では「月の暦農法」を行っている。満月のころには植物の花や実に十分なエネルギーがいき渡り、逆に新月のころには根にエネルギーを蓄える。これを利用して、可食部に合わせてハーブや野菜を収穫する。収穫だけでなく、種蒔きや雑草とり、堆肥作りなども、月の暦を使って行う。これは別段魔女に限ったことではなく古くから世界各地で行われていた方法で、現代では、月の引力によって水分量や養分、甘味などの僅かな違いがあると考えられている。

魔女術も魔術も、月齢と、月が東西南北のどの方角にあるのかによって儀式可能な日が決定する。魔法のオイルやパウダーを調合するときや、魔術の儀式を行うときにはまず、月を調べる。それほど月は重要な存在であり、わたしたちに影響を与えている。

そのため魔女のなかには月の女神を信仰する人も多い。月の女神のことを「三相の女神」ともいう。三相とは、処女、母、老婆の姿だ。月が満ち欠けによってかたちを変えることから、女神も一年の周期で姿を変えるといわれた。後述するサバトでは、大地の女神と月の女神は同一視されており、オスタラでは処女、ベルテーンでは母になり、サウィンでは鎌を振り下ろす老婆になる。

サバトとはなにか

サバトは、魔女が行う季節の祝い行事である。冬至・春分・夏至・秋分と、それぞれの中間に各一回ずつ、一年に計八回ある。サバトの日、多くは夕方ごろから翌日まで祭りが催される。それまでに部屋や祭壇をテーマカラーで飾りつけ、料理や供物を準備する。

サバトの儀式に入る前に、呼吸によって変性意識《トランス》に入る。この独特な呼吸法をマスターするには訓練が必要だ。その後、自分自身や場を浄化するための魔法円の儀式、祈りの歌の儀式を経て、サバトの儀式を行う。サバトでは、人間以外の目に見えないものたちが訪れる場合がある。儀式後、彼らと一緒に晩餐会をしながら季節を祝う。十分に楽しんだら、閉会の儀式をする。

なおサバトに登場する神々は、ケルト神話からきている。そのため各サバトの名もゲール語である。年八回のサバトとその日付は以下の通りだ。

※各サバトの日付は、その年によって若干変動する。実践の際は各自で情報収集のこと。

◉ユール（冬至）……十二月二十二日ごろ
クリスマスのもとになった自然信仰の冬至の祭り。太陽の男神が復活する。一月七日ごろまで家族とともに長期休暇を楽しむ。

◉イモルグ……二月一日ごろ
冬至と春分の中間で、古代ケルトの立春の祭り。火・かまど・豊穣の女神ブリジットに祈りを捧げる。古きものを捨て、新しきを取り入れる。

◉オスタラ（春分）……三月二十一日ごろ
春を告げる豊かさの女神オスタラを祝う春分祭。キリスト教のイースター（復活祭）のもとになった自然信仰の祭り。

◉ベルテーン……四月三十日
春分と夏至の中間で、太陽の男神ベルヌスの火を祝う祭り。この火は、生命が活発に活動し子孫繁栄する姿にちなむ。このサバトは別名「ヴァルプルギス」ともいう。

◉リーザ（夏至）……六月二十一日ごろ
太陽の男神の力が最高潮に達する夏至祭。特別な魔術儀式を行ったり、消し去りたい過去と向き合うのに最適なサバト。

◉ルーナサ……八月一日
夏至と秋分の中間で、光の神ルーと恵みをもたらした大地を祝う、第一収穫祭。

◉メイボン（秋分）……九月二十三日ごろ
第二の収穫祭として、命の源である太陽や、多くの作物を収穫できた大地に感謝を捧げる祭り。

◉サウィン……十月三十一日
秋分と冬至の中間で、一年の終わりと第三の収穫を祝う。ハロウィンのもとになった自然信仰の祭り。邪悪な霊を祓い、神聖な霊魂と過ごすサバト。

これから魔女の季節の過ごし方として、わたしの畑で育てているハーブ、畑仕事のようすや、旬の料理や手仕事をご紹介する。ご自宅のキッチンで簡単に作れる「魔法のレシピ」も時々登場する。また各サバトの物語では、わたしのサバト当日の流れが追体験できるようになっている。料理、テーマカラー、装飾、お香など、それぞれに特色がある。

まずは興味をもった料理や手仕事、サバトから、簡単にできるものを取り入れてみてもよいだろう。だいじなのは、今このときの季節を感じ、感謝をする気持ちなのだから。

II

グリーンウィッチの一年

十一月

魔女の一年は、十一月から始まる。十月三十一日のサウィンで、老婆の鎌が振り下ろされ、太陽の男神が眠りにつくからだ。これは陽が短いことのたとえだ。この時期は、畑もいったん休ませることになるし、昼間にできることも限られる。そのため魔女たちはこの時間を活用して、一年間のだいたいのスケジュールを十一月に決める。この作業に、魔法の杖やペンなど、特別な道具は必要ない。必要なのは己の意思だけだ。

「自分でスケジュールを決めて実行する」

これが見習い魔女にとって最初の取り組みといってもいいだろう。誰かにやらされたり、流されたりして時間を過ごすのではなく、肉体をもって生活できる喜びを最大限に生かすために、自分で決めたことを実行するのだ。初めて修行をする魔女たちにはこれが案外大変な作業で、自分で決めたことがなかなかできないのである。

わたしは、そんな魔女たちにこう教えた。「肌寒くなり冬が足音を忍ばせて近付くころ、畑のハーブたちも徐々に眠りにつく。葉の色をできるだけ褪せさせて、養分を土のなかの根へ移すのだ。つまり、地上部で光合成をする彼らの仕事は終わり、じっと寒さを耐え越冬する。三か月かそこらで外気温があたたかくなったころに、新芽をひょっこり覗かせる。

人間もこれと同じでありたいと思う。寒くなったら無理をしない。あたたかくなったら動けばいい。これが自然であろう。

そしてもうひとつ。寒い時期とあたたかい時期には、「仕事」が違って当然であるということ。自分ができることややるべきことを、季節にフィットさせていく。「タスク」や「ＴＯ ＤＯリスト」を設定したり、管理することがスケジューリングではない。決まった時間に起きて、朝日を眺めれば、今日やるべきことを教えてくれるのだ。なにがって？　その日の色や、光や、音や、匂い……そう、季節が教えてくれるから、スケジュールを細かく決める必要はない。むしろ余白があるからこそだ、そういうものを感じるためには、ね」と。

すると「感じるためには、どうすればいいですか」とよく質問される。

「「感じ」を育むには心に栄養を与えるしか方法はない。たとえば朝になるまで夢中で本を読み耽ったり、映画を何本も見て泣きはらしたり、思いつくままに絵を描いたり、ずっと音楽を聞いたり。美術館や博物館を訪れて、新しい発見をしたり。そのとき感じたことをしみじみと丁寧に折り畳んで、心の箪笥の抽斗に仕舞っておくと、そのうち不思議とわかってくるんだよ、物言わぬものが発する「感じ」が」わたしはそう答えた。

これを行う時期も十一月が最適だった。心に与えた栄養が、寒さで寂しくなって枯渇してしまった心を潤すからだ。新たな発見があれば、冬を有意義に過ごすためのヒントにもなるかもしれない。芸術の秋、とはよくいったもので、わたしは一年のスケジュールを決めるために、十一月は文化的に過ごすように心掛けている。

さて、そのためには心を動かす刺激も必要だ。かまどの裏のハーブ畑、隅に植えられたレモンの木には、まだ緑色のレモンがぎっしりと実っている。これは父が、我が子のように丹精込めて育てているレモンの木だ。ビニールハウス内で多少あたたかいとはいえ、山形県の冬はレモンの木には厳しい。間もなく冬越しのための防寒ネットを張って、木をまるごとすっぽり包んでやらなければならない。

ほんとうはもっと寒くなると黄色く完熟するのだが、そうすると実が採れなくなる。だから我が家では緑色のうちに、実ったレモンをすべて採ってしまう。わたしはそのおこぼれを頂戴して、ありがたくジャムをこしらえる。

薬は使っていない。流水で洗って半分に切り、まずは果汁を搾る。種は苦いので取り除いて、皮はフードプロセッサーで細かく粉砕する。すべて鍋に移して、砂糖を入れ、とろみがつくまで煮詰める。緑色だった皮は、熱が加わりレモン色になって、ビターな味になる。これが堪らなく癖になる味わいなのだ。黄色い完熟レモンよりも、わたしはだんぜんグリーンレモンの苦い味が大好きなのだ。

クラッカーにクリームチーズ、出来たてのレモンジャムを乗せる。バナナや林檎などのフルーツも盛りつける。それから飲み物。グラスに少しの氷、レモンジャムを大さじ2杯ほど入れ、ソーダ水を注ぐ。喉の具合がよくなければ、蜂蜜を加えてもいい。

レモンの弾けるような酸っぱい香り、プクプクと上昇するソーダ水の気泡。サクッと砕けるクラッカー。ひと口食べれば、羽毛の羽が背中に生えて、明るく、陽気な気分になれた。口のなかいっぱいに広がるビターな酸味。

シュワシュワと浮遊感がある音楽、これはGシャープメジャーセブン?

ドラムスのハイハットが、タッタタツタッタ、

ギターとピアノが緩やかに奏でる、黄色と水色の、十一月のビター・レモンソーダ。

噛み締めれば噛み締めるほど、前向きな気分になって、未来にこれっぽっちも不安がない。今、

一日一日がすべてわたしの時間であり、わたしの「感覚」で埋め尽くされている。キラキラも、濁りも、あの色もこの色も、音楽も匂いも感触も、当然、ビターなレモンジャムの酸味も、すべて今まさに、わたしだけが感じているものなのだ！

……それはわたしが生きていることの答えであるような気がした。特別な理由や存在意義なんて大それたものはなく、わたしはただ、「感じるだけ」でいいんだ！

意識は感覚の橋の上にありながら、わたしはスケジュールを書き出していった。いや、スケジュールというよりも、「肉体をもっているうちにやりたいことリスト」なのかもしれない。

やりたいことも、学びたいことも、読みたい本も、作りたいものも、まだまだたくさんある。

これをひとつずつ、丁寧に、吐き出して、かたちを作っていけばいいのだ。

ものを作り出すことは、わたしが物質《人間》でなければ、できないことなのだから。

十二月

一年のなかでもっとも胸がいっぱいになるのが、十二月かもしれない。

一日からクリスマスまでの二十五日間、「アドベントカレンダー」を開封するからだ。カレンダーの日付の番号が書かれた小包を、その日に開ける。するとなかには、ちょっとしたプレゼン

グリーンレモンジャム

作りやすい分量

材料

グリーンレモン……3個（黄色いレモンでも可）
白糖……レモン総量の50%

作り方

① グリーンレモンを流水で洗う
② 半分に切り、搾り器でレモン汁を搾る。レモン汁は別皿にとっておく
③ 残ったレモンの皮のヘタを切り落とし、種を取り除く。薄皮付きのままフードプロセッサーで細かくする
④ ②と③を合わせた総量を量る。総量の半分量の砂糖、②、③を鍋に入れ、弱火〜中火で煮詰める。ぷくぷくと泡が立ってきたら、焦げないようにゴムベラで混ぜる
⑤ とろみがついてきたら、鍋を火からおろす。ジャムが熱いうちに煮沸消毒した瓶またはチャック付き袋に入れる。粗熱がとれたら冷蔵庫で保存する

❖ 搾り器がない場合は、レモンをくし型に切ってレモン汁を搾る
❖ 種を入れると苦味が増すので、なるべく取り除く
❖ フードプロセッサーがない場合は、みじん切りにする
❖ ジャムのとろみ加減はお好みで調節する
❖ 保存目的のジャムは、総量に対して半分以上の砂糖を加える

トが入っているのだ。

　プレゼントの内容はお菓子やコスメなど、様々な種類があるが、わたしは毎年、毛糸の小さなカセが入ったアドベントカレンダーを用意している。手染めの毛糸ショップから買うこともあれば、手もちの小さな毛糸玉をラッピングし、自分で作ることもある。さらに気分を盛り上げるために、番号付きの小包は、階段の手すりにぶら下げた手編みの靴下のなかへ入れて飾っておく。もちろんクリスマスツリーに飾ってもいい。そうして毎日ひとつずつ開封しては、なかに入っていた小さな毛糸を編み繋げて、二十五色の、カラフルなショールやブランケットにするのだ。

「アドベントは海外の風習なのに、どうしてそんなに楽しめるの?」とよく聞かれた。わたしは答えた。

「これは宗教や文化を重要視してやっているんじゃないの。朝起きて、毎日枕元にプレゼントが置いてあったら、どう思う? 今日のプレゼントに驚きと幸せがあって、明日はどんなものが入っているんだろうと子供のようにウキウキして、待ち遠しくならない? 大人になるとそんな感覚を忘れてしまうけど、そんな毎日を過ごすことができたら、きっと「わたしはここにいてもいいんだ」と思えるでしょ。誕生日やクリスマス当日や特別な日の、一回こっきりのプレゼントじゃだめなの。それでも喜びは味わえるのだけど、しばらくすると感動が冷めてしまう。つまり、二十五日間、毎日、連続で、自分を楽しませてあげることが重要なのよ。太陽暦では一年の最後の月なのだから、自分に毎日プレゼントを贈ったっていいじゃない。年末の忙しさの裏側で、心が満ち足りた気分になったってバチは当たらないわ」

冬のある日、一日の仕事が終わり畑へ行く。ビニールハウス畑は外気温よりあたたかいが、植物たちはちゃんと今が冬だと認識している。静かにじっと息を潜ませているのだ。夏はあんなに大音量で、むわんむわんと呼吸するくせに、冬の畑は、しいんと静まり返っている。

しかしそのなかでひときわ元気がいいのは、ローズマリー。マイナス二十度までは耐えられるうえ、夏の乾燥にも強い。葉を手で擦れば、ローズマリーの特有のつんとした香りが鼻孔を刺激する。その枝を二、三本摘んで、かまどの花瓶に挿した。キッチンのカウンターテーブルの上に置けば、清々しい芳香が部屋中に広がる。

父の畑からもらったほうれん草と玉ねぎを洗って、適当に切り、豚挽き肉と一緒に炒める。味付けはシンプルに塩と胡椒を適量。豚肉の臭みをとるために、ほんの少しのクミン。そして先程のローズマリーを一本。これでひとまず完成。

あとは生地を焼かなくては。ブリゼ生地は、以前ルルが作ったものを冷凍してある。これを解凍して、円形に伸ばしセルクル型に合わせ、いったんオーブンで焼く。

焼き上がりを待っているあいだに、紅茶を淹れて、今日のアドベントカレンダーから出てきた毛糸を編み繋げる。

工場生産ではない、ダイヤーの手染めの糸は数に限りがあり、毎回同じ色になるとは限らない。

つまり、二十五日間、二十五色のショールは、今年だけ、今このときだけのものだ。アドベントの編み物は、今を感じて、今を楽しむ、思い出を映し記録するフィルムのようなものだ。人を映すのではない、自分を映すのだ。

オーディオからは、陽気なクリスマス・ソング。

その音符が、ミラーボールに反射された水玉の光のように、赤、緑、白。黄色、青色、また白。雪が降れば色はまた乱反射して、フィルムを焦がすだろう。

オーブンからは、バターの香ばしい香りが漂ってくる。いい焼き具合なのだろう。ユールやクリスマスはなにを作ろうか、お正月のおせちはなにを入れようか、お餅はきな粉味がいいな、などと、手の動きと関係なしに思考は巡る。口のなかに様々な味が生まれて、涎でいっぱいになる。

オーブンから電子音が鳴り、わたしは慌てて思考を戻す。生地が焼き上がったのだ。オーブンから取り出して、先程炒めた具材を入れる。手早くアパレイユを混ぜて、流し込む。トップには二本目のローズマリーを置く。再びオーブンへ入れて、アパレイユを注ぎ足しながら、今度は長時間焼く。そう、キッシュを作っているのだ。

それからまた編み物を再開する。編み始め、ひと針、ひと針、編み目に入れては引き出して、を繰り返す。わたしは自分の気持ちの機微がよくわからないから、気持ちを込めて編んでいるわけではない。どちらかといえば無意識に、するすると勝手に手が動いていくのだ。それはわたしの意思ではない。なにかに動かされている、そんな感覚もあるし、この手の動きを途中で止めてしまうのは勿体ないとすら思う。またひと針、ひと針と動かしたい。単純な繰り返し作業。それを繰り返しているうちに、なにか満ち足りた、安心感がある。

かまどの女神はオーブンで煮炊きをする。

わたしは針を進めて、糸を面にする。

当たり前のことが、ほんとうは、毎日のプレゼントなのかもしれない。誰しもが多忙で、気付かないだけで。

この空間に流れる穏やかな空気は、時間を忘れさせる。

わたしは紅茶を淹れたことも忘れて、夢中になるのだった。

ユール

もうすぐ太陽が生まれる。

わたしは祭壇に一本だけ灯されたキャンドルを前にして、毎朝お祈りをする。お祈りといっても、大それたものではない。わたしにとってのお祈りは、瞑想のようなものだ。ただ心を鎮めて安らかに、自分とその身の周りの平和を願うのだ。

魔女の祭壇は、自然の神々とまみえる場所であるが、それ以上に、わたし自身の心と向き合う場所なのだ。毎朝五分ほど、お祈りをして過ごす。すると暗くて寒い冬でも、心はほんのり熱をもつ。貧しい気持ちが和らいで、満ち足りた気分になれる。不安はない。キャンドルの炎を見つめていると、目に見えないなにかが教えてくれる。わたしがやるべきことや、やらなくてもいいこと、タイミングや身体の具合、今日食べるものまで。

十二月に入ってから毎日同じキャンドルを灯し続けていたが、それも今日で最後だ。なぜなら今日はユール。冬至の日だからだ。

ユールは冬至の日に行われる。冬至の日から徐々に陽が長くなること、つまり太陽が御子として復活することを祝う。そのためユールの主役は、すべての子供たち。「子供は風の子」とよくいうが、ユールでは「子供は太陽の神の子」なのだ。子供たちへプレゼントをあげたり、家族で楽しく過ごしたりする。現代のクリスマスの原型になっている。

ケルティック・ブルーの空から、真っ白な雪が降ってくる。雪は風に飛ばされて、なかば横や斜めに吹きつけられながら。暖房の効いたあたたかい部屋のなかで、そんな外の風景を窓越しに眺めていた。

日本海側の冬は暗く、厳しい。大人たちには疎まれる冬の雪。けれどわたしは、こんなダークな世界が嫌いではなかった。どこまでも続く一面真っ白な雪景色だったなら、眩しさで目が眩んでしまっただろう。でも暗い夜にしんしんと降る雪は、控え目にちらちらと光りながら、遠くから鈴の音が聴こえるようだ。

シャン、シャン、シャン
シャン、シャン、シャン
サンタクロースのそりの鈴の音ではない。子供たちの健やかな成長を願う女神の女鹿が、子供たちにプレゼントを運ぶ音だ。
今年も、寒い寒い雪の日に、ユールを迎える。

この日、かまどの大きなテーブルは、祭壇に早変わりする。

ローストチキンや、ビーフシチュー、畑で採れた野菜のサラダ、ナッツ入りのシナモン・アップルパイ、ブランデーが染みたシュトーレン、葡萄酒、グラサージュ・ショコラの苺のケーキ。豪華で煌びやかな料理。赤と緑色の食器とカトラリーがテーブルにずらりと並んだ。

食卓用キャンドルも、ユールのカラーである赤と緑だ。赤色は太陽の御子のエネルギーを、緑色は母である大地の女神をそれぞれ表している。

また、ヒマラヤスギやマツ、モミの木やリースを飾る。これらの針葉樹は、冬でも緑を絶やさないため希望の象徴となっている。また、ヤドリギや西洋ヒイラギも玄関扉に飾る。これは自然の男神と女神の象徴物であるため、魔除けとなる。

オイルバーナーではユールの香を焚く。乳香、没薬、それからマツ、ジュニパーベリーの精油。

これらを混ぜ合わせれば、歴史ある神聖な日の香りとなり、太陽のように黄金色に輝く。その華やかな見た目の色とは裏腹に、頭と心はスッと冷静になれるから不思議だ。それもそうか。アクティブに動くのは春になってからでいい。今はこの冬をどうやって過ごすのか、栄養を蓄えながら、次の計画を練るのがいい。冬にはうってつけの香りだ。

さて、この祭壇《テーブル》に太陽の御子や大地の女神の遺いを招待しなければならない。魔女たちは黒服を着て、杖《ワンド》と剣《アサメイ》を掲げる。まずは呼吸によって、トランス状態になる。意識がぼうっとしてきたら、瞑想や祈りなどの所作を行う。そのあといよいよユールの儀式だ。

香炉をもって、詩篇を唱えながら、祭壇の周囲を時計回りに周行する。冬至という節目に対する祝いの呪文《チャント》を述べる。

「ユールの日、冬の国の王は去った。
夏の王よ、松明を掲げ、道を照らしてください。
ユールの炎よ、緑豊かなるときを約束ください。
大地の女神が幸いなる新年を運び、太陽の御子が光り輝くように」

するとと部屋のなかはクリムゾン・レッドとフォレスト・グリーンの光球でいっぱいになって、

それぞれがおびただしい閃光を四方八方へ放った。それが反射して、外の雪は黄金色に輝く。

魔女たちは、目に見えないけれどたしかにそこにいる「隣人」に敬意を払う。神聖なユールの香りと呼びかけに応じて、いらっしゃったのだ。小さくも大きく、上なるも下なる如し、住む世界は違えど、一部分を共有しながら共生する者たちが。

「男神と女神から賜る恵みが、我らの身体、心、魂の糧となるように」

挨拶をしてゆっくりと、噛み締めるようにユールの食事が始まる。

しんしんと降り続く雪は明日には積もって、子供たちの遊び場となるだろう。この世に疎まれ、要らないものなんてない。すべてが奇蹟であり、希望なのだから。

一月

ひっそりと、静かに、植物のように生きたい。

何事にも動じず、自分自身で身を守り、毎日同じルーティーンで生きる。朝日とともに起きて、夕日が沈むのに合わせて眠りにつく。そんななんでもない日々が、いちばん「生」を実感できるのではないかと思った。

しかしこれを話すと、「いやいや、動かないでただ息をするだけの毎日に、どうして生きる意味があるのだ」と言われるのだ。ああ、そうか。この世のほんとうの意味を考えてもどうせ到達できないのだから、適当な意味などを設定してもしかたないとわたしは思っているが、生きることにかりそめの意味を見出したい人々のほうがたくさんいるのだ。きっと、意味がないと、生きることがつらくて悲しいのだ。

答えがないことを、つい考えてしまうのが冬という季節だ。特に一月は、正月休みのせいで調子が狂う。テレビでは特別番組、恒例行事、商店では初売りセール、ここぞとばかりに非日常を演出する。多くの人々が、非日常を欲しているのだろう。

一方、わたしはといえば、いかなるときでも変わらぬ日常を過ごしたい。魔女が鉄鍋をかき混ぜている姿を非日常と感じる人が多いかもしれないが、わたしにとってそういう儀式は、日常の延長線上にある「毎日」と同じなのだ。その日の匂いを感じ、ハーブの変化を察知し、自分の体調を内観する、毎日が儀式の繰り返しなのだ。

嫌なことがあったわけではない。しかしなんだか物悲しい。東北の冬の空のように、気持ちが暗くどんよりしてしまう日だって、あるのだ。そう、魔女にだって。

そんなとき、わたしはハーブ畑へ行って、レモンバームとミントを摘んでくる。一月は虫もつかないので、薄い葉のハーブたちは元気に生い茂っているのだ。籠いっぱいになるまで摘んであげたほうが、彼らはもっと生き生きとする。遠慮なく柔らかそうな葉を摘み、かまどへもち帰る。

茎は苦味があるので丁寧にとって、葉だけを流水で洗う。鍋をふたつ用意して、それぞれに水と砂糖、レモン汁を入れて、火にかける。煮立ったら火を止め、一方にレモンバームを、もう一方にミントを入れて、常温まで冷ます。

冷めたら、それぞれ葉を取り出して、シロップの完成だ。レモンバームのほうはレモネードに、ミントのほうは甘いミントティーになる。水や炭酸水、牛乳や酒で割ることもできる。

一時的に憂鬱《メランコリック》な気持ちになったときにはレモネードがいい。レモンバームは、身体から余分なものを出すことができる。魔女たちに浄化のハーブと呼ばれているほどだ。気持ちのリセットにはもってこいだろう。

ミントティーも一月には役に立つ。ミントに含まれる成分によって、胃腸の働きをサポートしてくれるのだ。

出来たてのレモンバームとミントのシロップを、スプーン一杯ずつマグカップへ入れる。お湯を注ぎ、ひと口飲む。爽やかで優しい、畑の味が胸のなかで広がった。窓を開けて、冬の匂いを肌で感じる。深呼吸して、静寂のなかで数分間過ごす。

それから、編みかけの靴下を取り出して、針にかかった毛糸を編んでいく。ゆっくり時間が流れるに任せて。金属の細い針が音を鳴らす。

カチャリ、スッ、カチャ、シュルシュル

カチャリ、カチャリ、スッ

整ったリズム、整った音程。Dメジャー。

靴下編みの魅力を知ってからというもの、毎日のように手を動かしている。編み物をよく知らない人からは「細い毛糸と細い針を使って、よくそんなに細かい作業ができるもんだね」と言われる。わたしは答える。

「あら、わたしに言わせれば、あなたはもっと細かい作業をやっていますよ。人間関係で、細やかに配慮したり、共感したり。わたしにはそれができないので、毛糸相手に同じことをやっているだけです。どうも、人間とは相性が悪いのです。植物や動物なら少しの変化でも正直に話してくれるけれど、人間は隠してしまうからね。それが匂いや色でわかってしまって、ああ、嘘をついているんだって、がっかりしてしまう。

それからね、難しいことはやっていないのです。単純作業の繰り返し。針を入れて、糸をひっかけて、針を戻す。ずっとその繰り返し。すると頭や心が、だんだんと落ち着いてくる。心がフラットに、穏やかに、整っていく。瞑想しているような感覚で、とても心地いいのです、人間と向き合うよりは、ずうっとね」

段染めの靴下糸は、ただ表編みで編むだけでカラフルな模様になっていく。わたしはその色の魔法が好きなのだ。きっとその魔法によって自分自身を癒しているのだ。

意味は、必要？

意味がないことは、不必要？

だとすると、わたしは不必要なジャンク品かもしれない。社会でもよく、意見や価値観が合わずにつまはじき者にされる。

けれどわたしは、生きていることを実感できる。存在意義など、おこがましい。ただ植物のように息をして、今を感じるだけで、灰色《モノクローム》だった世界《フィルム》が鮮明《カラフル》になるのだ。誰かがその映画を見て、あとから意味をつけているだけ。

映写機が回転する音のように、編み針は動き続けた。

二月

冬の夜は明るい。田畑に降り積もった真っ白な雪が、薄紫色に光って辺りを照らす。夜の帳が下りた空は、文字通り天井から垂れ布を引っかけて、月光の淡いスポットライトで照らされたかのようだ。満月の夜でもなしに、辺り一面が神秘的に光るのだ。

しかし昼はというと、一面灰色になる。空も、街並みも、木々も、すべて彩度を失った灰色なのだ。

静まり返った畑も例外ではない。すべてが灰色で、時が止まっている。皆、土のなかでひっそ

レモンバームとミントのシロップ

作りやすい分量

材料

◎レモンバームシロップ

フレッシュ・レモンバーム（葉）……30g

水……600g

三温糖……300g

レモン汁……60cc

◎レモネード

レモンバームシロップ……大さじ3

お湯……180g

◎ミントシロップ

フレッシュ・ミント（葉）……60g

水……600g

白糖……300g

◎ミントミルク

ミントシロップ……大さじ2

牛乳……180cc

作り方（どちらのシロップも工程は同じです）

① 茎を取り除き、葉を流水で洗う
② 鍋に水、砂糖（レモンバームシロップの場合はレモン汁）を加えて混ぜ、火にかける
③ 煮立ったら火を止め、ハーブを加える
④ 常温で冷ましたら、ざるで濾してハーブを取り除く
⑤ 煮沸消毒した容器に入れて冷蔵庫で保存する

りと息をしているのだ。

そろそろ春の種蒔きのための準備をしなければならない。固くなってしまった灰色の土に鍬を入れ、ふんわりと空気を混ぜていく。米糠や燻炭を堆肥に混ぜて撒き、土を耕し、たっぷりと水をかけ、仕上げに黒いマルチングシートで覆う。土をあたたかくして発酵させるのだ。すると春分のころには、黄緑色や赤褐色に輝く栄養満点の土になる。


見習い魔女には必ず、こんな話をした。

「おいしいハーブや野菜を食べたいと思ったら、なんといっても、二月の土作りがもっともだいじなのよ。土が固ければ根が伸びないし、栄養がなければ育ちが悪くなる。生ゴミとして捨ててしまうような野菜屑や、米のとぎ汁や油かすも肥料になる。それを撒いて、微生物がたくさん棲む土を作るの。

土に触れるのは汚い？　怖い？

でもね、わたしたちは所詮、土からできた土人形《ゴーレム》なのよ。畑の作物が土からできているとすれば、それを食べる人間も動物も、土からできていることになるでしょう。土が弱くなると、わたしたちの身体も弱くなる。わたしたちは自然の周期の一部に過ぎないから、栄養のもとになるものを土に還し浄化《リセット》して、それから春に種蒔きをする。

人間も同じ。なにかを始める前にはそれなりの準備と栄養と浄化が必要だし、うまくいくためには循環をつくるのが近道よ」

畑の空いたスペースを耕していく。鍬を土に入れるザクザク、という鈍い音が、さくりさくり、という軽い音になっていく。

作業をしながら、ふとタイムが目に入った。ローズマリーの木の根元に植えられたタイムは、寒い二月でも元気に青々としている。強い殺菌作用があるため、うがい薬として重宝されてきたハーブだ。

なんとなしに、手で葉を擦ってみると、凛とした爽快感が鼻孔をつく。かつて戦場へ赴く戦士に恋人が捧げた、とか、妖精を見つけるための魔法に使われるとか。ロマンチックでファンタジーな言い伝えがあったな、などと昔読んだ文献を思い出しつつ香りを吸い込んだ。

すると一面灰色だった畑が、緑鮮やかな畑へと一変した。この緑色は若く、はつらつとした新芽の緑だ。タイムは一足早く冬から目覚めて、その香りで他の生き物を眠りから覚ますのだろう。戦士に捧げられた勝利のハーブの名のごとく、生きる勇気を与えるように。

畑の作業を中断して、思い立つままタイムをひと摑み摘み、かまどへもち帰って花瓶に挿す。すると灰色だった店内も、描きかけの油絵のキャンバスも、タイムの香りの色で塗り替えられていく。自然の目に見えないエネルギーが、もはや絵の具のようだ。灰色の季節のよさもあるけれど、やっぱりわたしは、色付きの世界のほうがいい。

そうだ、二月は浄化なのだ。それならタイムを入れたチーズケーキを焼こう。わたしは張りきって冷蔵庫を開ける。クリームチーズに生クリーム、卵、砂糖、薄力粉。ぜんぶある。レモンは完熟したのを畑からもらってこよう。ラム酒に漬けたレーズンも入れよう。

ビスケットを砕いて、ラムレーズンを型に敷く。生地には、タイムを漬け込んで作ったティンクチャーをほんの少し。生地を型へ流し込んでオーブンでしばらく焼くと、香ばしい甘い香りが漂ってくる。焼き上がって取り出した型を揺らすと、生地はふるふると揺れる。これがふわふわ、とろとろのチーズケーキのサインだ。

粗熱をとってから切り分ける。皿に盛りつけ、タイムを飾る。するとやはり、若草色を筆頭に、ペールグリーン、ライムグリーン、ミントグリーン……様々な緑色が、一面に広がった。

ひと口頬張ると、その酸味と甘味、タイムの力強い爽やかさで、わたしの全身は震えた。まるで冬眠から目覚めるようだ。過去を引き摺らず、新しいことが始まる準備としての浄化が、細胞ごと行われたのだ。

それはまるで、新しいわたし。

昨日までとは少しだけ違う、わたし。

わたしは描きかけの油絵に目をやる。

描くのに行き詰っていたのではない。ただ、昨日までのわたしは、抱え過ぎて溢れていたのだ。

少しばかり荷物を置いて、楽な姿勢で、必要なものを必要な分だけ、見ればいい、描けばいい。

わたしは絵筆を走らせた。

いつしかチーズケーキが乗った皿は、蜂蜜をかけたように黄金色に輝いていた。

イモルグ

二月一日、灰色にひび割れた空は、まるで氷の鏡のようだった。
わたしの内面を空にすべて映し出し、わたしを丸裸にする。細く棚引く雲は鋭いナイフのようで、わたしの暗い心にぐさぐさと刺さる。血の代わりに涙が出ればいいのに。わたしの顔が空に映る。ああ、なんてひどい緑色なのだろう。黒が混じっている、物理的に寒くて、水分も栄養も足りないのだわ。

寝起きの白湯を飲みながら、冬の寒い日には身体も心も暗くどんよりするというのは事実なのだと思った。幸か不幸か、わたしは自分の感情がよくわからないので、暗い気分になったからといって憂鬱になったり、イライラしたりはしなかった。

それよりも、今日のこの張り詰めた空を特別だとさえ思った。ぱっとしない灰色が、鏡のように反射するのだ。ひび割れているから決して綺麗なわけではない。しかしいつもよりも、吸い込まれそうになる。そんな空を、幾人が見上げて足を止めるだろうか、いや、そんな数奇な人はいないだろう。だって灰色は、見慣れてしまっているのだもの。コンクリートジャングルに住む我々は。

きっとこれを、「鬱々とした感情《メランコリック》」というのだろう。

わたしは祭壇のキャンドルに火を灯した。今日はイモルグ。かまどの女神の火に感謝を捧げる日。そして身も心も畑の大地も、なにかを始める前の「浄化」をする日だ。一年という周期《サイクル》のなかで、もっとも清らかなる浄化だ。一時的に落ち込んだ気分もなにもかも、女神の神聖な炎で浄化して、空へ還してしまえばいい。

火の神といえば、多くの神話では男神と表現されること多いが、かまどの神は家を守る女神であるのがいい。台所のかまどを住処とし、家族全員の健康を管理するのだ。彼女はかまどから動くことができないので魔法の威力は弱いが、決して家族を裏切らない。だから台所を任された人間の女将は、豊富な知識によって、風邪に効く薬草を入れた粥、恋のおまじないに効く惚れ薬、なんでもその鉄鍋で作ることができる。代々受け継がれたレシピそのものが素晴らしいことはもちろんだが、これらに魔法が付与されるのは、かまどの女神を奉り祈りと感謝を捧げるからに違いない。

一年のなかでも二月の凍てつく季節に、かまどの火は大きく熱を帯びて揺らぐ。身体が冷えきってしまわぬようにと、心が病んでしまわぬようにと。暖炉の薪がパチパチと爆ぜる音。青と橙色の炎を見つめれば、誰もが安心して過ごすことができる。

イモルグのキャンドルも、この炎の色にちなむ。女神の衣の色を表す、水色。すくすくと成長する太陽の、橙色。舞い散る雪と母乳の、白色。三色は重なり合って、陰影を濃くする。光と闇、昼と夜のコントラスト。

さらにイモルグを祝う料理が並ぶ。

身体に優しく染み渡るクリームシチュー。

温野菜も蕩けるチーズ・フォンデュ。

ほくほくのサーモンのホイル焼き。

胡桃とレーズンがたっぷり入った三つ編みのパンや、バノック。

旬の完熟レモンを練り込んだチーズケーキ。

バニラとシナモン、乳製品の甘い香りに包まれて、キャンドルの炎はますます重なって、ぼやけていく。呼吸によってトランスに入ったころ、鈴《ベル》の音と呪文《チャント》が聴こえてくる。

「ヴェスタ、ヘスティア、ブリジット、
炎によって、肉体と、精神と、魂の穢れを清めたまえ、
古きものは外へ、新しきものは内へ、古きものは外へ、新しきものは内へ……」

祭壇の周囲をぐるぐると歩きながら、小さな箒でシナモン入りの聖水を撒く。それからキャンドルを松明に見立ててもち、また歩く。

ぽとり、ぽつぽつと、蠟が垂れる。炎は一層揺らぐ。揺らぎながら、中心にわたしを映し出す。それは暗くて憂鬱な気分のわたしではなく、明らかに情熱を帯びた目を輝かせるわたし。生まれ変わったかのような、清らかなわたし。

キャンドルを祭壇に置き、ベルを鳴らす。りーん、ちりーん、ちりりーんと三度響く。南部鉄器製のベルの音は、優しく、ひび割れた空を裂いた。その振動によって鏡は大きな音を立てて割れる。がしゃん、からから、鏡はぼろぼろと砕け散ったが、その鋭利な切っ先はわたしを攻撃しなかった。

痛くない、刺さらない。

それはもう、古いものだから。

りーん、りーん、何度目かのベルの音によって、わたしの意識はもち上げられた。気が付けば、香炉で焚いていたハーブや樹脂はすべて燃え尽きていた。頭はぼんやりと虚ろで怠いが、気分は晴れ晴れとしていた。

そうだ、新しいことが始まるのだ。

心がわくわくする色を想像しながら、わたしはレーズンパンをひと口かじった。

かまどの女神が焼いた今宵のパンは、優しい潤いに満ちていた。

三月

三月が桃色に見えるのは、わたしだけではないはずだ。東北の庭や山では、梅や早咲きの桜、スモモの花が咲き始める。この香りが、柔らかで甘酸っぱいピンク色なのだ。風に乗って運ばれてくると、ああ、もう春だなあと感じる。

しかし我が家の畑の春の香りは、少し違う。

スイートマジョラム。

多くのハーブが植えられている畑のなかで、スイートマジョラムの微かな香りを感じることができる。葉を擦れば、フルーツのような甘く爽やかな香りがする。ブランドの香水にも使用されるほどうっとりする香りだが、このハーブを知っている人は少ない。

アロマテラピーの観点からは、スイートマジョラムの香りは気分を落ち着かせて、リラックスさせるといわれる。しかし魔女の言い伝えでは、このハーブは愛と美の女神ヴィーナスに捧げられる、恋のハーブなのだ。冬が終わりあたたかくなって活動的になるころ、一歩を踏み出すことができる。甘酸っぱい梅やスモモの香りと同じく、スイートマジョラムも恋のはじまりのようなピンク色なのだ。

わたしはスイートマジョラムの香りが好きで、見習い魔女たちが研修や体験で魔女畑を訪れるたびに、これを嗅いでもらう。「初めてフレッシュなスイートマジョラムを嗅いだ」という人が多いのだ。そして皆口を揃えて「とってもよい香り」と呟いた。

「そろそろ山菜が採れる時期。この辺りは特に山の恵みが豊富だったから、春は山菜料理をたくさん食べる。寒い冬で鈍った身体へ、山菜の苦味を与えて目覚めさせるんだって、祖母に聞いたことがある。でもね、甘酸っぱい香りもまた刺激だと思う。もしわたしが冬眠する熊だったら、いっとう最初は甘酸っぱい春の香りで目覚めると思うもの。それから、ああ、お腹が空いたと思って、山菜や草を食む。

え？　熊は肉食じゃないかって？　いいえ、熊は草食寄りの雑食。たしかに肉も食べるけど、春は植物を、夏は昆虫や蜂蜜を、秋は木の実を食べるほうが多いのだ。人間よりもグルメだと思わない？　旬のものがおいしいことを知っているし、自然に生きるサイクルを壊さない。熊は、山の神だ。去年も、渉の実家の梨畑に熊が来て、梨のおいしいところだけを食べていったけど、しかたない、きっとどんぐりが凶作だったんだ」などとお喋りをした。

そんなスイートマジョラムは、ラブポーションのレシピに欠かせないハーブだ。この時期に何本か摘んで、乾燥させる。それから煮沸消毒した瓶に詰め、ウォッカを注ぐ。二週間ほど暗所で漬け込めば、ティンクチャーができる。これはいわゆる薬草酒で、イギリスでは健康維持のために今も多く使われているが、わたしの場合はこれをお菓子やパンに加える。少量なので味も香りも感じる人は少ないだろうが、そのハーブがもつ色に、料理が変化するのだ。もっともそれは、わたしにしか見えない色なのかもしれないが。

春分のころ、せっせと一年草のハーブの種蒔きをした。バジルやディル、コリアンダーなどだ。それが終わると、例のスイートマジョラム・ティンクチャーの漬け込みも終わる。

瓶からハーブを取り出し、フィルターで濾す。このときの香りは、ウォッカの独特の香りと混ざるので決していい香りとはいえないのだが、色は薄いピンク色に見える。それを今度は小さな遮光瓶に詰めて、ラベルを貼る。「一歩を踏み出す　スイートマジョラム」。

さて、今日は出来たてのスイートマジョラム・ティンクチャーを使って、苺のパウンドケーキを焼く。苺が安いときに作り置きしていた苺ジャム。少量とってレモン汁と白ワインで伸ばし、ピューレ状にする。

バター、砂糖、卵、薄力粉は同量ずつ。生地を少しあたためて、バターと卵をうまく乳化させるのがポイントだ。つやつやの生地になったら、苺ピューレとスイートマジョラム・ティンクチャーを加える。苺ピューレでほんのり桜色になった生地は、スイートマジョラム・ティンクチャーを加えた瞬間、さらに鮮やかなピンク色になって光り輝いた。

よし、今日の調合も完璧だ。型に入れてオーブンで焼く。途中、ナイフで中心に切れ目を入れる。それからまた三十分。ケーキが焼ける香りと一緒に、ピンク色の光がかまどじゅうに広がった。

焼き上がったケーキは、「一歩を踏み出す苺ケーキ」。現実の色でも薄ピンク色のケーキは、見た目もかわいい。ひと口食べれば、甘酸っぱい味と香りに、気分が一気に盛り上がって、一歩を踏み出すあと押しをしてくれることだろう。

「……先生、トマト料理によく使うオレガノも、マジョラムの一種なんですよね？」

「そうよ。オレガノは、ワイルド・マジョラムといってね、香りがまったく違うの。主に男性のためによく使う恋の魔法で……」

こうして春からまた忙しくなる。

わたしは、ピンク色の他にも、今後増えていくであろう目まぐるしい色の万華鏡の世界を想像して、蒔いた種に水をやるのだった。

オスタラ

春分のころ、畑の植物は目覚め、新芽を芽吹かせる。それと同じくして、生き物の誕生を垣間見ることができる。

庭の小屋のドアを開けっぱなしにしておくと、巣作りに奮闘するツバメが間違って入ってきてしまう。かまどである百年前に建てられた土蔵は、屋根と屋根とのあいだに空間がある二重屋根になっているので、そこになら巣が作れるかもしれない。毎日静かな田舎だが、このときばかりは賑やかになって、わたしも柄にもなくはしゃいでしまう。

春の訪れは、動物も植物も心が沸き立つものだ。

毎年春分の日に、一年草ハーブの種蒔きをする。小さな苗ポットに、水で湿らせた発芽用のふかふかの土を入れて、小指でちょんと窪みを作る。そこにバジルの種を三粒入れ、土をふんわりかける。

カモミールのように風が吹いたら飛んでいってしまうような小さい種は、二つ折りにした紙の上に広げて、背をトントンと叩いて蒔く。それからふるいを使って土を薄くかけてやる。すべて蒔き終わったら、水を優しくかける。毎日の水やりと温度管理に気をつければ、二週間ほどで発芽する。種蒔きはいつも楽しい。二週間、心配しながら発芽を見守るのも楽しい。なにかに手をかけてやるというのは、面倒なことのはずなのにウキウキするのだ。

さあ、今日は忙しい。夜にはオスタラのサバトだ。

わたしは大急ぎでかまどへ戻り、ディナーの準備をする。オスタラのメニューは、主に卵料理だ。調理法はなんでもいい。ゆで卵でも、ハムエッグでも、卵たっぷりのパンケーキでもいい。それからベーコンやハムなどの加工肉、十字架の飾りが入ったホットクロスバンというパンとワイン。

昨日のうちに仕込んでおいたパン生地には、ドライフルーツがたっぷり入っている。ガス抜きをして丸めて、また休ませ、発酵させる。

発酵を待つあいだに、今年はどんな卵料理にしようかと考え、ああ、スパニッシュオムレツが食べたいと思った。玉ねぎ、人参やグリンピース、しいたけ、ベーコンを一センチメートル角に切り、味付けした卵液に入れて、フライパンでお好み焼きのように蒸し焼きにする。

発酵して膨らんだパンに十字架の飾りを描いてオーブンに入れると、徐々にパンが焼ける幸せな香りが漂ってくる。オムレツもいい感じ。ひっくり返してまた蒸し焼き。しばらくしてパンもオムレツもおいしそうに焼き上がった。

祭壇には、焼きたての料理とともに、色とりどりの春の切り花を飾る。ピンク色のチューリップ、薄オレンジ色のガーベラ、クリーム色のラナンキュラス、白いスイートピー、紫色のアネモネ、黄色いミモザ……パステルカラーのフリルがたっぷりの花びらは、若々しい大地の女神の化身のようだ。甘酸っぱい魅惑の香りは、太陽の男神を誘ってダンスに興じることだろう。

同じようにパステルカラーのキャンドルを数本、燭台に立てた。オスタラの祭壇は一層華やかになって、わたしの心も踊り出しそうだ。

オスタラの香を焚く。これまた甘酸っぱく、ほろ苦い香り。樹脂や香木に混ざって、薔薇の花びらが入っているからだ。香りを一気に吸い込んで、全身を満たす。

呼吸をしてトランス状態になると、頭はぼんやりとして目のピントが合わない。あのパステルカラーが無数の光の玉のようになって、まるで遊園地の回転木馬に乗っているような気分になる。一方で陽気なアコーディオンの音色が聴こえる。着ぐるみの兎がもつカラフルな風船が、一斉に空へ飛び立つ。鳩が飛んで行くように、わたしは意識と無意識を上下する。

ぼんやりとした意識のなかで、今年一年で成したいことをイメージする。十一月にリストアップしたやりたいことを考えると、メインテーマになるものがより強く光を放つ。

それを手にとって、おそるおそる光の内側を覗けば、はっきりとした色と、形と、音声と、映像で、見えてくるのだ。四月から十月の、光の季節のうちに取り組むべきことが。それは畑仕事だったり、旅行だったりその年によって様々だが、いずれにしても冬の季節ではできないことだ。

そのイメージを今度は羊皮紙に書き出してみる。調合しておいた鳩の血のインクと、細い枝のペンを使って。血のインクという名前だが、むろん実際の血が入っているわけではない。赤いインクにシナモンなどの精油が調合されているため、その芳香を吸い込みながら、焦点は定まらないものの、筆圧の感覚でなんとか文字にする。不思議なことに、これは自分が書いているというよりも、なにかに書かされているような感覚だ。

それからベルを鳴らして、用意しておいた鉢植えの土に羊皮紙を埋める。ファンキーなアコーディオン、回転木馬のリズムに合わせて、わたしは呪文を唱える。

「イモルグで浄化した土の上に、わたしの種を蒔きましょう。
わたしの望みを、土台の上に根付かせてください。
そして秋には実り、収穫できますように」

するとまた色とりどりの風船は空へ飛んでいって鳩になった。それに合わせて、わたしはゆっくりと意識を戻した。

ふわふわとした感覚のなかで鉢植えに視線を向ければ、案の定、羊皮紙はうまく埋まっておらず、まるで幼児が初めて書いたような不安定な文字が散らばっていた。

そこには、「Green, Writer, Traditional Japanese, Song」と書かれていた。まったくどういう意味かわからない。

これは二〇二三年のわたしのオスタラサバト。この意味がわかるのはきっと、何年か先のことなのだろう。

四月

　風もあたたかくなってきた四月、草花は一斉に青々と茂り、春の花を咲かせる。畑ではオレンジ色のカレンデュラの花が咲き乱れている。カレンデュラはマリーゴールドのなかでもハーブとして使える品種で、ティンクチャーにしても、乾燥させても、湯に浮かべるにも重宝する。土にじかに植える一年草だが発芽率も高く、丈夫でよく増え、虫もつかない。花が咲いたら花部だけを摘みとるのだが、いつの間にかまた次の蕾ができて咲く、エネルギーに溢れたハーブだ。

　四月末にはベルテーンが控えているので、乾燥させたカレンデュラの花びらを入れたカスタードクリームを作っておかなければ。甘いカスタードにカレンデュラの香りが重なって、さらに甘く蕩けるクリームになる。きっと誰しもがこの香りと味を好きになるだろう。

　カレンデュラの元気なオレンジ色を見つめていると、春の賑やかな感情が、わたしのなかでむくむくと膨らんだ。どこまでも走っていけそうな、スキップをしたくなるような、うずうずするこの感情が、いったいなんなのかわからないけれど、オレンジ色やピンク、黄色の春の花の色だということはわかる。わたしはこの感情を紡ぎたいと思った。

　かまどへ帰って、鮮やかに染色された羊毛のストック棚を見る。この不思議な感情の色を何色か選んで、無数の針が並んだカーダーという板に引っかけて羊毛をブレンドしていく。ピンクや黄色やオレンジ色の羊毛を何層にも引き伸ばしてはブラシを使って押し込み、カーダーをいっぱいにする。まるで春の花畑のようだ。そうだ、黄緑色や紫色も入れればもっと花畑らしくなるだろう。カーダーの上には、色とりどりのインスピレーションの世界が広がった。

針の先まで羊毛でぎゅうぎゅうになったら、今度は二本の棒を使って、下部からはみ出した羊毛の上下を挟んで、くるくると丸めていく。プーニーを作るのだ。ある程度巻きとってから、下に力を入れて引っ張ると、ゆっくりと羊毛がカーダーから切り離されていく。まるで綿菓子の先端をつまんで引き裂いたときのような快感が手に伝う。これを繰り返し、何本もプーニーを作る。

それからいよいよ単糸を紡ぐ。プーニーの先端からほんの少し繊維をつまんで、ボビンに括りつけられた糸に引っかける。ゆっくりと車輪を回転させて、ペダルを踏む。カタカタ、カタカタ、という音を立てながら、繊維は一方向に撚りがかかることで一本の丈夫な糸になる。さっきまで綿菓子のように千切れていたのに、不思議だ。右手ではプーニーを後方へ引っ張り、左手は一定に撚りがかかるように糸に添え、右足はリズムを調節する。慣れてしまえば単純な作業だ。

初めて糸紡ぎを見た見習い魔女たちは疑問を口にする。

「どうしてわざわざ、糸から紡ぐのですか？　時間がかかるのでは？」わたしは答える。

「そうね、毛糸を買ったほうが早いし、衣服だって買ってきたほうが早い。けれどここでは、早いとか遅いとか、便利かどうかは関係ない。魔女にとっては、どれだけ充実した時間を過ごせるかがだいじなの。糸を紡いでいるあいだは、集中して時間を過ごすことができる。どれだけ集中して過ごせるかが、充実感や幸福感に繋がるのよ。惰性で時を過ごしたりつまらないものに費やす時間は、ほとほと長く感じるものでしょう。でも、集中して過ごした時間は、実際の時間よりもあっという間に感じる。つまり、自分の感覚を鈍重にすれば時間は途方もなく長く感じるし、鋭敏にすれば一瞬の出来事かのように過ごせる。一瞬でたくさんの幸福感を感じると、若々しく生き生きと過ごせるでしょう。だから魔女は、自分で自分の時間を操って、歳をとらないのよ。便利に済ませたところで歳をとってしまうなら、多少面倒でも幸福感を得て若々しくあったほうがいいわ」

プーニーを紡ぎ終わると、今度は出来上がった単糸を二本引き揃えて、双糸にする。先ほどとは逆回転の撚りをかけて、二本撚りの双糸にするのだ。これでさらに丈夫な糸になる。糸は、右と左、斜めに交錯されていく、まるで、陰と陽、表と裏、男と女、のように……。

最後にニディノディで糸を巻き取り、糸束をねじってカセにしておく。

ここまであっという間の時間だったが、実際には数時間が経過していた。心地よい疲れを覚え、なにか簡単なお菓子が食べたいと思う。そういえば、冷凍庫にクッキー生地を保存してあったことを思い出す。

先日ルルが作り置きしていた「ラッキークッキー」。バターに砂糖、卵、薄力粉とアーモンドプードルの生地に、これでもかとたっぷりのチョコチップ、幸運のハーブであるバニラのオイル、カレンデュラの花びらのティンクチャーが入っている。

解凍して柔らかくなった生地を三十グラムずつ分割し、丸め、天板に乗せていく。それからコップの底で上から押して平らにする。オーブンで焼くと、バターの香ばしい香りとともに、バニラとカレンデュラの香りが漂ってくる。この香りだけでもラッキーな気分になれそうだ。

焼き上がったクッキーをオーブンから取り出し、ちょうど冷めてきたころに紅茶を淹れた。ほんとうは一晩おいてから食べるほうがおいしいのだが、いつも我慢できずに一枚は食べてしまうのだ。

ひと口、かじる。

サクリ、ホロホロ。

チョコチップ、ごろごろ。

たったの一枚だけのクッキーで、満たされた幸せな気分になれる。魔女は、この瞬間の積み重ねをつくり上げていくのだ。

ベルテーン

「春風の香り」の正体とはいったいなんなのか。柔らかい風に乗せて、あたたかな陽の光や草花の青々としたエネルギーを感じるのだと多くの人は思うのだろうが、わたしは答えを知っている。

それは、すべての生き物の蜜の香りなのだ。

四月三十日、植物は一層緑濃く常盤色《ときわいろ》に輝く。五月の大型連休を前にして人々の色も浮足立つこの季節に、ベルテーンサバトがある。別名、「ヴァルプルギスの夜」とも呼ばれる有名なこの大サバトは、特別に甘美で艶やかな一夜だ。なぜなら大地の女神と太陽の男神はこの日に婚姻するからだ。大地と太陽が結ばれることによって、花が咲き、実は結実し、動物は出産や発情期を迎える。そうしてすべての生き物はあとに繋ぐ命を残す。産んで、増やし、食べて、糧にする。人間は全体のなかの、たった一部の歯車なのだ。


わたしは前の晩から仕込んでいたパン生地でクリームパンをこしらえる。クリームは四月中に乾燥させたカレンデュラの花びらの香りを移したカスタードクリームだ。台所いっぱいに卵とバニラの甘い香りが充満する。この香りを嗅いで、幸せな気分にならぬ者などいないだろう。

それからローストしたアーモンド入りの精力バナナケーキ、蜂蜜たっぷりの甘酸っぱいレモングミ、畑で採れたハーブのサラダと鶏肉の蜂蜜煮。どれもこれも滋養強壮によく、甘く蕩ける料理ばかり。

祭壇には緑色のキャンドルと、観葉植物を置く。薄い緑色から濃い緑色まで、様々な緑のトーン・グラデーション。テーブルクロスや装飾品のアクセントカラーもすべて緑。今宵のかまどは緑一色になり、まるで森林のなかにいるようだ。

ベルテーンの香は、得もいわれぬ甘く酔わせる香りだ。樹木の樹脂、ついで香木の澄みきった強い香りのなかに、華やかな蝶々がひらりと舞う。ワインレッド、マゼンタ、バイオレットがシルクのように折り重なるグラデーション。きっと誰しもがこの香りにうっとりと魅入られることだろう。

あらかた準備が終わったが、サバトの開始時刻まではまだ余裕がある。わたしは四月に紡いだ羊毛糸を取り出した。これを使って、織り機でショールを織る。

ぴんと張った経糸《たていと》に、紡ぎたての緯糸《よこいと》を滑らせていく。シャトルを右から左へ、そして織る。筬《おさ》を上下させ、シャトルを左から右へ。織る。少しずつ、少しずつ、細い糸は層になり、いつの間にか大きな布地になっていく。織り上がった布地は手前で巻き取り、整経した経糸いっぱいまで織っていく。

シャトルは経糸の僅かな隙間を行き来する、

シュルシュル、カタンカタン、シュルシュル、カタン。

一定のリズム、単純な動作。

意識はどこか遠くへ行ってしまう。ガラクタの思考でいっぱいの身体ごとフィルターで濾過されて、純粋な「わたし」だけがここに残るような感覚。キャッシュ・クリアして軽くなったコンピューターのようだ。

編み物も、手紡ぎも、手織りも、すぐに思考をクリアにできる。穢れのない最新の自分になれる日常のなかの儀式だ。

集中しているとあっという間に辺りが暗くなっていた。わたしは緑色のキャンドルに火を灯し、香を焚いて、電気を消した。かまどは夜の森のダークグリーン色に染まり、しんと静まり返る。呼吸を整えて、振動《ビブラート》させながら発声する。

「王冠《アテー》、王国《マルクト》、峻厳《ヴェ・ゲブラー》、慈悲《ヴェ・ゲドゥラー》、光よ《ル・オーラム》、かくあれかし《アーメン》……」

呪文を唱えると、手織りのおかげか、すぐにトランス状態に入ることができる。そのまま儀式の場を魔法円で浄化し、ベルテーンの儀を行う。

トランス状態の視覚化《ビジュアライゼーション》は、夜の森。美しい森の女王ディアナと、若くして死んで生き返る狩人、ウィルビウス。互いをじっと見つめ、ゆっくりと一歩、近付く。言葉はない、しかし目の輝きの色を見れば伝わる。二人の指が触れて、手を取り合う。狩りの名手の弓矢は傍らに放り投げられ、草花が咲き乱れるオークの木を三周廻る。葡萄酒をぐいっと煽り、手を繋いで、焚き火を囲い、彼らは踊る。

「五月の女王《ディアナ》と森の狩人《ウィルビウス》は、夢中になって愛を語る。

柱《オーク》をぐるりと廻って、踊れ、踊れ、糸を織れ、髪を編め、
聖なる夜に、別々のものは、ひとつに交われ」

リーン、リーン、リーン、ベルの音が鳴る。滴る花の蜜、カスタードクリームの甘い香り。蝶は舞う、香しい鱗粉を振り撒いて。

今宵はベルテーン、大サバト。

可視、不可視にかかわらず、すべての者の命は紡がれ、織り成される。わたしたちが気にも留めず繰り返す日々こそが、実は儀式であり、いつも特別なのだ。

五月

魔女の七つ道具のひとつに、ワンドがある。魔法の杖という意味だが、美しく出来上がったワンドを雑貨屋から買うものではない。魔女が自分で作るものなのだ。

森の樹木を象徴するベルテーンが終わったあと、冬に剪定して乾燥させておいた枝のなかから、自分に合ったものを選ぶ。オークなら強さ、ナナカマドなら魔力、オルダーなら神託……などといった樹木信仰の名残の意味もそれぞれにある。自分の誕生日から樹木を選ぶこともできる。なんにせよ、気に入った一本を選び、好みのかたちに削り出し、魔法の呪文を彫って、ワンドを作

るのだ。

ワンド作りのワークショップのとき、わたしはこんな話をする。

「ワンドを作るために、木を切ってはいけない。剪定の時期にやむなく切った枝か、落ちている枝を使うこと。そうしないとそのワンドは、魔法の効力をもたない。魔女の掟に、「他を害することなかれ」とあるから、なにかを傷付けたり奪ったりしてはいけないんだ。

もし他を害してしまったらどうなるかって？　「三倍になって返ってくる」のだ。だから魔法は、悪いことに使ってはいけない。あなたの魂が三回、死ぬことになるからね。身体が傷付くことよりも、魂が引き裂かれるようにつらいことってあるでしょう？　そんな思いをしたくないのなら、決して、他を害してはいけない。

もし掟を破りたくなるほどつらいことが起きたらどうするかって？　心配しなくていい。あなた自身が手をくだす必要はないし、むしろ、いち人間ごときが罰を与えようなんておこがましいことだ。いいかい、それができるのは自然の神々だけだ。自然は、与えもするし、奪いもする。だからわたしたちは、自然に抗わず、目に見えない隣人を侵さず、感謝して生きていればいいのさ。

このワンドは、ただの木の棒ではない。意思を具現化する道具なのだ。その願いが他を害することがないか、ゆめゆめ忘れることなかれ」

作り上げたワンドは、やすりをかけてなめらかにし、香の煙で浄化する。そのあと、願いに合わせたマジカルオイルを塗って聖別する。一本作るのに一週間は要する。こうして見習い魔女の五月は、ワンド作りにかかりきりになるのだ。

さて、畑ではバジルが大きく育ち、葉は食べごろになる。しかしそれを狙っているのはなにも人間だけではない。

虫たちは柔らかいバジルの葉の裏に、たくさんの卵を産みつける。アブラムシやアオムシなど、俗に害虫と呼ばれる虫たちだ。しかし魔女にとっては彼らもまた、小さき隣人たちである。
産みつけられた卵がまだ少ないうちに葉ごと摘みとって被害を抑える。しかしこれも完全に卵を除去できるものではない。残ってしまった虫たち用に、あえて畑の隅になにも手をかけないバジルをひと株残しておく。こうすることで虫たちは自然とそちらのほうへ逃げていく。なるべく殺生をしない、他を害さないための、魔女の知恵だ。

綺麗なバジルの葉を摘み、流水で洗って、半分は日陰に干しておく。もう半分はバジルソースを作る。オリーブオイルと塩、胡椒、粉チーズ、ケシの実と一緒に、バジルの葉をフードプロセッサーにかける。このソースをチャック付き袋に入れて冷凍しておけば、フォカッチャやピザ、パスタのソースとして使うことができる。
スプーンでひと掬いして味見をすると、口のなかに柔らかい緑色、黄緑色が広がり、窓辺のレースのカーテンを翻してバジルの薫風が身体中を走った。若いバジルの葉は苦味が少なく、甘い。これは甘いスコーンにも合いそうだ。ちょうどカフェのティーセットで出すスコーンを切らしていたので、焼いておかなければならない。

スコーンを作るのはいつもルルの仕事だった。バターと粉類をすり潰しながら混ぜ、ぽろぽろの状態を作る。そこに卵、牛乳、カモミール・ティンクチャーを加えた卵液を入れて、一気に混ぜる。ひとかたまりになった生地をめん棒で伸ばし、折り紙のように半分に折る。またパめん棒で伸ばし半分に折り、いったん冷蔵庫で休ませる。焼く直前で生地の端を切り落とし、八等分に切って天板に並べ、オーブンで焼く。そのうちバターの香ばしい香りが漂ってくる。オーブンの窓を覗けば、ぱかっと狼の口が開いてゆき、みるみるスコーンのかたちになっていく。

焼き上がったスコーンは、表面はカリカリ、なかはふわふわ。横に割ってそのまま食べても、蜂蜜やジャム、サワークリームと一緒に食べてもおいしい。もちろん、できたてのバジルソースをつけて食べてもいいだろう。

なんてったってこれは、「しあわせのスコーン」。他を害する気持ちもどこかへいってしまう、台所の魔法なのだ。

昔は派手な衣装ばかりを着ていたが、最近ではシンプルなものを好むようになった。それは、おしゃれが面倒になったなどという怠惰な意味ではなく、むしろ好みを追求していって余計なものが削ぎ落とされたかたちなのだと思う。玉ねぎの薄皮を剝ぐように、自分という殻を少しずつ剝いて小さくしていったら、最終的に残るものはいったいなんなのか。過度な見た目は本質を濁らせてしまうような気がした。

六月

六月、ハーブ畑ではブラックマロウの花が咲き乱れている。タチアオイの一種で、黒い花を咲かせる。まっすぐに伸びた太い茎はわたしの背丈をゆうに越して、今にもビニールハウスの天井に届きそうだ。びっしりとついた花は、まるでカラスのように黒々としており、少々不気味さがある。緑のなかの真っ黒。その黒に吸い込まれそうになりながら、わたしはブラックマロウの花だけを摘み取る。

籠いっぱいになったブラックマロウをかまどへもち帰り、使う分だけを寸胴鍋に入れ、その他の花は乾燥させる。鍋に水を入れ、ごく弱火にして二十分ほど花を煮る。すると徐々にブラックマロウの色素が出てくる。黒い花だから色素も黒色かと思いきや、ワインレッドなのだ。火を止め、そのまま一晩寝かせれば、さらに血のように濃いワインレッド色になる。

翌日、ざるで花を濾し、残った染液にアルミ媒染しておいた毛糸のカセを入れる。オフホワイトの毛糸は、みるみるワインレッド色に染まる。むらにならないように全体を浸すため、水を加える。またごく弱火にして、一時間ほど煮る。途中、カセを引き上げて染まり具合が均一になるようにする。時間になったら火を止め、また一晩。

翌日、よく染まったカセを取り出して、流水で洗って外へ干す。水を含んだ状態ではたしかにワインレッド色なのだが、乾燥するとくすんだピンク色になる。あの黒くて不気味な花びらが、こんなにも綺麗なピンク色になるのだ。

これを見て、見習い魔女たちは「こんな綺麗な色に染めてみたい！」と口々に言った。

「多くの人々は、「染める」というと真っ白いものをある色に染めるとか、あの人の色に染まるという意味で使う。しかし魔女の「染め」は、本来の色に還ることをいうのだ。見た目とか、香りとか、役割とか、そういうものを一切削ぎ落として、素の色にする、この染め物のようにね。染液や媒染液を酸性、中性、アルカリ性にしたり、仕上げに酸化させたりする技法も使うが、それは素の色をより綺麗に出そうという試みであって、無理やりべつの色に変えさせることではない。たとえば紅花は、オレンジ色、黄色、ピンク色の異なる色に染めることができるが、それもまた素の色である。

人間にだって二面性があるし、食べ物や環境によってもその人の色は異なる。同じように見える色にも微妙な明暗やコントラストがある。決まりきった色になる必要はない。ブラックマロウのように素の色を黒で覆い隠すことも、悪いことではない。そう、これは生きていくために必要な色なのだから。

しかし魔女がたまにこうやって、植物や人間の素の色を引き出してやらないといけない。そうしないと、自分が何色だったか、どういう存在だったか、忘れてしまうのさ。見ての通り、素の色を取り戻すには時間がかかる。だから定期的に振り返って、自分を見つめるんだ。わたしは何色？　ってね」と、わたしは答える。


さて、初夏の照りつける日差しは体力を奪っていく。こんなときは疲れを吹き飛ばす、あれが飲みたくなる。

黒砂糖に三温糖。半々でブレンドしたコクのある砂糖に水、スパイスを鍋に入れて、くつくつと十分煮る。

スパイシーな生姜、エキゾチックなシナモンやカルダモン、クローブ。オリエンタルなスターアニスにコリアンダー。それぞれの芳香が台所に立ち込める。シンプルに調合したスパイスたちは、互いを刺激し合い、ほどよい和音を奏でていく。

時計回りにかき混ぜて、太陽の軌道のエネルギーを付与する。火を止めて、ライム果汁を搾って加える。柑橘系の爽やかな香りも加わると、ハーモニーに倍音が聴こえてくるようだ。

本来はこのまま冷ますのだが、味見がてら、氷を入れたグラスに液体だけ少し注ぐ。これを炭酸水で割れば、エナジークラフトコーラの完成。

ひと口飲むと、スパイスの音楽が聴こえてくる。これはレだ。Ｄマイナーコード、トルコ民謡だ。真夏のオレンジ色や黄金色、小麦色、太陽の色に照らされたイスタンブールの街並み。鮮やかなシルクの染め物を纏った人々。蛇使いの縦笛は抑揚をつけながら節を回す。炭酸の気泡がしゅわしゅわと変拍子のリズムを奏で、小刻みに揺れる。

またひと口、今度はぐいっと飲み干した。あと味まで心地よい清涼感。

そう、ごちゃ混ぜにすりゃいいってもんじゃあ、ないのよ。

けれどなにもかも捨ててしまうのともまた違う。

だいじなところだけを残して、味わうのだ。

色も、文化も、おしゃれも、音楽もね。コーラのスパイスだってそう。

わたしはそっと目を閉じて、また畑仕事に向かった。

リーザ

一年のなかでもっとも陽が長く、明るい日、夏至。自然信仰では、太陽の男神の魔力が最高潮に達する日だという。そのため夏至の儀式は、少しだけ繊細だ。

まずは朝に、畑のハーブを摘みに行くことが毎年恒例となっている。西洋弟切草をはじめ、

エナジークラフトコーラ

約10杯分

材料

黒砂糖(粉)……150g
三温糖……150g
水……300g
シナモン(スティック)……2本
クローブ(ホール)……10個
コリアンダー(ホール)……15個
スターアニス(ホール)……2個
カルダモン(ホール)……8個
生姜(生)…100g
ライム(またはすだち)……2個

作り方

① 生姜は皮付きのまま流水でよく洗い、スライサーで輪切りにスライスする
② 鍋にライム(またはすだち)以外の材料をすべて入れ、かき混ぜ、中火にかける
③ 鍋の縁に細かい泡が立つくらいの火加減に調節し、10分煮る
④ 火を止め、ライム(またはすだち)の果汁を搾って加え、かき混ぜる。粗熱がとれるまでそのままおく
⑤ スパイスをざるで濾す。煮沸消毒した瓶にコーラ液を入れて冷蔵庫で保存する
⑥ 目安として、コーラ液1に対して炭酸水5の割合で割って飲む

✤ スパイス類はパウダー非推奨。パウダーを使うと喉ごしが悪く、むせてしまう
✤ 辛口にしたい場合は生姜の量を多くする
✤ 保存目的のコーラ液は、水の量に対して半分以上の砂糖を加える
✤ 鍋にスパイスの香りが移る場合があるのでご注意

ワームウッドやルーなど魔法のハーブを収穫して、特別なティンクチャーにしたり、儀式で使う香を調合したりする。

そのあと、かまどの屋外《テラス》に祭壇を設置する。キャンドルや聖杯などの道具も飾っていく。旬を迎える花や果実も供える。青や紫色の紫陽花は水揚げをして平たい花瓶に生ける。背の高いオレンジ色のカレンデュラ、早咲きのピンク色のエキナセア、ローズゼラニウムの葉を添えて、花瓶に生ける。

赤、青、黄。オレンジ、ピンク。リーザの祭壇は一年のうちでもっとも華やかになる。

渉は祭壇のそばにバーベキューコンロを設置して、慣れた手付きで炭を焚く。バーベキューのためではなく、これ自体を大釜として使うのだ。

一方でわたしは、台所でパンを焼く準備をする。前日から冷蔵庫で発酵させておいた「リーザの青パン」。青色はリーザを象徴する色で、バタフライピーの花をミルで粉末にしたものを生地に練り込んでいる。オレンジピールやクランベリー、ラズベリーもたっぷり入っている。これを丸め、さらに発酵させる。

パンを発酵させているあいだに、料理を盛りつける。タイムやローズマリーを加えたポテトサラダ、特製スパイスに漬け込んで焼いた手羽先のタンドリーチキン。これらは前日に仕込んでおいたので、しっかりと味が染みているはずだ。

料理を乗せた皿と、カトラリー、グラス、赤ワインを祭壇へもっていけば、ちょうどバーベキューコンロからぱちぱちと火が爆ぜる音が聞こえた。どうやら火起こしがひと段落したらしい。こちらも発酵を終えたパンをオーブンへ入れた。焼けるのを待つあいだに、エナジークラフトコーラを飲みながら小休憩する。

ふう、と一息つく。肌にまとわりつく生ぬるい湿度。

夏至の空気は、まるで金魚鉢だ。透明なガラスの金魚鉢に太陽光が差し込んで、否応なく屈折する。天井にちらちらと映し出されたプリズムも、果たして実像なのか、それとも虚像なのか。完璧な世界に見える金魚鉢であっても、眩暈を起こすように世界はふわふわとして、不安定のなかに閉じ込められて、気持ち悪い。

それは、男神の魔力が高まっている今日だからこそ感じる、不気味さなのかもしれない。このあと、わたしは、自分自身と向き合わねばならないのだ。

焼き上がったパンを祭壇に並べ、いよいよ一年でいちばんの魔法の儀式を行うときがきた。儀式のあいだ、渉には火の番をしてもらう。呼吸を整えトランスに入り、場の浄化をし、魔法円を構築する。時計回りに祭壇の周囲を巡り、黄道を行く太陽を模す。チリン、チリン、とベルを鳴らし、呪文を唱える。

「太陽の魔力溢れるリーザの日、すべての悲しみや涙は、聖なる炎で燃え尽くされるだろう」

わたしは大きくひと呼吸して、目を瞑る。

ぽちゃん、ぽちゃんと、水道から垂れる雫の音。たるみ切った弦を弾くような金属音とリズム。湿ったカビの臭気。真っ暗なそこには、もうひとりのわたしがいた。蜃気楼のように立ち昇る、灰色のわたしは、自分を理解してもらえない苦しみや、病気の痛みを訴えた……好きだった人が死んじゃったの、それから、お腹がとっても痛いの、わたしもズタズタに切り裂かれてあっという間に死んじゃうの、何遍も、何遍も、だって、だって、痛いの！　痛いの！　だから殺して、でもあの人のように死にたくない、うう、うう……

嗚咽交じりの悲しみ、痛み、憤り、後悔。

二十ヘルツの重低音と歪み《ディストーション》。

灰色の蜃気楼は白目を剥いて、揺らめき、手を伸ばして、わたしを力なく掴み、助けてほしいと懇願した。

まとわりつくような、不気味な、湿度。

たしかに感じる肌の質感、わたしの悲しみや苦しみを。

しかし、それを完全に癒すのはわたしではない。わたしだけでは、できないのだ。

わたしは羊皮紙に、彼女の訴えをひとつずつ書き記した。それから震える手でハーブ香を掴み、炭火のなかへくべた。白い煙と芳香が立ち昇る。次に羊皮紙もくべた。オレンジ色の炭火のなかに溶けるように消えていった。そして、呪文を唱える。

「わたしの無益な悲しみを、太陽の男神の魔力で焼き払い、清めてください。どうか苦しみを、癒してください。そして成長の妨げとなっているものを追い払ってください」

チリン、チリン、チリン。ベルが鳴る。

灰色のわたしの願いは、天高く掬い上げられた。

自分ではどうしようもできない悲しみや苦しみ。しかしそれはひとりで抱えるものではない。空へと放り投げれば、太陽はその傷《トラウマ》をあたたかく癒してくれる。

今宵は夏至、一年に一度、こうして自分自身を調整《メンテナンス》する儀式。

意識を元に戻すとまた、湿った夏風が香った。

七月

夏の空気は、嫌いじゃない。汗が噴き出るほどの暑さも、鬱陶しい蟬の声も、学校のグラウンドの歓声と風に乗って運ばれてくる土埃の匂いも。夜になれば鈴虫やカエルも鳴き始める。音も、匂いも、空気も、わたしの五感を刺激して、錯綜する。あちら、こちら、赤だの黄色だの、閃光して、明滅する。まるで透明なセロファン貼りのチープな紙芝居のようだ。ちょっと力を加えただけでぱりんと壊れてしまう。ひとつ壊れると、ぼろぼろと砂の城のように跡形もなく流れ消えてしまって、あとには真っ暗な闇だけが残る。

わたしは、途方もなく哀しい気持ちになるので、その色を見つけると宝物に触れるように気遣い、皺にならないように丁寧にセロファンを絹で包んで、抽斗にそっと仕舞う。そして文章を綴るときにまた、その抽斗を開けて眺めるのだった。

しばらく眺めれば、流星のように空から文字が降ってくるので、両手をいっぱいに広げて星屑を掻き集める。星が降る夜は、一瞬一瞬が、やたらと長く感じる。抽斗に仕舞ったセロファンの順番通りに星屑を並べているうちに、バチバチと音が聴こえる。頭が熱い。頭蓋骨を押し上げる軋み音。ああ、でも、この美しい星たちを、順番通りに、綺麗に、並べなくっちゃ。

静止画の紙芝居だったセロファンは、勝手に映画になって再生される。止まらない、流星群。抱えきれない、星屑の海。きっと、渦に吞まれてしまう。けれどこの渦も、嫌いじゃない。このまま心臓麻痺を起こして、窒息して、埋もれたい。今なら空に還ることができる――……

「……だから、鋭敏な感覚は、コントロールが必要なの。敏感ではない人が聞くと、五感すべてで情報を受信することなんて厄介だと思うでしょう？　それもそうだけど、わたしの場合は、さらにそれを次の情報へ変換してしまう。そう、「共感覚」ってやつ。これをコントロールすることはできない。だからその前に、集中し過ぎないように気をつけているのよ」

魔女畑でラベンダーを摘みながら、見習い魔女にわたしは呟いた。夏場はどうしても感覚が過敏になるという話だ。生き物すべてが賑やかに騒ぐのだ。そのため、光量も、音も、匂いも、肌感も、わたしにとって刺激が強く、五感が活発に働く。

「集中力を高めるハーブはローズマリーですが、逆に、集中し過ぎないようにするハーブはあるんですか？」見習い魔女は訊いた。

「色々あります。このラベンダーの香りも、昂った気持ちと熱くなった頭を冷静にしてくれるし……」

蕾がつき始めたラベンダー。ざくざくと茎を切って、籠に入れる。そのたびに、ラベンダーの優しい香りが充満する。芳香剤のあの香りよりももっと、野生の清々しい香りがする。

「こっちのワームウッドの葉は、ティンクチャーにすると気付け薬になる。ニガヨモギというくらいだから苦いの。だから酷使した頭をリセットさせたいときにはよく使う。ほら、珈琲を飲んでスッキリするのと一緒よ。そうだ、今日のおやつは鈍感の珈琲ゼリーにしましょう」

そう言ってかまどへ戻り、十分ほどでゼリーを仕込む。珈琲と砂糖を鍋で煮て、粉ゼラチンとワームウッド・ティンクチャーを加えるだけだ。珈琲色のゼリー液はつやつやと輝きながら、ガラスの器に注がれた。冷蔵庫で三時間冷やせば、午後のティータイムにちょうどいいだろう。

短い作業を終えると、彼女はおずおずと尋ねた。

「感覚過敏で、他にも困ったことはありましたか？　よく人間関係でつらいと聞きますが……」

きっと彼女も、自身の敏感さに困っているのだろう。わたしは、うーんと唸り、腕を組んだ。

「子供のころは、人間に対してもいちいち敏感に反応して、気持ちがすり減ってしまった。しかし他人のセロファンの紙芝居は、どれもこれもちっともつまらなくて、退屈だった。誰と誰が仲がいいとか、嫌いとか。優劣、競争、義務、期待。エゴや欺瞞に満ちたストーリーは、どうぞご勝手に、御免ください。右向け右の世界にもううんざりだと飽き飽きして、自然のなかに身を投じて魔女をやっている。おかげで、わたしのもとには自然の色や景色を映したセロファンだけが残るようになった。

だから今は、星が降るのは星任せ。敏感なのをいいことに、セロファン紙をコレクションして楽しんでいる。コントロールの範疇でね。要するに、自分自身がありのままで過ごせる場所や環境に身を置くことが、自然なのだと思う」

そう言って珈琲を淹れ差し出すと、彼女はゆっくりと、わたしの言葉を反芻した。

「ありの、まま……？」

一点を見つめ、なにかを考え込んでいるようだった。

「一日中、なにをしないでも、余白を楽しめる。日々の小さな喜びを感じることができる。敏感《センシティブ》ってのは、本来そういう意味でしょ？」

だからわたしの抽斗は空にしておく。いつでもコレクションが置けるように。

現実はスケジュールでいっぱいにしない。いつでも流星の星屑を集めて、綺麗に並べることができるように。

その時間こそ、わたしがわたしのままで息ができる、魔法の時間なのだから。

かまどのなかに、少しだけ鈍感にさせる、珈琲の香りが漂った。

八月

真夏の炎天下、ビニールハウスの畑の温度は四十度を超えるサウナになる。十分間も滞在すれば、額に汗が伝う。八月の畑作業は、まだ涼しい早朝、手早く行わなければならない。

人間には長居ができないこの畑でも、暑さに負けず元気なハーブが多くある。レモングラスやローズゼラニウムだ。乾燥させたり、花瓶に生けて香りを楽しむことができる。

モナルダは線香花火のようなピンク色の花をたくさんつける。花の蜜が甘いのか、なかにはおびただしい数の蟻が潜んでいる。だが、構わない。わたしがほしいのはモナルダの花ではなく葉なので、蟻はそのままにしておく。

夏といえばエキナセアやエレキャンペーンも最盛期を迎える。エキナセアはピンク色、エレキャンペーンは黄色なので、少しばかり摘んでかまどに飾ろう。

噴き出した汗を拭いながらビニールハウスを出る。外気温は三十度だが、とても涼しい風が吹いているように感じる。かまどまでの帰り道、わたしは見習い魔女にこんな話をした。

「暑さが得意なハーブもあれば、一方で苦手なハーブもある。こういう得手不得手は変えられるものじゃない。あたたかい場所で育つ植物が、寒い場所で育つことはできない。ハーブがこうなんだから、人間だってそうであるはずなのだ。都会で暮らすことが得意な人もいれば、苦手な人もいる。仕事や、人間関係もそう。環境に馴染めないなら、息をする場所を変えることがいちばんさ」

「そうはわかっていても、仕事を辞められなかったり、人間関係を失うのが怖かったりする人は多いと思います。どうしてもその場所にいなければならない場合は、どうしたらいいでしょう」

わたしは、うーんと唸り、しばらく言葉を探した。

「魔女の教えでは、何事もちょうどいいバランスがだいじだという。この世界はすべて、「火、水、空気、地」の組み合わせでできている。その配分がちょうどいいとベストな状態、つまり、いき過ぎることもなく、足りな過ぎることもなく、ちょうどいい具合ということだ。けれどその逆にいき過ぎたり、足りな過ぎたりすると、途端にバランスが崩れて、心身の病気になったりする。だから自分に合わない環境では、過不足で生じたストレスをどのように軽減するかが課題になる」

かまどへ到着し、まずはエキナセアとエレキャンペーンを花瓶に生ける。その後、魔法のハーブパウダーの調合術についての講義が始まった。

地上部を使うハーブは満月ごろに、地下部を使うハーブは新月ごろに収穫する。それを二週間は乾燥させる。調合するときには、葉はミルで粉砕する。ローズのような花びらは、小さければそのまま使う。実は乳鉢を使って押し潰す。種は香りが強いのでそのまま。根や樹脂、香木はナイフで鉛筆のように削った屑を使う。シナモンやスターアニスのように削ることができないものは、割ったり、ミルで荒く粉砕する。鉱物は小さいものをそのまま入れる。砕くと有害なものもあるためだ。砂糖やコーンスターチなどを調合する場合もある。いずれにしても、それぞれのハーブの得意な部分をそのまま引き出すことが重要だ。

それから台所の魔術《キッチンマジック》の実践として、スパイスからカレーを作る。コリアンダーやクミン、ターメリックなど、多くのハーブは東北では寒過ぎて栽培が難しいが、上質なスパイスを入手することは容易だ。スパイスを調合したら、ひき肉や玉ねぎと一緒にカレーを煮込む。かまどじゅうに食欲を刺激するスパイスの香りが立ち込める。

「適材適所、ということですね」熱心な魔女はメモをとりながら「カレーのスパイスは、ほとんどが「火」の属性ですよね。つまり「火」が得意ということだ」と納得したように言った。

「そうね、「火」が必要なときにはもってこいの料理になる。でも美味しいからといって、たくさん食べ過ぎてはだめ。逆に「水」が足りなくなって、胃腸によくないから」わたしは笑いながら答えた。

全体に味が馴染んだら、味見用の小皿にカレーをひと掬いして彼女に手渡す。

「もうひとつ、覚えておいて。なにかに偏ったり、執着したり、抗ったりするのもだめ。世界は流動的だから、自分勝手な意思で塞き止めてはいけない。自然のものをコントロールしようとしないこと。「必要なときに、必要な分のものが与えられる」、だから企てる必要はない」

彼女は皿を受けとると、眉根を寄せて難しい顔色をした。

「……それは、とても難しいです。なにをするにも先に、考えてしまいそう」

「そう。これが身について実践できるようになるまで、魔女の修行なの。わたしも先人に言われた──多過ぎるものは腐り、少な過ぎるものは枯れる、と」

魔女のカレーは、真夏の暑さに疲弊した心身を潤した。

この循環の輪のなかには無理がない。滞りがない。在るがままのバランスが壊れないよう、魔女《わたし》は大きな鍋をゆっくりとかき混ぜた。

ルーナサ

空が泣いている。

八月一日、夕焼けの空は、真っ赤に染まった。きっと太陽が、泣いているのだ。

太陽は夏至を過ぎると陽が短くなっていく。自然信仰の魔女たちは、これを男神のエネルギーが弱まっていくと解釈する。契りを交わした大地の女神が育てる作物、つまり子供たちに、そのエネルギーを注ぐためだ。

そうして太陽の男神が心血注いだ作物を、人間や動物が食べ、命を繋ぐ。わたしたちはこの車輪の一部である。わたしたち人間なんて、所詮プランター栽培された身勝手な雑食の獣に過ぎないのに、恩恵を与えてくださる。自然は生き物に平等に命を与え、そして奪いもする。

そう思うと、これは悲嘆の叫びなのかもしれない。毎年、八月が訪れるたびに空は泣く。それを眺めて、わたしは理由もなく突然、涙が流れてくる。

かまどではすでにルーナサの準備をしていた。今宵は光の神であるルーに、感謝を捧げる一度目の収穫祭。祭壇には光の象徴であるオレンジや黄色のキャンドル、カトラリーが並ぶ。ヨーロッパでは小麦を供えるようだが、我が家の畑で最初に採れる穀物はトウモロコシだ。

祭壇には生のままのトウモロコシが三本飾られた。晩餐の料理には、たっぷり濃厚なコーンスープを作った。その他に夏野菜のマリネ、スパイスに漬け込んだローストチキンも並ぶ。

今朝焼いたパンは、胡桃とコーンが入った「人型パン」だ。この人型は、サバトの儀式のなかで太陽の男神を模すために使われる。パンはひとりにつきひとつ、木製の皿の上に取り分けられた。

真っ赤な夕焼けに染まる黄昏時、キャンドルに火を灯し、ルーナサの香を焚く。太陽のハーブであるローズマリー、ジュニパーベリー、乳香、没薬、竜血《ドラゴンズブラッド》の、甘く、爽やかな、紫煙が香る。キャンドルの灯りに誘われて、蛍のような黄色い淡い光が漂う。ひとつ、ふたつ、みっつ……光は増えていき、水中を揺蕩うようにぼんやりと辺りを照らす。

わたしは呼吸を整えトランス状態に入り、低く地を唸る振動《ビブラート》で呪文を唱える。風がそよぐ。いつもの空気よりも、粘性がある質感。無数の光の明滅はスローモーションになってちらりちらりと反射する。スノードームのようにゆっくりと、回転しながら、昇降した。下から上へ、上から下へ。

わたしがシの音を振動すると、光の昇降とぴったりと重なって、遠くの地平線が上下に割れて、あの真っ赤な空と海が広がった。赤い空は、Gシャープマイナー。どこまでも果てしなく広がる、吸い込まれそうな赤の可視光線。その波長の先には、紫から黒へと続く、不可視の領域。そうか、ここは、空の境界なのだ。

じりじりとこめかみが熱くなる。現実と虚像の狭間で、魔法円や祈りの歌を終え、いよいよルーナサの儀式が始まる。

魔法の杖《ワンド》で意思を込めてから、人型パンの頭部を千切り、少しずつゆっくりと食む。胡桃とコーンの味はもちろん、小麦や塩の味を噛み締める。

どこまでも広がる空の境界で、わたしは今、男神の肉を食らっているのだ。くちびるに触れ、噛み砕かれるたび、男神は苦痛に喘ぐ低音《バリトン》で叫ぶ。

喉元を通り過ぎると、身体の中心が熱くなって、オレンジや黄色の光が発光する。

わたしと、あなた。命《エネルギー》はひとつに混ざり合って、満ち溢れる。

わたしはまるで大地の女神になったように、恍惚として腹を眺める。

それから、パンの柔らかいところを指でつまんで、小さくすり潰しながら千切る。パン屑になったものを、感謝を込めて祭壇の大釜の炎に奉納する。こうして命を少しだけ男神へ返す。命の車輪は、循環する。わたしたちはこの車輪の一部分なのだ。


「祝福よ、このパンにあれ。

太陽の命はパンに宿り、わたしの心身と魂の糧となる。

必要な分だけを食べ、可視、不可視にかかわらず求める者に差し出そう」


同じように、パンの柔らかいところをすり潰しながら、今度は小皿に分けておく。こちらは目に見えない小さきものたちの分。彼らもまた太陽がなければ、生きていくことはできない。

さらに、残りのパンを食べる。ゆっくりと、確かめるようにして。人型パンが小さくなっていくたびに、真っ赤な空は低く泣き、わたしの心身に命が満たされていく。

「車輪を廻せ、太陽の軌道《右周り》で踊れ、
わたしは自然のなかのごく一部、様々な生き物の犠牲の上に生きている。
太陽の男神、光の神の化身に、祝福を」

リーン、リーン、とベルの音が響く。赤い地平線はゆっくりと斜めに傾き、ぐるんと百八十度回転して夜になる。きっと夜明けの太陽は、もう泣かないのだろう。犠牲心の欠片もなく何事もなかったかのような顔をしているに違いない。

儀式を終え、ふう、と息をつく。

だってもう、わたしの内側で太陽が輝いているのだから。

九月

突然、風向きが変わる。じっとりとした暑苦しい油膜に、秋風が亀裂を入れるのだ。途端に油

膜が剝がれ、わたしの素肌は秋にさらされて、無防備になる。耳の奥で、ラドミ、ラドミ、と聴こえてくる。この風はAマイナー。赤く紅葉する葉がさざめき、果実が熟れる、香りがメロディーになって空へ消えていく。空は黄色から徐々に朱く染まって、唸りを上げて燃える。夜には紫色の空に、真っ赤な月が煌々と照る。

それを見ると毎年、気が狂った《ルナティック》ようになるのだった。悲しいとか、怒りとか、そういう感情では言い表せないものが足元から込み上げてきて、頭のなかを支配した。

そのため秋はわたしにとって鬼門で、大人になった今でも、バランスを崩さないように注意して過ごす。無理をしない。干渉もしない。わたしのなかに入り込んでくるものを、うまく右から左へいなしながら、ゆっくりとした時を過ごす。

たとえば、本格的に寒くなる前に、手編みのセーターを出して、ほつれや虫食いがないか確認する。特に手編みの靴下は、薄くなったり穴が空いたものがあるので補修をする。

ダーニングという技法で、穴が空いた部分を波縫いで囲い、経糸を渡していく。それから織物の要領で、緯糸を渡しながら縫いつけていく。これがパッチワークのように見えて、補修後のほうがだんぜんかわいいのだ。

買ったものなら補修をしてまで使おうとは思わないが、自分で作ったものだと長く愛用したいと思う。毛玉をひとつずつハサミで切り取りながら、あとはカーディガンや帽子が足りないから編もうか、などと考える。

　畑ではコリアンダーが種をつける。タイ語ではパクチーという。毎年、こぼれ種でいつの間にか生えてくるのだ。虫がつかない寒い季節に、小さな葉を少々採ってサラダにもするが、大きく育てると花を咲かせる。真夏でも気にせずそのままにしておくと、次第に全体が茶色く、カラカラになって、種をつける。これを根元から切って、納屋へ運び、種だけをとっていく。この種を使って、料理用のスパイスにしたり、魔法のパウダーを調合したりするのだ。

　種とりの作業は時間がかかる。なんせ種は小さく、無数にある。手作業ですべてとっていくのだから、根気のいる仕事だ。

「魔女は、お金のことをあまり考えないようですね。手編みのものも、種をとったコリアンダーも、売るわけじゃないのに、時間をかけるのが不思議です」と、見習い魔女は言った。

「お金のことを考えなくても、ちゃんと入ってくる。必要なときに、必要な分がね。それに、秋はなんでも収穫期でしょう。仕事だってそう。秋になってから躍起になっても遅いから、今は冬越しや、来年のことをゆっくりと考えるの」

「果報は寝て待て、ということですか」

「そう。周期《サイクル》に抗わない。自分の体調《コンディション》を把握して無理をしない。でもこれらは本来皆がやっていることだと思う。そもそも秋は季節の変わり目で体調を崩しやすいのだから、お金や仕事のことよりも、体調管理に気をつけるでしょう。身体が資本だからね。

現代人は忙し過ぎてつい忘れてしまいがちだけど、お金を稼いだり、利益を得たりすることだけが「仕事」じゃないでしょう？　こうして、全力を注がずにできる仕事があるのはありがたいことだと思わない？　売るわけじゃないから、種とりも、手編みも」

わたしが答えると、彼女ははっとしたオレンジ色の顔色になった。

「ああ、なんだかわかりました。魔女は、時間の使い方がうまいんだ。なんていうか……」

——一見、無駄のように見えて、無駄じゃない。すべてに意味がある。

それから、かまどで生姜のシロップ作りが始まる。

わたしのレシピには生姜が多く登場する。生姜には、身体をあたため、整え、余分なものを外へ排出する働きがある。シロップを割って、ジンジャーエールや生姜湯にして飲むことができる。体調を崩しやすい秋にぴったりな飲み物だ。

生姜をスライスし鍋に入れ、砂糖、水、クローブ、カルダモン、鷹の爪と一緒に煮る。スパイシーな香りが、かまどの空気を一新する。香りだけでもすでに気分が整ったように晴れやかになる。

しばらく煮出したら火を止め、スパイスを取り除き、レモン汁を加える。煮沸消毒した瓶に入れ、保存する。その前に二杯分のジンジャーエールを作る。

ひと口飲めば、生姜の突き抜ける爽やかな香りと味が広がった。見習い魔女も、思わず「おいしい」と呟いた。

「シロップを飲み終えたら、この生姜スライスも料理に使うの。豚肉の生姜焼きとか、ジンジャーブラウニー、パンに入れることもできる――……」

無駄なものなんて、なにひとつない。

わたしが嫌いなあの朱い空だって、きっと無駄ではない。好きとか嫌いとか、損得勘定で人間は判断した気になっているが、それは一過性の病のようなものだ。こちらがどう思おうと、空の色は変えられないのだ、意味があるのだ、現実を嘆いてもしかたない。魔女《わたし》が自然に合わせればいい。

わたしはジンジャーエールを飲みながら、また靴下の補修を続けた。

メイボン

一年のうちで、昼と夜の陽の長さが等しくなる日を春分、秋分という。春分はあたたかく陽気な気分になるが、逆に秋分は、物悲しさを感じる。冬至までますます寒く、厳しい季節になるからだ。そのため秋分は、「冬を無事に越せるように」との意味を込めて第二の収穫祭を行う。メイボンのサバトだ。

毎年九月二十一日ごろ、秋分は訪れる。それまでは夏の暑さが残っていたのに、秋分を境に一気に匂いが変わる。ワインレッドや、土色をした木枯らしが吹くのだ。

「冬の備え」といわれても現代ではぴんとこないだろう。冬でもあたたかく過ごせるし、食べ物にも困らない。しかし自然とともに生きる緑の魔女《グリーンウィッチ》たちは、少し違う。

畑で採れた野菜や果実、ハーブは、ジャムやシロップ、塩漬け、乾燥、冷凍などして保存食を作る。一気に採れても一度に消費できないからだ。

わたしも葡萄やブルーベリーをジャムに、無花果をコンポートにして冷凍する。トマトもまだもう少し採れるので、ヘタをとって洗って乾かしたら、チャック付き袋へ入れて冷凍する。

製粉したての今年の小麦粉が手に入るのもこの時期だ。パンには地元の強力粉を使う。わたしはベーコンエピの材料を量り、ニーディング機へ入れる。強力粉、イースト、砂糖、塩。基本的に材料はこれだけだが、メイボンのベーコンエピは特別なのだ。ルーン文字の「F《フェオ》」という、稲穂のかたちを模した富の象徴のベーコンエピだ。隠し味として、コリアンダーの種を砕いた粉と、ワームウッド・ティンクチャーを加える。生地がこね上がったら、冷蔵庫で一晩、じっくりと発酵させる。

翌日の朝、ベーコンを挟み込んで成形し、再度発酵させ、稲穂型になるようにハサミで切り込みを入れる。高温のオーブンで香ばしく焼く。

朝から食欲をそそるベーコンと胡椒、コリアンダーの香りが、かまどじゅうに漂う。珈琲でも淹れてゆっくりと朝食をとりたいところだが、なんといっても今日は忙しい。さらに、栗ご飯、いんげん豆とナッツのシーザーサラダ、スパイスたっぷりのミートパイを作らなくては。それから、葡萄と梨、赤ワインも冷やしておこう。

とっぷり陽が暮れるころ、祭壇《テーブル》には料理の大皿が並び、キャンドルやカトラリーで飾られた。大地の女神の色である濃淡様々な茶色、豊穣の象徴である葡萄のワインレッドと紫色。秋に相応しい落ち着きのあるカラーだ。

メイボンの香は、乾燥したセージの葉やローズの花びら。焚いた炭の上にハーブを乗せて香りを楽しむのだ。畑で採れたハーブ香の香りは、猛々しい土と森の香りがする。

電気を消し、キャンドルに火を灯す。呼吸を整え、トランス状態に入る。吸い込む空気がいつもよりも鋭く尖り、冷たい。しかし一方で、甘く、苦く、渋い葡萄の香りが鼻孔をつく。

途端にわたしの肺から胃袋までの空洞に、いっぱいの葡萄畑が広がった。土を舐めるとミネラルが溶け出し、葡萄の葉は柔らかいレタスのようで、弦は狩人の竪琴と弓になった。ここでも女神は狩人と恋に落ちて、葡萄棚に絡まった深紅の薔薇を愛でる。時に愛の薔薇の棘を刺す。その血液で葡萄が実る。

そんな映像が一瞬で脳裏に流れ込み、わたしは息を呑んだ。素足のまま葡萄畑で踊る二人を見つめながら、現実のわたしは魔法円と祈りの歌を詠唱する。続けてメイボンの儀式を行う。

るらるら
らんらん、るらり、らん
駆け抜けてリピートする二人のステップ。共鳴して、鼓動がどくんと高鳴った。自然と口からメロディーが溢れてくる。Gシャープメジャーだ。聞いたこともない、どこか異国の、浮遊するメロディー。太鼓代わりのワイン樽がタンタン、そしてまた、るーらるら、らんらん、るーらり、らん。

頭のなかがバチバチと軋む。

わたしは、祭壇の料理を小皿に取り分ける。そこへ乾燥させたハーブを指ですり潰しながら振りかけ、呪文を唱える。

「我らの身体に魂を与えたもうたすべての者たちへ感謝します。

今年の実りが、また春に芽吹き、実りが続くよう、大地へお返ししましょう」

その小皿を、葡萄棚ではしゃぐ女神と狩人へ捧げる。二人はご馳走を頬張る。満面の笑みでいっぱいのピンクの顔色をする。それからまた二人で歌って踊る。

るらるら

らんらん、るらり、らん

しばらくして、南部鉄器の澄んだベルの音で、わたしは現実へ引き戻される。はあ、と吐息を漏らして、頭は振り子のように重く揺れた。あまりにもはっきりした視覚化《ビジュアライゼーション》に、脳が疲れているに違いない。

それにしても、秋分が物悲しいなんて、あれはただの先入観ではなかろうか。厳しい冬に備えるのもだいじだが、いつだって季節は、楽しむためにある。あの女神と狩人のように。

わたしたちはそれを「感じる」だけでいいのかもしれない。

わたしはもう一度ベルを鳴らし、そのまま祭壇に突っ伏して、眠りに落ちた。

十月

だいぶ肌寒くなった十月の畑では、レモングラスが最後の収穫になる。夏が得意なハーブは寒くなると途端に元気がなくなり、葉が茶色くなるのだ。そうなる前の緑色の葉を、根元を残してすべて刈りとっておく。

また野菜では、さつまいもや里芋が収穫期を迎える。一気に掘り起こして、土を洗い、乾燥させ、最低でも一か月は納屋に置いておく。こうすると、すぐに食べるよりも甘くなるのだ。特にさつまいもは、糖分を含んだ茶色い液体が漏れ出してくる。

そんなおいしそうに光るさつまいもで、定期的に甘煮を作る。一回分で約一キロのさつまいもをよく洗って、角切りにする。砂糖、水、レモン汁と一緒に鍋で煮る。甘ったるいだけではない、爽やかな甘煮になるのは、隠し味にシナモンパウダーが効いているからだ。

出来上がった甘煮はチャック付き袋に小分けにして冷凍保存する。食べたいときに自然解凍して、パウンドケーキや、マフィン、パンのなかに入れて焼くことができる。しかしなんといってもいちばんは、さつまいものタルトにするのがおいしい。

タルトの生地も、余裕があるときに作り置きして冷凍保存してある。前日の晩に冷蔵庫へ入れておいた柔らかくなった生地を伸ばし、タルト型に合わせて成型し、重しをしてオーブンで焼く。

そのあいだにアーモンドクリームを作って、冷蔵庫で冷やしておく。焼き上がった生地が冷めてから、いよいよタルトを組み立てていく。なめらかにほぐしたアーモンドクリームを土台に敷き詰め、その上にさつまいもの甘煮を乗せる。黒ゴマを振りかけて、オーブンで焼く。

タルトが焼けるまで四十五分かかる。その間に、先ほど採ってきたレモングラスをハサミで切り、ティーポットへ入れる。乾燥したミントとネトルの葉、緑茶のティーパックも入れて、お湯を注ぐ。気分によってティーポットに入るハーブが変わるが、今日は免疫力を高めるハーブティー。

マグカップに注ぎ、研修も大詰めとなった見習い魔女へ手渡す。レモングラスやミントの、爽やかな香りがカップから立ち昇る。彼女はしきりに指先を動かして、落ち着かない紫色の顔色をしていたが、意を決してこう尋ねた。

「……あの、魔女は、人と比べることをしませんよね。それってなにかコツがあるのですか？」

わたしはレモングラスティーをひと口飲み、ふう、と呼吸を整えた。

「わたしは、食べ物でなにがいちばん好き？　とか、何色がいちばん好き？　というのがわからない。だって、ぜんぶおいしいし、何色でも素敵なんだもの。そのときの気分によっていちばんは変わるし、お茶のブレンドだって変わる。晴れの日も、雨の日も、雪の日だって、楽しめる。

そう、つまり、本来は比べることに意味はないのだけど、日本の社会ではなにかと比べたり、競争をしないと価値を見出せないシステムがある。わたしは社会のつまはじき者だから、人と比べる必要性がないところで生きてる。でもそれでよかった。比べると、窮屈でしょう？」

「はい。とても、窮屈です」

彼女の顔はさらに紫色に染まった。きっと自分を誰かと比べたり、誰かに比べられたりすることに参っているのだろう。

「たしかに比べる社会のシステムが圧倒的に多いけど、一方で、比較や競争はできない価値もある。絶対的とか、唯一無二の価値のこと。本来は皆十人十色で、唯一無二の存在なのだけど、社会に染まると、それを忘れてしまうのね。

だから思い出してごらんなさい。あなたのほんとうの姿を。絶対的に変わらないものがなんであるかを。穢れを知らぬ子供のころまで遡ってごらんなさい。あなたの魂が、なにをすると喜ぶのか。限りある尊い時間を愛で満ち足りて過ごせるのか」

彼女はマグカップに両手を添えたまま、しばらく目を閉じた。

「……やりたいことはあります、でも、自分に価値があったとして、それを肯定するのが、難しいです。肯定したいけど、うまくいかない」

「そうね、長年にわたって蓄積されたものの見方を変えることは、すぐには難しいかもしれない。けれど人は誰しも、いつか死ぬ。突然、死が訪れる人もいれば、長い寿命をまっとうする人もいる。けれどももし今、余命半年だと宣告されたら、どうする？　他人のことより、自分のことを考えるんじゃないかしら。死ぬまでにこれをしたい、これを片付けておきたい、なんて」

「たしかにもうあとがない状況だったら、肯定うんぬんなんて、どうでもいいことなのかも……」

「そう、魔女は常に崖っぷちよ。生きていられるのは、目に見えないものたちから生かされているから。命の使い道は、人それぞれあって、この世界で成すべきことがある。それは自分で考えるしかないのだけど、きっとこれが「絶対的価値」なの」

お喋りをしていると、いつの間にかオーブンから焼き上がりを告げる電子音が鳴る。砂糖がこんがり焼ける香りと、アーモンドの香ばしい香り。さつまいものタルトはきつね色になって、ピンク色の湯気を立たせている。

タルト型から外し、切り分け、皿に盛りつける。ほんとうは冷めてから切り分けるほうがいいが、難しい話をしたあとには甘い甘いタルトが最高の糖分補給になるだろう。

さあ、どうぞ、と言って皿を差し出す。ひと口食べれば、紫色だった顔は満開の桜並木のように染まった。

「このタルトは、食べる価値ありです！」と彼女は目を輝かせながら言った。魔女の研修も間もなく卒業だ。生きやすいとは言い難い外の世界で、自分だけの価値を見つけて、自分だけの人生を生きていくのだ。

一年が終わる、緑の魔女《グリーンウィッチ》の畑。

自分のことをじっくり考えるには、有り余る時間がある。これから長い冬が訪れるのだから。

さあ、来年はなにをやろうか。

サウィン

魔女にとって一年の最後の日であるサウィンは、「死」に溢れている。それは、肉体をもって生きる人々が考える死生観の概念とは少し違う。しかしこれを言葉で説明することはできない。だから魔女たちは儀式を行うのだ。

十月三十一日、サウィンの夜。

かまどの装飾は、黒や白、灰色といったモノトーンになる。彩度がない色たちは、わたしの心を峻厳な気持ちにさせる。今宵は一年の終わり、特別なサバトなのだ。

モノトーン色のキャンドルに火を灯し、香を焚く。熱くなった炭の上に、乾燥したパチュリの葉や、没薬《ミルラ》の樹脂を落とすと、懐かしく古めかしい香りが漂う。子供のころに嗅いだ、祖母の古簞笥いっぱいに詰まった絹の着物のような、大きな振り子時計を開けて螺子を巻くときの金属と油が混ざったような、そんな香りだ。

タイムスリップした感覚を覚えながら、深呼吸をして、トランス状態に入る。魔法円や祈りの歌を終えて、サウィンの儀式を行う。三度、また深呼吸してから、ベルを九つ鳴らす。

「始まりは終わり《アレフからタウ》、終わりは始まる《タウからアレフへ》。

女神の鎌が振り下ろされ、太陽は影の国へ旅立たれた。

可視と不可視の境界の門は開かれた、ようこそ、ようこそ、聖なる霊魂。

黒曜石《オブシディアン》の鏡を心に持て、我らは聖なる霊を迎え入れるが、邪悪な霊に屈しない。

愛は法なり、太陽が復活する日まで」

キャンドルの炎が、白く揺らぐ。窓や扉は閉まっているが、空気が流動していく。たしかに目に見えるものはわたししかいないはずだが、なぜか周囲に強烈なあたたかさを感じるのだ。わたしは虚ろな目で椅子を引き、着席を促す。おそらく大きいものは二人分、小さいものは気ままに浮遊しているようだった。もう一席も同じように椅子を引く。

それから準備しておいたドリンクを運ぶ。スパイスとオレンジを煮込んだホットワイン。次にディナーの一皿目はデザート、ヘーゼルナッツとピスタチオ入りのアップルパイだ。

わたしも着席し、ともに食事をする。もちろん、他の二席の皿に変化はない。アップルパイが宙に浮いたり、食器が音を立てることもない。しかし、たしかにそこに熱を感じるのだ。

それらは、「いる」。わたしの儀式には邪悪な霊は参加できないため、害のない霊である。それは死者の霊かもしれないし、妖精や精霊のようなものかもしれない。それが何者であるかを詮索してはいけない。言葉を交わしてもいけない。ただそこに流れるものを感じて、共有し、互いを尊重するのだ。

アップルパイを食べ終わると、次にスモークチキンの南瓜のドリアが乗った皿を運ぶ。こうして無言のサバトは続く。カブと生姜のスープ、アイルランドのバームブラックに似せたパン、さつまいもチップスを飾ったサラダ……デザートから前菜まで、コース料理の逆順で提供する。

すべて食べ終えてから、今度はルーンストーンを用いた占いの儀式が始まる。二十五個の文字がそれぞれ刻まれた石が入った巾着を、年齢の数だけ振る。そのあと巾着に手を入れて、摑めるだけの石を摑み出す。祭壇の上に敷いたクッション性のあるマットの上で、手を離す。すると石はバラバラと落下して散らばる。石の文字と位置関係から、明日から始まる一年を占うのだ。

この占いも、人間の世界の概念とは少し違う。なんせ席をともにしているのは人間の常識や概念が通じない、目に見えないものたちだ。恋の行方やお金の稼ぎ方などを質問するのは興覚めだ。だからわたしは毎年、自分自身のことを質問するようにしている。

中央には「Ｙ《ユル》」、「ＴＨ《ソーン》」、「Ｎ《ニィド》」の三つの石があった。死と再生、茨の鉄壁、必要性を意味する。人間の世界の占い師だったら「なんてこった、今年一年は悪いことが起きる」と言うかもしれない。

しかし、わたしは感じた。鎌をもった死の女神は、終わりを収穫して、始まりの種を植える。茨の城の女王は自らをその棘で守り抜く。盲目の少女はなにもかも必要なことを知っているから、あえて言葉にしない。わたしがそう解釈すると、目に見えないものたちはオレンジ色になって称えた。

中央から少し離れたところに「Ｆ《フェオ》」の石があった。富や実りなど吉兆を意味する。わたしが心のなかで、よかった、と安堵していると、目に見えないものたちは青色になって心配するのだった。

何年もこうしたやりとりを繰り返すなかでわかったのは、「人間の世界のいいこと」が必ずしもあちらの世界でいいとは限らないということ。むしろあちらでは「試練」こそを好む傾向にあるようだ。

わたしは悟った。ほんとうの概念は、わたしたち人間の常識とすべてが逆、なのかもしれない。肉体をもってしまったことがイレギュラーで、死して魂が解放されたあとこそが本番なのかもしれない。

始まりは終わり《アレフからタウ》、終わりは始まる《タウからアレフへ》。

わたしたちは車輪を廻す、聖なる死を繰り返しながら。

サウィンの灯火は消えない。魔女は隣人たちとともに、夜通し占うのだった。

あとがきにかえて

本書をお読みいただき、ありがとうございました。みなさまはどのような感想を抱かれたでしょうか？　ごあいさつが遅れましたが、「あとがき」パートを担当させていただくことになりました、長《ちょう》南《なん》と申します。本書は蜜猫さんのデビュー作であると同時に彼女がこれまで経験したことを表現しつくした本なのですが、彼女は「あとがき」としてまとめを書くことをこそばゆく感じ、また「前をみて走りつづけたい」という気持ちからか、書く意欲がわかないといったことをおっしゃっていました。「そうであれば私が書きます」ということでお引き受けすることとなりました。しばしの間お付き合いくださいませ。カンの良い読者の方はもうお気付きかと思いますが、私は「鉛色の咆哮」（259頁）で登場しておりました。そう、「オカルトの知識が豊富な長南さん」は実在したのです！

私は蜜猫さんと同じ山形県庄内地方出身で、東京でＩＴエンジニアを本業にしています。出身地と「長南」という姓からお察しになるもしれませんが、明治期に御船千鶴子《みふねちづこ》（一八八六―一九一一、鈴木《すずき》光司《こうじ》の小説『リング』に登場する「貞子」のモデル）と同時期に活躍した霊能力者である長南年恵《ちょうなんとしえ》（一八六三―一九〇七）の同族の末席を汚させていただいています（年恵にはこどもがなく、直接の子孫は存在しません）。年恵もおそらく発達障害や共感覚の持ち主で、それが霊能力者としての活躍につながったと私は考えていますが、それを裏付けるような史料は残されておらず、実際どのような人物であったかを正確に知ることは難しい状況になっています。また、私自身は幸か不幸か年恵のような能力は持っていないようです。蜜猫さんとの最初の出会いは十年ほど前に山形県酒田市に構えていた西洋魔術オカルト専門店「黒猫魔術店」の店舗を訪ねたことでした。国内でオカルト関連の商品を扱う販売店は片手で数えられるほどしか存在しないのですが、そのなかの一つが実家の近くにあるということで強い興味を抱きました。以来、YouTubeチャンネルやイベントのお手伝いなどで交流させていただいています。「鉛色の咆哮」で彼女を神田明神と平将門の首塚にご案内したのも、オフの日に東京観光として「東京で訪れるべきパワースポットを」というリクエストで実現したものです。一風変わった「物見遊山」が時を経て本という形になるとは、想像すらできないことでした。

本書は発達障害や共感覚という文脈で、当事者としての蜜猫さんの感覚を文章で追体験することを試みていますが、私が初めて彼女にお会いした当時は、共感覚や発達障害といった言葉はまだそれほど一般に浸透しているわけでもなく、彼女自身も霊能者として名乗っていたように記憶しています。発達障害や共感覚についての詳細な議論は現代書館さんが出されている良書に譲るとして、私の個人的な感覚では、発達障害や共感覚、あるいは霊能力といったものは、その人の個性の一部として理解すべきものだと思っています。「音が色として見えてしまう」というのも「それってスゴイことじゃん！」と肯定してあげたいと感じています。

もちろん当事者にしかわからない苦労についても私達は知っておくべきで、将門塚ツアーで蜜猫さんが電車での移動時に「金属臭」に酔ってしまっていたことは、共感覚者が通常の人に比べて二倍・三倍の情報を処理しなければならないなか、彼女はそれなりのスピードで流れる風景やそこに展開している人々の生活、乗客の立ち振る舞いなども感覚として捉えなければならない状況だったように思います。面白いのはそんななかでも鉄道路線の雰囲気の違いを感じ取って彼女自身の表現に落とし込んでいるところです。都会で暮らしたことのある方はおそらく鉄道会社や路線によって車内の雰囲気が異なることに共感していただけるのではないでしょうか。

本書では蜜猫さんの音に対して色を感じる色聴共感覚にかかわるエピソードが数多く紹介されていますが、二〇一七年に色聴共感覚者の方十五人を集めて「ドレミファソラシ」のそれぞれの階名についてどのような色が見えるのか、新潟大学脳研究所統合脳機能研究センターの研究グループが調査した結果が公表されています。それによると、「ド」が赤「レ」が黄と、音階の七音が虹の七色に対応する傾向があるということ、その結び付きの原因は不明ながら、みんなが小さい時に歌った「ドレミの歌」が原因なのではないかという仮説が紹介されていました。

蜜猫さんの色聴共感覚は「ドレミの歌」由来のものではなく、小さな玩具のピアノの鍵盤の色に対応していることが「アンノウン・バイオレット」（235頁）で述べられています。調べてみると、小さなこどもにドレミの階名を覚えさせるため鍵盤に色を付けたピアノや、白鍵黒鍵の普通の鍵盤に貼り付けるカラフルなシールが販売されているのですが、その多くが虹色の配色で、かつ「ド」には赤が割り当てられています。このシールは小学校の音楽教育で使われる鍵盤ハーモニカで鍵盤の位置を覚えてもらうために活用されているようです。

個人的な話題で恐縮ですが、私は川崎の音楽教室のこども達の夏合宿でのオーケストラの合奏をする演奏会に毎回フルート奏者としてお手伝いさせていただいています。そこで使われている鍵盤ハーモニカを観察すると、例外なく例のシールが貼られていました。私達も幼いときに体験していた記憶と聴覚が結び付き、無意識のなかに蜜猫さんと同じような感覚を抱いて日々生活しているのかもしれません。

無意識に蓄えた記憶を参照するという点で興味深いのは「青い先生」（２４７頁）です。「先生」が夢うつつの時に現れて助言を与えるというのは、実際は蜜猫さんが乱読して蓄えた記憶のなかから必要なものを取り出す作業で、私はそれを行っている検索エンジンのような役割が「先生」なのではないかと見ています。

「きみの心の油を燃やして～」の助言は「自らを拠り所として生きよ」という仏教の自灯明の教えに、「この世に起こる事象はすべて～」の助言はキリスト教の教えに、夢のなかで「先生」が腹の上に乗って癌細胞を焼き消してしまった話は、白隠禅師の「軟酥《なんそ》の法」のアレンジに見えました。どれもオリジナルとは少しずつ違いがあるのですが、本当のピンチの時に蜜猫さんにマッチするようにアレンジを加えたものを携えて「先生」が登場するということだと理解しています。入院して現代医学による治療をしていたとはいえ、瞑想による心の力で回復されたのはさすがだなと感じました。たとえ表層的には忘れ去ってしまったとしても、本を乱読した結果が、こういった形で自分に帰ってくるという実例だと感じました。

本書全体を見渡してみると、発達障害や共感覚というものが通常の人の感覚に比べて理解できないほど優れた（あるいは劣った）ものではなく、あくまで我々が持っている感覚の延長上のものであるということを感じることができるのではないでしょうか。逆に私達もまたすこし感覚を澄ませることで蜜猫さんのようにカラフルな生き方に近付くことができるということを彼女は表現していると思います。

私達の五感、特に視覚については現実社会をありのまま正確に捉えていると考えがちですが、実は良い意味で「いい加減」なものだったりします。スマートフォンで写真を保存するJPEG形式は映像を正確に再現することができない圧縮形式です。人間の視覚が明るさに比べて色の変化に鈍感であったり、細部の変化に対して鈍感だという性質を利用して、色の変化や細部のディティールを間引くことで圧縮率を稼いでいます。音楽フォーマットのMP3なども同じように人間が鈍感な要素に対して情報を間引いています。言ってみれば「人間の感覚を騙して」いるわけです。また、デスクワークに集中しているときには、周りの音が聴こえなかったり気にならなかったりもします。

また、共感覚とは逆のアプローチで、なにか覚えないといけないものがあるときに、空間的な場所、感情、音、画像を覚えたいものと結び付けるというテクニックが知られていますが、この記憶術は私達の五感が記憶を通じて相互に結び付いているということを示しています。蜜猫さんは幼いときや先祖から受け継いだ記憶を臨機応変に取り出すことができる能力を持っていると考えることができます。色と音だけでなく、数字とそれぞれ特有の概念が結び付いているというのも非常に興味ぶかいところです。

「たくさんの情報を持っているのにそれを処理する脳の能力が不足している」――もしかしたら私達もそんな経験を持っているかもしれません。現代はインターネットがあたりまえの存在になり、そこには無限と言ってよいほどの情報が存在します。コミュニケーションに使われているSNSは真の意味で情報の海です。たまたま投稿した内容がバズってしまったり逆に炎上してしまったときには、それこそ大量のコメントに対処しなければならない場面がやってきます。共感覚者はまさに四六時中ありとあらゆる感覚が「バズって」いる状態です。「SNS疲れ」という言葉がありますが「疲れ」どころか「疲弊」している状態が日常なのかもしれません。そう考えると共感覚とうまく付き合えている蜜猫さんは情報リテラシーが強く、うまく情報をさばき（不要なところはなんとか受け流して）現代を生き抜いているといえるのではないでしょうか。

†

昨今、日本でも「魔女」を名乗る人が増えているようです。「魔女の基礎知識と背景」（311頁）では一九五〇〜六〇年代の近代魔女術の復興について書かれていますが、当時常識とされていた家父長制や男尊女卑の考え方に強く反抗するラディカル・フェミニズム（急進的女性主義）と結び付き、政治的な意味合いを強く持つグループがいくつか生まれました。しかし既存の体制や社会を攻撃するという点で先鋭化する一部のフェミニズムと魔女術は相容れないところがあるのか、政治思想との結び付きは一旦小康状態となったようです。その後アメリカのトランプ政権下の二〇一七年に起きた「#MeToo」運動で再び魔女とフェミニズムの政治思想的なつながりが盛り上がりましたが、私はこれは魔女人口が増えているということの一部を説明しているに過ぎないと考えています。

魔女人口が増えていることの大きな要因として考えているのは、ポップカルチャーや商業主義との結び付きです。一九六四年にアメリカで放映された人気ドラマ『Bewitched』(邦題『奥さまは魔女』)、そのヒットをきっかけとして作られたアニメ版『魔法使いサリー』を皮切りに、現在まで繰り返し作りつづけられている「魔法少女モノ」の作品群、魔法少女とまでは言わないけれども、『ハリーポッター』シリーズのように、魔法や神秘的な力を備えた登場人物の存在が、魔法に対する抵抗感を和らげてきたのではないでしょうか。また、ゲームの世界でも魔法は重要な要素で当たり前のように使われ、地水火風の四大元素(318頁)は身近なものになっています。RPG《ロールプレイング・ゲーム》の作品ではキャラクターを癒す薬草が出てくるのは当然で、なかには魔女のハーブ術のように薬品を調合する要素を含んだ作品も存在します。魔法が登場するゲームで遊んだことがない人のほうが珍しい現代は、もはや「一億総魔女」と言える状況です。

フィクション作品やゲームで魔女や魔法が一般的になったとしても、現実の社会での生きづらさは直接解決できないかもしれません。そんな状況のなかで私達に自分を変え、世界を変えるよう提案をしているのが様々な商業商品です。なかでもダイレクトに外見を変えるファッション業界は魔女や占星術、タロットカードといったモチーフを積極的に取り入れています。ディオールでは、二〇一七年、二〇二一年にタロットをモチーフにしたオートクチュールを発表し、ルイ・ヴィトン傘下のセフォラは二〇一八年にPINROSEブランドで「初心者用魔女キット」(タロットカード、九種のフレグランス、ローズクォーツ、乾燥セージのセット)を発売しています。ハイブランド以外でもロリータ・ファッションではホロスコープやタロットカードは定番のモチーフと言っても過言ではないほど定期的に魔女モチーフの商品が発売されています。ファッション以外でも外見を変え「なりたい自分」をつくるコスメ商品でも魔女や魔法モチーフの商品が数多く発売されています。資生堂のコスメブランド「マジョリカ・マジョルカ」はコンセプトが「まるで魔法がかかったように」ということで、自身を変容するツールと位置付けた商品展開をしています。

このような傾向は今に始まったわけではないのですが、魔女をモチーフにした商品に親しむことを通じて、より本格的に魔女術を学んでみようという方が増えているという傾向があるのではないでしょうか。以前は形だけをなぞる魔女を「ファッション魔女」としてバカにする風潮があったのですが、今や魔女モチーフそのものがファッションに大々的に取り入れられているので、目くじらをたてる人は少なくなったように思います。

「モノ」である商品だけでなく「コト」である体験でも魔女術の概念が年々浸透しています。「サバトとはなにか」（322頁）では魔女、特に緑魔女（グリーン・ウィッチ）が重視する年八回のサバトが紹介されていますが、十月三十一日のサウィンはハロウィンとして、魔女術とは関係なく大変な勢いで盛り上がっています。盛り上がりすぎて渋谷や新宿ではいろいろな対策が講じられている状況です。他人に迷惑をかけてしまうのは問題ですが、仮装をするということはやはり自身を変えるという点で魔法につながる風習なのではないかと思います。また最近ではベルテーン（ワルプルギス）も知名度が上がり、四月末には様々なイベントが催されるようになりました。

アメリカでも魔女人口が増加しており、トリニティ大学の調査によると魔女は一九九〇年に八千人だったところ、二〇〇八年には三十四万八千人に増加していると報告されています。二〇〇八年以降は調査が行われていないのですが、ピュー研究所が推計したところ、二〇一四年には人口の〇・四パーセント、百万〜百五十万人が魔女としての信仰を持ち、さらに増加を続けているのではないかと報告しています。宗教が根付きにくいアメリカで魔女人口が爆発的に増加している背景は諸説ありますが、二〇〇八年の金融危機を経験して物質的な豊かさではなく神秘的なものを追い求める風潮が強くなったという論考があるようです。また金融危機とは関係なく、二〇〇六年に出版された『ザ・シークレット』（邦題『引き寄せの法則』）の「ポジティブ・シンキング（積極思考）で思考を変えることで現実を変えることができる」という主張が人気を博したことも影響しているように思います。本書における取り上げられ方（３０６頁）は余計なオカルト的装飾を省き、自分自身の心とどう向き合うのかということに焦点を当てた本質的なものになっています。

この主張はキリスト教における「ニューソート」をもとにしたもので、「神による救済の予定は事前に決まっている」とする運命論的な「予定説」を否定するものです。生きづらい状況は変えられるものであり、そのために必要なのがポジティブ・シンキングであるという主張は広く受け入れられ、ビジネス分野での自己啓発を行う際の原理として一般的に使われています。

アメリカでも日本でも生きづらい現状を変える欲求を持ち魔女になろうとする人はミレニアル世代以降の人たちが多く、デジタル技術に対するリテラシーが高く、既存の社会通念に縛られることなく、多様性や個性を重視しようとする傾向があるようです。世代に共通した意識が魔女術と親和性があることも魔女人口が増えている説明の一つになるのではないかと考えています。

そんな時代の先端で魔女として生きる蜜猫さんの現在の拠点が山形県鶴岡市の「Green Witch フクロウのかまど」（「黒猫魔術店」併設）です。このお店を一言で説明するのは難しいのですが、私なりに解釈するとしたら「蜜猫さんのライフスタイルをそのまま具現化した場所」だと思っています。その時々の田舎の風景と魔女の工房として改造された土蔵が魅力的なスポットです。スタジオジブリのアニメ映画『千と千尋の神隠し』に出てくる銭婆《ぜにーば》の家がイメージとして近いと思います。世間を騒がせている雑多な話題や概念から離れ、個々人の心と向き合う体験型のメニューが展開されています。
人間が持つ自然な感覚を大事にしているということと、なにより魔女の掟「何者も害さない限り、あなたの望むところを成せ」（３１６頁）に従い素直に生きることを大事にしているという点で他に類を見ないコンセプトのお店ではないかと思います。次に「フクロウのかまど」のイベントに参加し、魔女としての生き様にふれ本当の自分自身を見出すのは、あなたかもしれません。

最後に、本書の刊行にあたり多大な尽力をされた現代書館の編集担当の重留遥《しげとめはるか》氏、執筆の間裏で支えてくださった蜜猫さんのご家族、「黒猫魔術店」・「フクロウのかまど」のお客様・ファンのみなさま、そして本書を手に取り最後まで読んでいただいた読者のみなさまに、蜜猫さんにかわりまして深く御礼を申し上げます。
本書を通じて発達障害や共感覚、さらには魔女についての理解がより深まるよう、また読者のみなさまの生活がよりカラフルなものになるよう祈りつつ、結びにかえさせていただきたいと思います。

二〇二四年十月、東京にて

長南 浩

蜜猫コノミ みつねこ・このみ

山形県生まれ。
生まれつきの発達障害と共感覚に由来する生きづらさに悩み、
これらをコントロールするためアメリカやイギリス、バリでオカルト・西洋魔術を学ぶ。
現在は「色の表現者」として多岐に活動しながら、緑の魔女をライフワークにする。
山形県鶴岡市にて東北初のオカルトショップ「黒猫魔術店」、
アトリエ＆カフェ「Green Witch フクロウのかまど」を運営。
好きなものは、水族館、ミステリー小説、羊。嫌いなものは、退屈。

カバー装画｜ドビュッシー「月の光」
第一章扉絵｜ベートーヴェン　ピアノソナタ第14番「月光」第三楽章
第二章扉絵｜「Fly me to the moon」

共感覚《きょうかんかく》の魔女《まじょ》

カラフルな万華鏡《まんげきょう》を生《い》きる

2024年12月9日　第一版第一刷発行

著者　**蜜猫コノミ**
発行者　**菊地泰博**
発行所　株式会社**現代書館**
〒102-0072　東京都千代田区飯田橋3-2-5
電話 03-3221-1321　FAX 03-3262-5906
振替 00120-3-83725
http://www.gendaishokan.co.jp/

印刷所　**平河工業社**（本文）
東光印刷所（帯・カバー・表紙・扉）
製本所　**鶴亀製本**
装画・挿絵　**蜜猫コノミ**
作品撮影　**Goyu**
組版・装丁　**桜井雄一郎**
校正協力　**高梨恵一**

ISBN978-4-7684-5969-0
定価はカバーに表示してあります。乱丁・落丁本はおとりかえいたします。

活字で利用できない方のための
テキストデータ請求券
『共感覚の魔女』